中国法学会研究会支持计划
最高人民法院审判理论研究会主持

中国法院类案检索与
裁判规则专项研究

知识产权案件裁判规则（一）

著作权案件审理中客体可著作权性判断

丁文严　主编

法律出版社
LAW PRESS·CHINA

最高人民法院审判理论研究会
类案同判专项研究首席专家组组长
曹士兵

首席专家组成员（以姓氏笔画为序）：
丁文严　王　锐　王保森　牛　凯　代秋影　包献荣
李玉萍　李　明　杨　奕　吴光荣　沈红雨　宋建宝
张勇健　陈　敏　范明志　胡田野　钟　莉　曹守晔
韩德强

知识产权案件裁判规则（一）
著作权案件审理中客体可著作权性判断

主　编：丁文严
副主编：徐卓斌
专家组（以姓氏笔画为序）：
丁文严　张玲玲　徐卓斌　童海超
研究助理（以姓氏笔画为序）：
赵歆扬　程智慧

中国法院类案检索与裁判规则专项研究说明

最高人民法院《五五改革纲要》提出“完善类案和新类型案件强制检索报告工作机制”，周强首席大法官提出法官办案应当进行案件检索。为配合司法体制综合配套改革，落实周强首席大法官的指示要求，循序推进人民法院类案同判工作，中国应用法学研究所组织了最高人民法院审判理论研究会及其下设16个专业委员会的力量，开展中国法院类案检索与裁判规则专项研究，并循序推出类案检索和裁判规则研究成果。

最高人民法院审判理论研究会及其分会的研究力量主要有最高人民法院法官和地方各级人民法院法官、国家法官学院和大专院校专家教授、国家部委与相关行业的专业人士，这些研究力量具有广泛的代表性，构成了专项研究力量的主体。与此同时，为体现法为公器，应当为全社会所认识，并利用优秀的社会专业人士贡献智力力量，专项研究中也有律师、企业法务参加，为专项研究提供经验与智慧，并参与和见证法律适用的过程。以上研究力量按照专业特长组成若干研究团队开展专项研究，坚持同行同专业同平台研究的基本原则。

专项研究团队借助大数据检索平台，形成同类案件大数据报告，为使用者提供同类案件裁判全景；从检索到的海量类案中，挑选可索引的、优秀的例案，为使用者提供法律适用参考，增加裁判信心，提高裁判公信；从例案中提炼出同类案件的裁判规则，分析裁判规则提要，提供给使用者参考。从司法改革追求的目标看，此项工作能够帮助法官从浩如烟海的同类案件中便捷找到裁判思路清晰、裁判法理透彻的好判决（即例案），帮助法官直接参考从这些好判决中提炼、固化的裁判规则。如此，方能帮助法官在繁忙工作中实现类案同判。法院类案检索与裁判规则专项研究，致力于统一法律适用，实现法院依法独立行使审判权与法官依法独立行使裁判权的统一。这也正是应用法学研究的应有之义。

专项研究的成果体现为电子数据和出版物（每年视法律适用的发展增减），内容庞大，需要大量优秀专业人力长期投入。有关法院裁判案件与裁判内容检索的人工智能并不复杂，算法也比较简单，关键在于“人工”，在于要组织投入大量优秀的“人工”建设优质的检索内容。专项研究团队中的专家学者将自己宝贵的时间、智力投入到“人工”建设优质内容的工作中，不仅仅需要为统一我国法律适用、提升裁判公信力作出贡献的情怀，还需要强烈的历史感、责任感，具备科学的体系思维和强大的理性能力。此次专项研究持续得越久，越能向社会传达更加成熟的司法理性，社会也越能感受到蕴含在优质司法中的理性力量。

愿我们砥砺前行。

曹士兵

二〇一九年五月十六日

前　言

为促进类案同判，实现法律适用的统一，中国审判理论研究会开展类案检索与裁判规则专项研究，专项研究的近期目标是帮助法官在繁忙工作中实现类案同判，远期目标是实现法院依法独立行使审判权与法官依法独立行使裁判权的统一。本书正是该专项研究在知识产权方面的第一部成果。

本书聚焦著作权纠纷客体可著作权性问题。作品的认定是著作权纠纷案件的裁判基础，涉及思想/表达二分法、独创性的认定等诸多问题。随着社会发展和科技的进步，新的作品形式不断涌现，这些非传统作品能否作为著作权意义上的作品受保护引起了较大的争议，也给审判实务带来了诸多困扰。本书聚焦当前审判实务中争议较多的客体可著作权性问题，基于大数据检索，从大量案例中提炼出二十条具有典型意义的裁判规则，这些规则可为著作权纠纷客体可著作权性的判断，特别是争议较大的一些新型客体的认定问题，提供有效的参考。本书的每条裁判规则均包含四大板块：(1)“类案检索大数据报告”，借助大数据检索平台，形成同类案件大数据报告，为使用者提供同类案件裁判全景。(2)“可供参考例案索引”，从检索到的海量类案中，挑选可索引的、典型的例案。(3)“裁判规则提要”，从例案中提炼出同类案件的裁判规则提要并予以论证，供读者参考。(4)“辅助信息”，提供同类案件裁判中经常援引的法条。

“类案检索大数据报告”包含同类案件的裁判规则和检索信息，从案件裁判结果、时间趋势、地域分布和案由分布四个维度，分析同类案件的裁判情况。“可供参考例案索引”从案件基本信息、基本案情、案件争点和裁判要旨四个方面为读者展示经典的例案，对案件争点进行简明的概括，选取裁判结果中与争点有关的部分形成裁判要旨，便于读者了解案件的核心要点。“裁判规则提要”对裁判规则进行进一步的阐述，全面、深入地分析论证同类案件的裁判规则及相关的法律问题。

我们期望本书的研究成果能够为读者提供有效的指引，为广大法官提供类案大数据检索的可靠参考，促进类案同判的实现，节省司法裁判的成本，降低实现社会公平正义的成本。同时,本书是大数据类案检索与裁判规则专项研究丛书知识产权系列的第一本,成书过程中面临诸多挑战,特别是检索条件的变化、算法的不同,不可避免地导致数据不一致,甚至个别图标相差较大的情况;裁判规则的提炼归纳与提要撰写,也挑战着专家组的专业知识和写作能力。尽管我们对大数据检索投入了大量的精力进行人工处理,大数据分析报告能够提供的参考与支持仍然是初步的,尚有进一步细化、提高的空间;对裁判规则虽然也进行了反复研究推敲,也依然有进一步精确提升的空间。加之时间仓促,疏漏与不足之处在所难免,敬请读者批评指正。

本书专家组成员丁文严、徐卓斌、童海超、张玲玲均参与了大数据报告研究和规则的提炼与撰写,研究助理赵歆扬、程智慧为大数据报告付出了辛勤劳动,丁文严、徐卓斌对全书进行了编校,特此说明。

凡　　例

一、法律法规

1.《中华人民共和国著作权法》(1991 年 6 月 1 日实施,2001 年 10 月 27 日第一次修正,2010 年 2 月 26 日第二次修正)以下简称《著作权法》

2.《中华人民共和国著作权法实施条例》(2002 年 9 月 15 日实施,2011 年 1 月 8 日第一次修订,2013 年 1 月 30 日第二次修订)以下简称《著作权法实施条例》

3.《中华人民共和国民事诉讼法》(1991 年 4 月 9 日实施,2007 年 10 月 28 日第一次修正,2012 年 8 月 31 日第二次修正,2017 年 6 月 27 日第三次修正)以下简称《民事诉讼法》

4.《中华人民共和国反不正当竞争法》(1993 年 12 月 1 日实施,2017 年 11 月 4 日修订,2019 年 4 月 23 日修正)以下简称《反不正当竞争法》

5.《中华人民共和国专利法》(1985 年 4 月 1 日实施,1992 年 9 月 4 日第一次修正,2000 年 8 月 25 日第二次修正,2008 年 12 月 27 日第三次修正)以下简称《专利法》

6.《保护文学和艺术作品伯尔尼公约》(1887 年 12 月生效,1992 年 10 月 15 日加入)以下简称《伯尔尼公约》

二、司法解释

最高人民法院《关于审理著作权民事纠纷案件适用法律若干问题的解释》(2002 年 10 月 15 日实施)以下简称《关于审理著作权民事纠纷案件适用法律若干问题的解释》

目　　录

知识产权案件裁判规则第 1 条：
将作品或者作品的片段或者公有领域素材等通过选择、编排等方式汇集成的具有独创性的表达构成汇编作品，被汇编的内容是否单独构成作品不影响汇编作品的认定

〔**规则描述**〕：以现有作品或作品的片段、公有领域的素材等为基础，加上汇编人的独创性选择或编排等形成的具有独创性的表达属于著作权法规定的汇编作品，受著作权法保护。汇编作品的独创性体现在对内容的选择或编排等方面，作品、作品的片断、不构成作品的数据或其他材料，只要汇编者对其进行了独创性的选择或编排等，形成具有独创性的表达即可构成汇编作品。被汇编的内容、素材等是否享有著作权及著作权归属不影响汇编作品的认定。

一、类案检索大数据报告

时间：2019 年 10 月 6 日之前，案例来源：Alpha 案例库，案件数量：626 件，检索关键词：选择、编排、汇编作品（法院认为包含）、著作权权属、侵权纠纷（案由），数据采集时间：2019 年 10 月 26 日，本次检索获取了 2019 年 10 月 26 日前共 626 篇裁判文书。整体情况如图 1 - 1 所示：

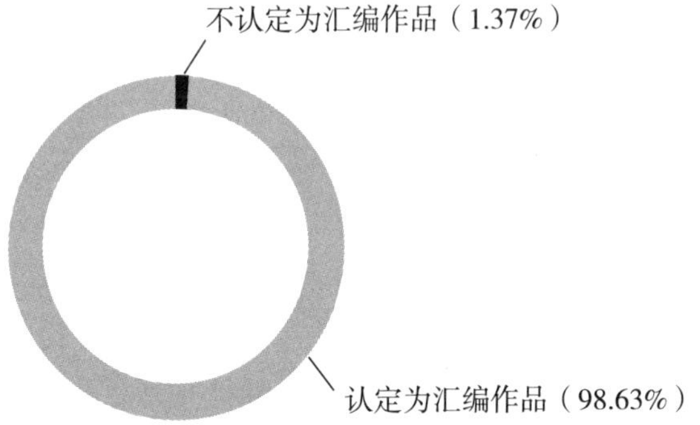

图 1 - 1　汇编作品类诉讼裁判结果

从图 1 - 1 显示的结果来看，98.63% 的法院将汇编产品认定为汇编作品，作为著作权法保护客体。1.37% 的法院不将其认定为汇编作品。

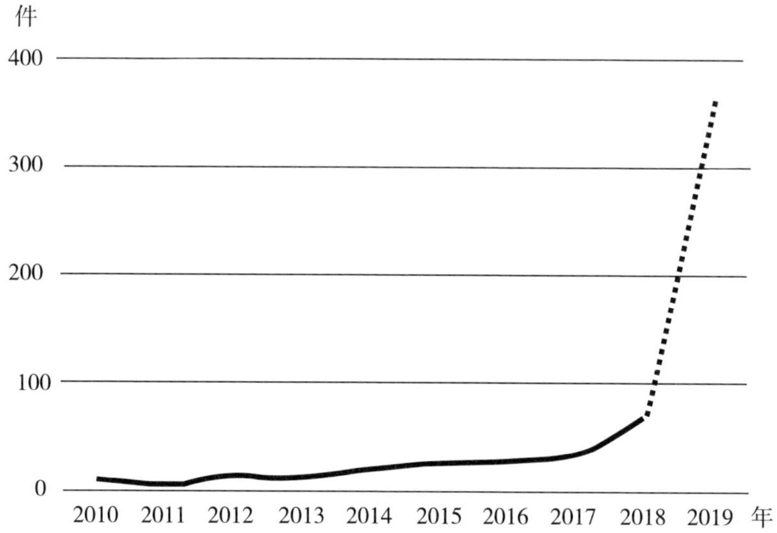

图 1 –2　汇编作品类诉讼案件时间趋势

从图 1 –2 的案件时间趋势,可以看出汇编作品类纠纷案件逐年的数量变化态势。

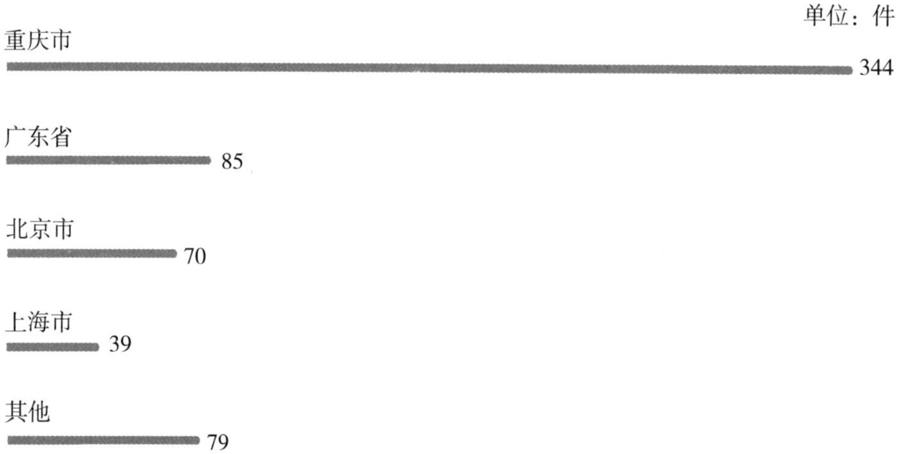

图 1 –3　汇编作品类案件诉讼的主要地域分布

从图 1 –3 的主要地域分布来看,汇编作品类纠纷案件主要集中在重庆市、广东省、北京市,分别约占比 54.95% 、13.58% 、11.18% 。其中重庆市的案件量最多,达到 344 件。

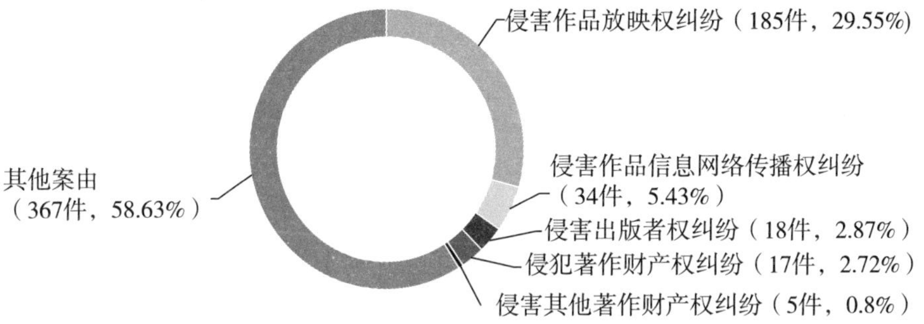

图 1－4　汇编作品类诉讼案件案由分布

从图1－4 的案由分布情况可以看出，汇编作品纠纷类案件的案由分布，最主要的案由是其他案由，有 367 件，占一半以上，其次是侵害作品放映权纠纷，侵害作品信息网络传播权纠纷，侵害出版者权纠纷，侵犯著作财产权纠纷。

二、可供参考例案索引

例案一 | 史某辉与外文出版社有限责任公司著作权权属、侵权纠纷案

【法院】

北京市高级人民法院

【案号】

(2006)京民申 3803 号

【当事人】

再审申请人(一审原告、二审上诉人)：史某辉

被申请人(一审被告、二审被上诉人)：外文出版社有限责任公司

【基本案情】

史某辉起诉称：其于 2012 年 5 月与大百科全书出版社出版了《一起悦读周计划》高中版系列丛书(共计六册)，系该丛书著作权人。外文出版社有限责任公司(以下简称外文出版社)于 2012 年 12 月出版的《高中阅读能力提升范本大全》一书，除封面、封底、扉页和版权页之外，其余主体内容以及文章组合排列形式，单元标题，文后的解读、练习和解答，与史某辉的出版物内容相似程度达 99% 以上，外文出版社的出版物前言也基本抄袭史某辉的出版物宣传推荐语。外文出版社的行为侵犯了史某辉出版的《一起悦读周计划》丛书的署名权、修改权、作品完整权、复

制权、发行权等权利以及报酬取得权,请求法院判令外文出版社:(1)停止侵权、消除影响,且要在《中国新闻出版报》等国家出版类专业报刊上,以及在其发布过侵权信息的其公司官网及其他曾经销售或正在销售侵权书籍的当当网、亚马逊网、孔夫子旧书网、一淘网上,公开发布向史某辉赔礼道歉的信息;(2)赔偿史某辉侵权赔偿金320,600元,律师费20,000元,共计人民币340,600元;(3)承担本案诉讼费用。

外文出版社辩称:外文出版社的图书没有侵犯史某辉的著作权,与史某辉的图书相似的篇目共179篇,这179篇文章均是第三方标有署名的第三方原创作品,并非史某辉的作品,双方不存在著作权纠纷。各个板块的文章均是外文出版社编辑自己选择编写。双方图书均是汇编性质图书,合理使用与参考范围属于图书编写时的业内惯例,外文出版社引用时也根据图书主题,做了重新修改和订正,并在版权页上注明曾使用他人文章,并非恶意为之。故请求驳回史某辉的诉讼请求。

一审法院经审理查明:《一起悦读周计划》丛书高级卷(一~六)共六本,于2012年5月由大百科全书出版社出版发行,该丛书共收录了不同作者共计420篇选文。该套丛书以"周计划"体例安排,每本以周为单位分成十四部分,共计十四周,每周五篇选文均以人物作为引导线索并围绕同一阅读主题,选文中均有原作者的署名,并注明出处。每篇选文后附有编者一定的解读,大致分为伴读、探究和积累三部分。此处解读部分系史某辉具有原创性的文字,对此外文出版社表示认可。《高中生阅读能力提升范本大全》于2012年10月由外文出版社出版发行,与史某辉书相比,该书每章中的四篇选文均与史某辉书中同一标题下五篇选文中的四篇内容相同,但排列顺序与史某辉书不一致;就相同的选文而言,编者解读部分所包含的三部分,虽用词不一致,但二书内容基本一致。对此,外文出版社亦表示认可。

一审判决外文出版社:(1)立即停止出版、发行《高中生阅读能力提升范本》一书;(2)于本判决生效之日起20日内在《中国新闻出版报》上刊登向史某辉赔礼道歉的声明以消除影响(致歉内容需经法院审核,逾期不执行,法院将在一家全国发行的报刊上公布判决的主要内容,相关费用由外文出版社负担);(3)于本判决生效后10日内赔偿史某辉经济损失及合理支出共计人民币5万元;(4)驳回史某辉其他诉讼请求。

原被告均不服一审法院判决结果,均提起上诉。二审法院对一审查明的事实予以确认。二审法院判决:驳回上诉,维持原判。

史某辉不服北京知识产权法院(2015)京知民终字第2202号民事判决,申请再审。再审法院裁定:驳回史某辉的再审申请。

【案件争点】

《一起悦读周计划丛书》是否属于汇编作品，原告是否享有该作品的著作权。

【裁判要旨】

生效裁判认为：

《著作权法》第14条规定，汇编若干作品、作品的片断或者不构成作品的数据或者其他材料，对其内容的选择或者编排体现独创性的作品，为汇编作品，其著作权由汇编人享有，但行使著作权时，不得侵犯原作品的著作权。据此，汇编作品的独创性体现在对内容的选择和编排方面，作品、作品的片断、不构成作品的数据或其他材料，只要汇编者对其进行了独创性的选择和编排，即构成具有独创性的汇编作品。本案中，史某辉将他人享有著作权的文章，运用自身的创作方法并反映出自己的个性和特点，进行具有独创性的选择和编排，以"周计划"体例安排，每本以周为单位分成十四部分，每周五篇选文均以人物作为引导线索并围绕同一阅读主题，最终形成汇编作品《一起悦读周计划》丛书，作者在此方面所付出的创造性劳动使该作品在选材与编排这一点上成为作者智力劳动的成果，故史某辉对汇编作品《一起悦读周计划》丛书享有的著作权应受到我国著作权法保护。

汇编作品受我国著作权法保护的是其具有独创性的选择和编排，而非编著者精挑细选的分散的作品或者作品片断。另外，对于该套丛书中每篇选文后所附的编者解读，即伴读、探究和积累三部分，系史某辉具有原创性的文字，对此史某辉表示认可，原审法院亦不持异议，该部分内容亦应受我国著作权法的保护；但该部分内容不能与原选文割裂开来，其应与原选文作为一个整体进行考量。通过比较《一起悦读周计划》丛书与外文出版社出版发行的《高中生阅读能力提升范本》可知，虽然后书以"章节"体例安排，而前书以"周计划"体例安排，但后书每章四篇选文均选自前书同一标题下的五篇选文，仅排列顺序不一致。前书编者解读分为伴读、探究和积累三部分，后书编者解读分为作品点评、能力提升和知识积累三部分。同时，两者的选文均附有编者一定的解读，后书收录的选文、主题划分、每一选文后所附的解读部分体例均与史某辉汇编作品相同或近似，区别仅在不同主题选文的排列顺序及数量不同，该区别并不产生性质上的差别，两书的编排体例、编著内容、编者解读已构成实质性相似。

例案二 佛山鼎容软件科技有限公司与济南白兔信息有限公司著作权权属、侵权纠纷案

【法院】

广东省佛山市中级人民法院

【案号】

(2016)粤民终9055号

【当事人】

上诉人(原审被告):佛山鼎容软件科技有限公司

被上诉人(原审原告):济南白兔信息有限公司

【基本案情】

济南白兔信息有限公司(以下简称白兔公司)利用国家商标总局的商标公告资料汇编了一个商标信息数据库,并开发了查询软件,有偿供用户查询,并对外销售查询系统。佛山鼎容软件科技有限公司(以下简称鼎容公司)开发的商标查询微信公众号中包含商标查询功能,在商标查询数据库中含有白兔公司设置的相同的隐藏标记,证明鼎容公司复制了白兔公司的商标数据库用于经营获利。白兔公司称鼎容公司应当依法承担停止侵权并赔偿经济损失及维权合理支出的法律责任。鼎容公司答辩称:根据白兔公司所提供的证据,其指控鼎容公司侵权的商标档案,原告没有享有该著作权,都是从国家商标局下载的,原告没有对该商标档案添加任何思想及创作。一审查明,鼎容公司的微信公众号"鼎容商标查询"出现的查询结果,带有原告加注的暗记,且其未能演示其如何通过大数据的方式检索到原告数据库的信息。

一审法院查明:白兔公司利用国家商标总局的商标公告资料汇编了一个商标信息数据库,并开发了查询软件,有偿供用户查询,并对外销售查询系统。本案白兔公司主张权利的作品是《白兔商标信息数据库》。白兔公司对每一期商标总局的《商标公告》进行汇编,《商标公告》只是一张图片,无法进行编辑,白兔公司通过数据库分拆项的独特设计,通过人工识别、判断出商标公告中有哪些项目,然后转换成字符形式,进行人工录入,录入后能通过查询软件进行检索、编辑、统计。具体编排上,白兔公司将公告内容拆分成信息片段,按照商标公告期号、变动公告期号、商标注册号、商标中文、商标英文、商标拼音、商标字头、商标数字、申请日期、注册日期、申请人1、申请人2、申请人3、申请人地址、代理机构、流程备注、使用商品等48

项字段进行人工录入，编排是按照国际分类分成 45 类。有两种查询方式：一种查询方式是可以按照"注册号、注册人、注册地址、使用商品、代理组织、公告期号、备注信息、驰名商标、证明集体特殊"这十个类别进行查询；另一种查询方式是按照"待审中、已初审、已注册、已驳回、已销户、在结果中搜索"这几个类别进行查询。白兔公司通过庭审现场显示的方式，抽取了第 13367765 号"达运发"商标、第 13365808 号"lhhw"商标、第 13302218 号商标进行查询。在表格的右上方，有第 13367765 号注册商标的图形及文字组合，在商标的左上方，有一个白兔标记。鼎容公司称由于公司的工程师外出，无法演示其如何通过大数据的方式检索到白兔公司数据库的信息。

一审法院判决：(1)被告鼎容公司于本判决生效之日起，立即停止侵犯原告白兔公司涉案"白兔商标信息数据库"；(2)被告鼎容公司于本判决生效之日起 10 日内赔偿原告白兔公司经济损失人民币 100,000 元，并赔偿原告白兔公司因本案支出的合理费用（包括律师费、公证费等合理支出）人民币 30,000 元，合计人民币 130,000 元；(3)驳回白兔公司的其他诉讼请求。

鼎容公司不服一审判决，提起上诉。其上诉理由是：白兔公司数据库信息来自国家商标局的数据库公开信息，没有独创性。白兔公司二审辩称：其在一审过程中已提交大量证据证明白兔公司对涉案数据库享有著作权。

二审法院对一审法院查明的事实予以确认。另查明：(1)本院在二审阶段根据鼎容公司的申请在庭审过程中进行计算机操作演示，通过随机抽取一审判决已查明的鼎容公司数据库中带有白兔公司暗记的一个商标号，由鼎容公司根据其所主张的商标信息获取方法获取该商标的相关信息。操作结果显示根据上述操作方式所获取的该商标的标识图片中没有白兔公司的暗记。(2)白兔公司在其主张权利的数据库中设置了"申请人 1""申请人 2"等字段以记录商标相关信息的变更情况，还为商标增加自定义的字段信息。二审法院判决：驳回上诉，维持原判。

【案件争点】

白兔公司数据库是否构成汇编作品。

【裁判要旨】

生效裁判认为：

《著作权法》第 14 条规定，汇编若干作品、作品的片段或者不构成作品的数据或者其他材料，对其内容的选择或者编排体现独创性的作品，为汇编作品。其著作权由汇编人所有，但行使著作权时，不得侵犯原作品的著作权。白兔公司对国家商标局商标公告中的商标信息内容进行提取、分类和整理,并对商标标志中所含的文字、数字等进行进一步提取和整理,同时还对商标信息后续的变更情况进行汇总,加入自定义的字段信息等。白兔公司对商标数据的编排和整理体现出独创性,白兔公司的涉案数据库构成汇编作品,可受著作权法保护,白兔公司对涉案数据库享有著作权。

例案三 | 陆某龙与陆甲等侵犯著作权纠纷案

【法院】

江苏省盐城市中级人民法院

【案号】

(2013)盐知民初字第0028号

【当事人】

原告:陆某龙

被告:陆甲、陆乙、陆某才、陆某洲、陆某虎、陆某华、陆某浪、陆某洋、陆丙、陆某铸、陆某祝

【基本案情】

原告陆某龙诉称:其是《中华陆氏历代年谱〈陆氏宗谱〉》的著作权人,依法享有该作品的著作权。上述作品由原告于1991年9月1日创作完成,并于1991年9月2日在江苏省首次发表。被告在未经原告许可的情况下,以盈利为目的,歪曲、篡改并大量剽窃了原告拥有著作权的上述作品的内容后,于2009年编辑成书并定名为《中华陆氏通鉴》公开出版发行,截至起诉之日售出1500多套,且至今在售。原告追加的被告陆某才、陆某洲、陆某虎、陆某华、陆某浪、陆某洋、陆丙、陆某铸、陆某祝,是侵权刊物第一次印刷版第3册、第4册、第5册的主编和副主编,及第二次改版印刷《盐城陆某夫世家谱》(上、下册)副主编。被告已经进行第三次印刷,虽未公开销售但已捐献给盐城市档案馆和陆公祠。故请求判令被告立即停止侵权,向其赔礼道歉,并连带赔偿经济损失76万元和合理费用10万元。

被告陆甲、陆乙答辩称:(1)《中华陆氏历代年谱〈陆氏宗谱〉》中的绝大部分内容均为陆氏先人所创作的历代陆氏宗谱,对这些家谱内容,原告陆某龙根本不享有著作权。《中华陆氏历代年谱〈陆氏宗谱〉》主要包括9册陆氏宗谱,唐元和十年重修盐渎堂《陆氏宗谱》1册、光绪甲申年重修《陆氏宗谱》6册、民国二十一年忠烈堂

《陆氏宗谱》(续七)1册、1989年由原告及其父陆戊续修的忠烈堂《陆氏宗谱》(续八)1册。原告出生于1965年，根本不可能参加上述历代陆氏宗谱的编修，不是这些历代陆氏宗谱的作者。(2)原告为谋取个人名利，将陆氏先人编修的历代陆氏宗谱，重新命名为《中华陆氏历代年谱〈陆氏宗谱〉》，署上自己的名字，窃为己有。2012年8月29日，原告以"盐城陆氏宗谱续修谱史办公室"的名义给国家版权局发证明函，公然谎证他是该文字作品的著作权人，骗得登记证书。(3)《中华陆氏通鉴》之第4册、第5册《盐城陆某夫世家谱》的编修依据和内容来源。《盐城陆某夫世家谱》主要依据一百年前清宣统元年(1909年)由元侯陆丁的七十四世(陆某夫二十世)裔孙、院道港附贡生陆某驹等人编修而成的世德堂盐城《陆氏宗谱》全面续修。所用忠烈堂堂号，也是依《陆忠烈公全书》、宣统元年《陆氏宗谱》和《盐城县志》等书谱文献中有关明万历四十七年(1619年)"奉旨依议，予谥忠烈"的记载，由编委会确定，以牢记并弘扬忠烈先祖与国共存亡的爱国精神，表尊祖敬宗之意。故不存在侵权行为，请求驳回原告的诉讼请求。

法院审理查明:1984年10月8日，陆戊(原告陆某龙父亲)、原告陆某龙向射阳县档案馆捐赠了光绪甲申年重修《陆氏宗谱》6册，民国二十一年忠烈堂《陆氏宗谱》(续七)1册，中华人民共和国一九八九年续修忠烈堂《陆氏宗谱》(续八)1册，唐元和十年重修盐渎堂《陆氏宗谱》1册，共9册，即原告所称的老谱。1991年9月1日，原告陆某龙编纂了《中华陆氏历代年谱〈陆氏宗谱〉》12册，第1～6册为光绪甲申年重修《陆氏宗谱》，第7册为民国二十一年忠烈堂《陆氏宗谱》(续七)，第8册为续修的忠烈堂《陆氏宗谱》(续八)，第9册为唐元和十年重修盐渎堂《陆氏宗谱》，另3册为盐渎堂《陆氏宗谱》2册和《中华陆氏先祖轴》1册。2013年1月28日，陆某龙向国家版权局申请登记，将《中华陆氏历代年谱〈陆氏宗谱〉》进行了著作权登记。

被告陆甲等人自2006年年底启动编纂《中华陆氏通鉴》，《中华陆氏通鉴》共5册，第1册为《陆氏源流考》、第2册为《陆氏人物志》和《千古一相陆某夫》、第3册为《陆氏大统谱》、第4、5册为《盐城陆某夫世家谱》。2009年1月第一次印刷。《中华陆氏通鉴》编委会成员167人，陆甲为编委会主任，陆某才为《中华陆氏通鉴》第3、4、5册主编，其他被告为副主编。

对涉案的《中华陆氏历代年谱〈陆氏宗谱〉》第1、2册与老谱光绪甲申年重修《陆氏宗谱》第1、2册的内容进行核对。经对比，《中华陆氏历代年谱〈陆氏宗谱〉》第1、2册与老谱光绪甲申年重修《陆氏宗谱》第1、2册内容一致，顺序一致。老谱光绪甲申年重修《陆氏宗谱》第1、2册中也有原告陆某龙诉称的被告侵权第一部分内容。不同之处为老谱是繁体字,《中华陆氏历代年谱〈陆氏宗谱〉》第1、2册是简化字。《中华陆氏历代年谱〈陆氏宗谱〉》第7、8册与老谱光绪甲申年重修《陆氏宗谱》第7册封面上使用的堂号均为"忠烈堂"。

法院判决驳回原告陆某龙的诉讼请求。

【案件争点】

《中华陆氏历代年谱〈陆氏宗谱〉》是否构成著作权法意义上的作品,原告陆某龙是否享有著作权。

【裁判要旨】

生效裁判认为:

《著作权法实施条例》规定,《著作权法》所称作品,是指文学、艺术和科学领域内具有独创性并能以某种有形形式复制的智力成果。即作品的构成条件为作品的独创性和可复制性。作品必须是作者独立完成的成果。原告陆某龙提交了《著作权登记证书》,证明其享有《中华陆氏历代年谱〈陆氏宗谱〉》著作权。因中国版权保护中心对原告提交的申请文件只作形式审查,法院需对作品的来源、创作过程以及作品的独创性作实质审查。虽然作品的创作对人类文化成果可以继承和借鉴,创作过程中也可以对他人作品加以引用,但作品必须在内容的表达形式上具有独到之处。

(1)关于原告陆某龙对《中华陆氏历代年谱〈陆氏宗谱〉》涉案的第1册、第2册是否享有著作权。经审查,原告《中华陆氏历代年谱〈陆氏宗谱〉》涉案第1册、第2册没有自己的独立构思和创作风格,只是对他人作品的复制所形成的相同的文字。故《中华陆氏历代年谱〈陆氏宗谱〉》第1册、第2册不是著作权法意义上的作品,不受著作权法保护。

(2)关于原告陆某龙在《中华陆氏历代年谱〈陆氏宗谱〉》第7册、第8册封面上使用的"忠烈堂"堂号是否有独创性。堂号作为家族的徽号和别称,用在族谱上表明姓氏和族别,是对某一姓氏家族特色的高度概括。同一姓氏可以使用相同的一个或若干个堂号。本案中"忠烈堂"堂号是以封爵、谥号或褒奖为堂号的典型,是依据明朝万历年间皇帝追谥南宋左丞相陆某夫为"忠烈公"的典故产生。民国二十一年忠烈堂《陆氏宗谱》(续七)老谱使用的堂号也为"忠烈堂"。故"忠烈堂"堂号并不是原告独创。

三、裁判规则提要

（一）汇编作品的判断以对其内容的选择或者编排体现独创性为标准

1. 汇编作品属于著作权法意义上的一种作品类型

我国著作权法在立法上对作品进行了明确的列举式规定。《著作权法》第3条规定，"本法所称的作品，包括以下列形式创作的文学、艺术和自然科学、社会科学、工程技术等作品：（一）文字作品；（二）口述作品；（三）音乐、戏剧、曲艺、舞蹈、杂技艺术作品；（四）美术、建筑作品；（五）摄影作品；（六）电影作品和以类似摄制电影的方法创作的作品；（七）工程设计图、产品设计图、地图、示意图等图形作品和模型作品；（八）计算机软件；（九）法律、行政法规规定的其他作品"。该条并没有将汇编作品作为一种作品类型进行明确规定。但是，在《著作权法》第二节"著作权归属"部分的第14条中对汇编作品进行了独立规定，即"汇编若干作品、作品的片断或者不构成作品的数据或者其他材料，对其内容的选择或者编排体现独创性的作品，为汇编作品"。由此可见，汇编作品是著作权法意义上一种可受著作权法保护的作品类型，其与《著作权法》第3条明确列举的作品类型属于平行且平等受到著作权法保护的作品类型。王迁在《论作品类型法定——兼评"音乐喷泉案"》一文中亦认为著作权法这种列出特定类型作品，并以法律、行政法规规定的其他作品和汇编作品作为"兜底"的立法是清楚、明确的。[①] 这里之所以强调汇编作品与《著作权法》第3条列举的作品类型属于平行且平等的作品类型，是为了避免将汇编作品理解为是《著作权法》第3条规定的具体作品的下位概念或交叉概念。实践中，提及作品的类型往往容易忽略汇编作品这一作品类型，或者认为汇编作品是《著作权法》第3条列举的作品类型的组合后的结果，又或者认为汇编作品无论汇编内容及方式如何其最终均应当形成《著作权法》第3条所明确列举的作品类型。这些认识实际上是没有将汇编作品作为一种独立的具体作品类型来看待。有些认识一定程度上是受到了美国版权法的影响。美国版权局认为汇编作品是美国版权法规定的八类作品的下位概念，因此汇编的结果必须属于八类作品之一，否则不予登记。[②]

2. 汇编作品应当满足独创性的要求

《著作权法实施条例》第2条对"作品"有明确的定义，即著作权法所称作品，

---

① 参见王迁：《论作品类型法定——兼评"音乐喷泉案"》，载《法学评论》2019年第3期。

② 参见王迁：《汇编作品著作权保护研究》，载《法学》2015年第2期。

是指文学、艺术和科学领域内具有独创性并能以某种有形形式复制的智力成果。独创性是著作权法中对于作品的核心要求。汇编作品虽然不是我国《著作权法》第3条所规定的具体作品类型,但是,在《著作权法》第二节“著作权归属”部分的第14条中对汇编作品进行了独立规定,即“汇编若干作品、作品的片断或者不构成作品的数据或者其他材料,对其内容的选择或者编排体现独创性的作品,为汇编作品”。由此可见,汇编作品作为一种可受著作权法保护的作品,其应当具有独创性。这亦符合凡是属于著作权法保护的作品均需具有独创性的要求。

关于汇编作品独创性的要求是较高的独创性要求还是对独创性没有高度要求的问题,一直以来就存在不同的认识。这不仅与著作权法中对作品独创性高低的认识有关,还与汇编作品特殊的创作形式有关。笔者认为,汇编作品虽然是在《著作权法》第14条中予以规定,但对其独创性要求应当与《著作权法》第3条中规定的作品独创性要求保持统一标准。我国著作权法中要求作品具有独创性,并没有对独创性的高低提出具体要求。换言之,从法律的角度讲,作品仅要求具有独创性,并没有要求独创性达到一定高度。因此,独创性的要求是质的问题,是有和无的分野。独创性的高低并不能直接影响其是否构成作品,汇编作品亦不能例外。

3. 汇编作品独创性的考察角度

由于汇编作品与原创性作品之间在创作方法和创作过程中存在明显的不同,其独创性的考察视角与其他类型作品亦存在明显的不同。根据《著作权法》第14条的规定可知,汇编作品的独创性并非体现在从无到有的创作过程,而是体现在对其内容的选择或者编排上。因此,在司法实践中,对于原告主张的作品是否构成汇编作品,主要审查其内容的选择或者编排是否存在独创性,而编著者精挑细选的分散的作品、作品片断或者其他内容是否具有独创性则不影响对汇编作品整体上是否具有独创性的判断。同时,对于其内容的选择或者编排的独创性要求只要具备其一就可以了,不需要内容选择和编排两者均具有独创性。此外,随着技术以及经济模式的不断创新和发展,汇编作品的形态也在发生着变化。这种变化不仅体现在被汇编内容方面,还体现在汇编的方式上。因此,对于汇编作品独创性的考察也应结合具体被汇编内容的特点以及汇编的方式进行个案判断,既应坚持汇编作品判断标准的一致性原则,也应兼顾不同类型汇编作品独创性判断的个案性原则。

（二）汇编作品所汇编的内容是否具有独创性不影响其整体独创性的判断

1. 汇编作品的独创性与其所汇编内容是否具有独创性无关

根据《著作权法》第 14 条对于汇编作品的规定可知，汇编作品可以汇编的内容不仅包括作品、作品的片段还可以包括不构成作品的数据或者其他材料。这里的其他材料是指不构成作品的公有领域的素材、不受著作权法保护的材料等。如前所述，是否构成汇编作品的判断要件是对其内容的选择或者编排是否体现独创性，因此，其所汇编的具体内容本身是否具有独创性则不在是否构成汇编作品的判断范围。例如，在白兔数据库案中，原告所主张的汇编作品所汇编的内容本身均为互联网中公开的商标信息，这些内容本身并不具备独创性。但是，对于不具有独创性的内容进行选择或编排如果能够体现独创性，则可以就汇编后的整体主张汇编作品著作权。

2. 汇编作品的保护范围

著作权法所保护的是作品的独创性表达，由于汇编作品所汇编的内容本身是否具有独创性不影响其整体独创性的判断，因此，在对汇编作品进行保护时，其保护的范围亦仅为具有独创性的内容选择或者编排，保护的是内容选取或编排体现的独创性表达。汇编作品的著作权法保护不能延及保护到其所汇编的内容本身。内容的选择和内容本身在司法实践中往往易被混淆。诚然，内容的选择是通过内容本身来体现或者表达出来的，但内容本身仅指其自身，而内容的选择则需要从汇编作品的整体内容上进行考察和判断。同样，编排也离不开内容，其是具体内容的不同排列组合方式的具体体现。著作权法对于汇编作品的保护恰恰是这种对内容的选择和编排。

对于汇编作品的内容而言，如果被汇编的内容本身具有独创性，则可以按照其所构成的作品类型以及其享有的权利单独主张保护。《伯尔尼公约》第 2(5) 条中亦规定，文学或艺术作品的“汇编”，例如，百科全书和文集，由于对内容的选择与编排而构成智力创作的，可以受到相应的保护。该保护不影响这些汇编的组成部分的每部作品的版权。

（三）汇编作品与作品的汇编权之辨

司法实践中在涉及汇编作品的案件中往往交织着对汇编权的判断问题。按照《著作权法》第 10 条第 16 项规定，汇编权是将作品或者作品的片段通过选择或者编排,汇集成新作品的权利。由此可见,汇编权是作者就其作品所享有的一项独立权利。汇编权可控制作品或者作品的片段通过选择或者编排汇集成新作品。汇编作品的作者如果将他人的作品、作品的片段进行选择或者编排形成汇编作品则应当取得原作品作者的授权。同时,按照《著作权法》第 14 条“行使著作权时,不得侵犯原作品的著作权”的规定,汇编作品即便形成了新的作品权利,但其在行使作品权利时仍应当以不侵犯原作品的著作权为前提。从这个角度讲,汇编作品的著作权在行使时要受到原作品著作权的限制。如果汇编作品作者在汇编他人作品时并没有取得汇编权,则其汇编行为可能涉及侵犯他人在先著作权,且其并不能完整行使其汇编作品的著作权。

同时,汇编作品本身亦享有汇编权。也就是说,当通过汇编其他作品或者作品的片段形成新的汇编作品后,权利人可就该汇编作品享有汇编权。他人未经许可,不得将该汇编作品再次进行汇编。这就是说汇编作品作为一种独立的作品类型,其享有完整的著作权。

四、辅助信息

高频词条:

《著作权法》

第 14 条 汇编若干作品、作品的片段或者不构成作品的数据或者其他材料,对其内容的选择或者编排体现独创性的作品,为汇编作品,其著作权由汇编人享有,但行使著作权时,不得侵犯原作品的著作权。

知识产权案件裁判规则第 2 条：
属于计算机执行的代码化指令序列的计算机字库，可以认定为计算机软件作品，受著作权法保护

〔**规则描述**〕：计算机字库中如果相关字体是在字型原稿的基础上，做成印刷字库，再运用计算机指令，生成计算机字库，其内容是字型轮廓构建指令及相关数据与字型轮廓动态调整数据指令代码的结合，其经特定软件调用后产生运行结果，应当认定其是为了得到可在计算机及相关电子设备的输出装置中显示相关字体字型而制作的由计算机执行的代码化指令序列，属于计算机系统软件的一种。

一、类案检索大数据报告

时间：2019 年 10 月 26 日之前，案例来源：Alpha 案例库，案件数量：84 件，检索关键词：计算机字库或字库、著作权（法院认为包含）、著作权权属、侵权纠纷（案由），数据采集时间：2019 年 10 月 26 日，本次检索获取了 2019 年 10 月 26 日前共 84 篇裁判文书。整体情况如图 2－1 所示：

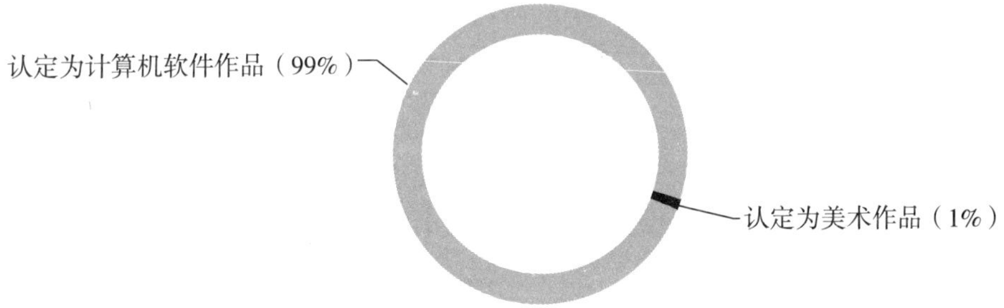

图 2－1 计算机字库类诉讼裁判结果

从图 2－1 显示的结果来看，100% 受诉法院认定计算机字库为著作权法保护的客体，属于著作权相关法规定的作品。其中，99% 的法院将计算机字库认定为计算机软件作品，作为著作权法保护客体。1% 的法院将其认定为美术作品。

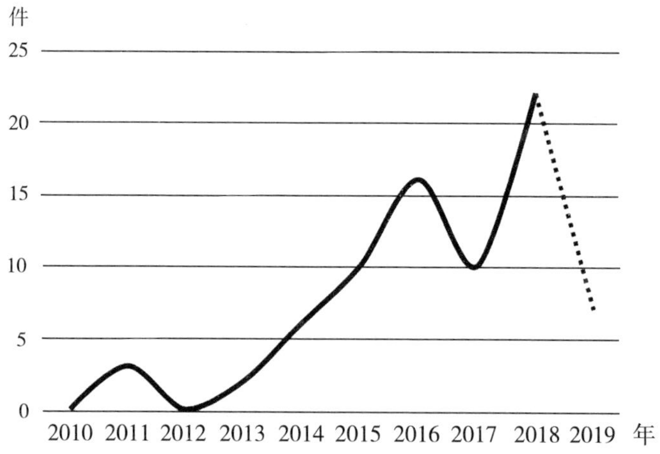

图 2-2　计算机字库类诉讼案件时间趋势

从图 2-2 的案件时间趋势,可以看出计算机字库类纠纷案件逐年的数量变化态势。

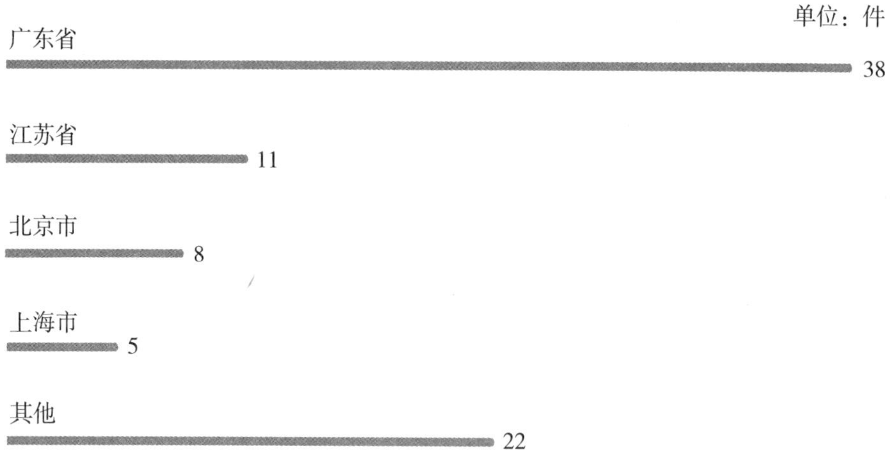

图 2-3　计算机字库类案件诉讼的主要地域分布

从图 2-3 的主要地域分布来看,计算机字库类纠纷案件主要集中在广东省、江苏省、北京市,分别占比约 45.24%、13.10%、9.52%。其中广东省的案件量最多,达到 38 件。

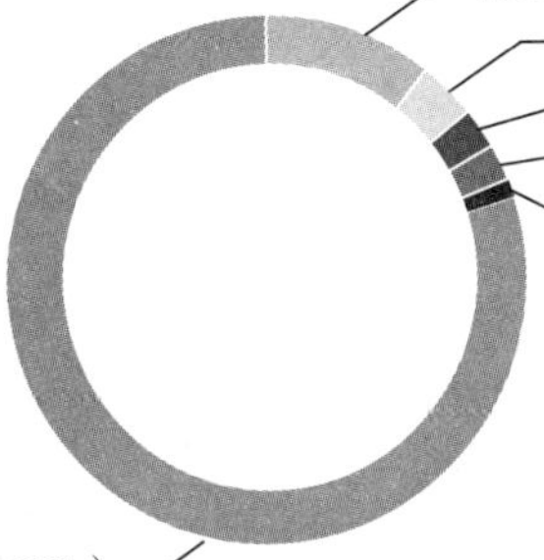

图 2 -4　计算机字库类诉讼案件案由分布

从图 2 -4 的案由分布情况可以看出，计算机字库类案件最主要的案由是其他案由，有 67 件，占一半以上，其次是侵害其他著作财产权纠纷，侵害计算机软件著作权纠纷，侵犯著作财产权纠纷，著作权权属纠纷。

二、可供参考例案索引

例案一　北京北大方正电子有限公司与暴雪娱乐股份有限公司、上海第九城市信息技术有限公司等侵犯著作权纠纷案

【法院】

最高人民法院

【案号】

(2010)民三终字第 6 号

【当事人】

上诉人(一审原告)：北京北大方正电子有限公司

上诉人(一审被告)：暴雪娱乐股份有限公司(Blizzard Entertainment Inc.)

上诉人(一审被告)：上海第九城市信息技术有限公司

被上诉人(一审被告)：九城互动信息技术(上海)有限公司

被上诉人(一审被告)：北京情文图书有限公司

【基本案情】

北京北大方正电子有限公司(以下简称北大方正电子公司)诉称，暴雪娱乐股份有限公司(以下简称暴雪公司)是中文版计算机网络游戏《魔兽世界》(以下简称网络游戏《魔兽世界》)的著作权人，该公司授权九城互动信息技术(上海)有限公

司(以下简称九城互动公司)在我国大陆地区独家商业运营中文版网络游戏《魔兽世界》。九城互动公司通过上海第九城市信息技术有限公司(以下简称第九城市公司)实际运营网络游戏《魔兽世界》,第九城市公司以授权北京情文图书有限公司(以下简称情文图书公司)等经销商公开销售网络游戏《魔兽世界》安装光盘的方式向用户提供网络游戏《魔兽世界》的客户端。暴雪公司在网络游戏《魔兽世界》客户端中,未经北大方正电子公司许可,擅自复制、安装了北大方正电子公司享有著作权的方正兰亭字库中的方正兰亭字库 V5.0 版中的方正北魏楷体 GBK、方正细黑一 GBK、方正剪纸 GBK,方正兰亭字库 V3.0 版中的方正隶变 GBK,方正兰亭字库 V1.0 版中的方正隶变 GB 等 5 款方正字型。在网络游戏《魔兽世界》运行的过程中,各种游戏界面的中文文字分别使用了上述 5 款方正字型。四被告的行为侵犯了北大方正电子公司对上述 5 款方正字型的复制权、发行权和获得报酬权等权利。被告暴雪公司、九城互动公司、第九城市公司答辩称:涉案字库和字型不是著作权法保护的作品。

一审法院审理查明:2007 年 5 月 29 日,北大方正公司在位于中华人民共和国北京市朝阳区甜水园北里 16 号楼的北京图书批发交易市场二层 263 号摊位购买了包括两套标称为"魔兽世界"在内的软件光盘,安装网络游戏《魔兽世界》客户端软件或者登录网址为 www. wowchina. com 的网站,下载网络游戏《魔兽世界》客户端软件或者相关补丁程序后,通过点击相应的操作,可以在计算机屏幕上显示出如"方正隶变简体字体名称:方正隶变简体文件大小:3603KB 版本:1. 00Copyright (c)FonderCorporation。1997"等涉案 5 款方正字体的信息。暴雪公司、九城互动公司、第九城市公司对网络游戏《魔兽世界》中使用了涉案 5 款字体以及标有 GBK 的各款字体包含 21,000 个汉字,标有 GB 的字体包含 7000 个汉字无异议。北大方正公司主张"FonderCorporation"是该公司的英文名称。暴雪公司、九城互动公司、第九城市公司对此不予认可。北大方正公司主张将网络游戏《魔兽世界》中的涉案方正兰亭字库字体删除后,网络游戏《魔兽世界》运行界面中无中文字体。暴雪公司、九城互动公司、第九城市公司主张虽无中文字体,但网络游戏《魔兽世界》仍可运行。

一审法院判决:(1)自本判决生效之日起,暴雪公司、九城互动公司、第九城市公司立即停止销售、通过计算机网络提供包含有涉诉 5 种字型的网络游戏《魔兽世界》客户端软件和相关补丁程序;(2)自本判决生效之日起,情文图书公司立即停止销售包含有涉诉 5 种字型的网络游戏《魔兽世界》客户端软件光盘;(3)自本判决生效之日起 10 日内，暴雪公司、九城互动公司、第九城市公司赔偿北大方正公司经济损失人民币 140 万元及诉讼合理支出人民币 5 万元；(4) 驳回北大方正公司的其他诉讼请求。

北大方正公司、暴雪公司、第九城市公司均不服一审判决，向本院提起上诉。

二审法院审理查明：二审法院对一审法院查明的事实予以确认。另查明：诉争北大方正兰亭字库的制作经过字型设计(字稿创作)、扫描、数值拟合、人工修字、拼字、质检、符号库搭配、使用 Truetype 指令，编码成 Truetype 字库、测试等步骤。其中字型设计是选定字体创意稿后，依字型创意的汉字风格、笔形特点和结构特点，由专业人员在计算机上直接设计成字稿或在纸介质上设计成字稿。扫描是指将纸介质上的设计字稿通过扫描仪扫成高精度点阵图形，输入电脑做成底纹，并按底纹在相关软件上画成三次曲线字，规范制作后，按照编码字符国家标准 GB1300.1－1993 给出字符编码。拟合是将扫描后的数字化图像初步转换为该字的输出显示程序，即按照一定的数学算法，将扫描后的数字化图像抽取轮廓，并通过参数控制来调整轮廓的点、线、角度和位置(随着计算机做字技术的发展，字型设计师也可以直接使用计算机软件进行字体设计，不需要扫描、拟合过程)。拟合过程之后是修字，该步骤是由人工借助专业造字工具辅助对拟合好的字进行修改，使之达到印刷字库的要求。拼字是根据字体由部件组成的特点，先行设计和制作部件，再以部件为基础，拼合出其他字的方法。具体而言，北大方正公司在制作字库时，通常只让设计师设计常用的几百字，之后由其制作人员，在把握原创风格的基础上，按照印刷字的组字规律，将原创的部件衍生成一套完整的印刷字库。质检环节是对成品字进行检查，把控整套字库的同一性。符号库搭配是指将西文符号按照中文字的风格、大小和粗细来设计，使其在字库中搭配使用效果能够和谐统一。整款印刷字库字形设计完成后，软件开发人员使用 Truetype 指令，将设计好的字型用特定的数学函数描述其字体轮廓外形并用相应的控制指令对字型进行相应的精细调整后编码成 Truetype 字库。该字库中一般包含构成字形轮廓动态构建指令集、字形轮廓动态调整指令集等。其中构成字形轮廓动态构建指令集的主要功能是选取字型中的点并以特定方式连线构成汉字的字形轮廓；字形轮廓动态调整指令集的功能主要是为了实现汉字在不同环境(如不同分辨率下)的完整及美观，在程序设定的条件下对汉字的字型轮廓进行动态调整，以便在各种分辨率的情况下均能够清晰的显示每一个汉字。诉争的 5 款字型均采用以上基本相同的方法制作完成。

二审法院判决：(1) 维持北京市高级人民法院(2007)高民初字第 1108 号判决

第二项、第四项;(2)撤销北京市高级人民法院(2007)高民初字第1108号判决第一项;(3)变更北京市高级人民法院(2007)高民初字第1108号判决第三项为,自本判决生效之日起10日内,暴雪公司、九城互动公司、第九城市公司赔偿北大方正公司经济损失人民币200万元及诉讼合理支出人民币5万元。

【案件争点】

本案诉争的方正兰亭字库是否是著作权法意义上的作品。

【裁判要旨】

生效裁判认为:

一审法院以"字库中对数据坐标和函数算法的描述并非计算机程序所指的指令,并且字库只能通过特定软件对其进行调用,本身并不能运行并产生某种结果"为由,认定诉争字库不属于《计算机软件保护条例》所规定的程序,缺乏事实和法律依据,应予以纠正。北大方正公司关于其诉争字库属于计算机软件的上诉主张,应以支持。暴雪公司、第九城市公司关于诉争字库不属于计算机软件的答辩意见,无事实和法律依据,不予支持。

根据《著作权法实施条例》第2条的规定,著作权法意义上的作品是指文学、艺术和科学领域内具有独创性并能以某种有形形式复制的智力成果。本案中,诉争的字库由方正兰亭字库V5.0版中的方正北魏楷体GBK、方正细黑－GBK、方正剪纸GBK,方正兰亭字库V3.0版中的方正隶变GBK,方正兰亭字库V1.0版中的方正隶变GB字体共5款字体组成。根据北大方正公司陈述的字库制作过程,其字库中相关字体是在字型原稿的基础上,由其制作人员在把握原创风格的基础上,按照印刷字的组字规律,将原创的部件衍生成一套完整的印刷字库后,再进行人工调整后使用Truetype指令,将设计好的字型用特定的数字函数描述其字体轮廓外形并用相应的控制指令对字型进行相应的精细调整后,编码成Truetype字库。根据其字库制作过程,由于印刷字库中的字体字型是由字型原稿经数字化处理后和由人工或计算机根据字型原稿的风格结合汉字组合规律拼合而成,其字库中的每个汉字的字型与其字形原稿并不具有一一对应关系,亦不是字型原稿的数字化,且在数量上也远远多于其字型原稿。印刷字库经编码形成计算机字库后,其组成部分的每个汉字不再以汉字字型图像的形式存在,而是以相应的坐标数据和相应的函数算法存在。在输出时经特定的指令及软件调用、解释后,还原为相应的字型图像。

根据《计算机软件保护条例》第2条之规定,计算机软件是指计算机程序及有关文档。该条例第 3 条第 1 项规定，计算机程序是指为了得到某种结果而可以由计算机等具有信息处理能力的装置执行的代码化指令序列，或者可以被自动转换成代码化指令序列的符号化指令序列或者符号化语句序列。本案中，诉争字库中的字体文件的功能是支持相关字体字型的显示和输出，其内容是字型轮廓构建指令及相关数据与字型轮廓动态调整数据指令代码的结合，其经特定软件调用后产生运行结果，属于计算机系统软件的一种，应当认定其是为了得到可在计算机及相关电子设备的输出装置中显示相关字体字型而制作的由计算机执行的代码化指令序列，因此其属于《计算机软件保护条例》第 3 条第 1 项规定的计算机程序，属于著作权法意义上的作品。

关于诉争的方正兰亭字库是否是著作权法意义上的美术作品的问题。《著作权法实施条例》第 4 条第 8 项规定，美术作品是指绘画、书法、雕塑等以线条、色彩或者其他方式构成的有审美意义的平面或者立体的造型艺术作品。本案中，诉争的字库由方正兰亭字库 V5.0 版中的方正北魏楷体 GBK、方正细黑－GBK、方正剪纸 GBK，方正兰亭字库 V3.0 版中的方正隶变 GBK，方正兰亭字库 V1.0 版中的方正隶变 GB 字体（字库）组成。每款字体（字库）均使用相关特定的数字函数，描述常用的 5000 余汉字字体轮廓外形，并用相应的控制指令及对相关字体字型进行相应的精细调整，因此每款字体（字库）均由上述指令及相关数据构成，并非由线条、色彩或其他方式构成的有审美意义的平面或者立体的造型艺术作品，因此其不属于著作权法意义上的美术作品。此外，根据诉争相关字体（字库）的制作过程，字库制作过程中的印刷字库与经编码完成的计算机字库及该字库经相关计算机软件调用运行后产生的字体属于不同的客体，且由于汉字本身构造及其表现形式受到一定限制等特点，经相关计算机软件调用运行后产生的字体是否具有著作权法意义上的独创性，需要进行具体分析后才能判定。一审法院以字库的字型均采用统一的风格及笔形规范进行处理，而认定字库中的每个字型的制作体现出作者的独创性而成为著作权法意义上的作品，是将北大方正公司制作计算机字库过程中的印刷字库与最终完成计算机字库及该字库运行后产生的字体混为一体，且对该字库经计算机程序调用运行后产生的汉字是否具有独创性没有进行分析判定，进而影响了其对诉争字库（字型）性质的认定，导致认定事实、适用法律均有错误，本院予以纠正。

例案二 北京汉仪科印信息技术有限公司与青蛙王子(中国)日化有限公司、福建双飞日化有限公司等侵害著作权纠纷案

【法院】

江苏省高级人民法院

【案号】

(2012)苏知民终字第0161号

【当事人】

上诉人(原审原告):北京汉仪科印信息技术有限公司

上诉人(原审被告):青蛙王子(中国)日化有限公司

上诉人(原审被告):福建双飞日化有限公司

原审被告:苏果超市有限公司

【基本案情】

北京汉仪科印信息技术有限公司(以下简称汉仪公司)诉称:汉仪公司发现在苏果超市有限公司(以下简称苏果超市)出售,由福建双飞日化有限公司(以下简称双飞公司)、青蛙王子(中国)日化有限公司(以下简称青蛙王子公司)共同生产、销售的"城市宝贝""青蛙王子"儿童护肤系列产品的注册商标中,未经许可使用汉仪公司享有著作权的秀英体。双飞公司、青蛙王子公司生产使用"城市宝贝"商标的产品,销售范围广、销量巨大、侵权时间持续长,给汉仪公司造成了巨大的损失。请求判令双飞公司、青蛙王子公司:(1)立即停止使用侵犯汉仪公司著作权的"城市宝贝"注册商标;(2)在媒体上公开赔礼道歉;(3)赔偿汉仪公司经济损失人民币50万元及为制止侵权所支出的相关费用,承担本案的诉讼费;(4)判令苏果超市停止销售侵权产品。

双飞公司、青蛙王子公司辩称:(1)涉案秀英体字库中的单字不构成著作权法保护的美术作品。著作权法中的美术作品要求作品本身具有审美意义,其功能价值在于传递感受。而涉案字库中的字体具有工业产品的属性,其主要功能是传情达意,受到保护的是整体性的独特风格和数字化表现形式,其中的单字无法上升到美术作品的高度。(2)秀英体汉字的特征是整个字库的整体风格,而对具体的单个字而言,并不具有独创性。(3)创作秀英体字体的作者许可他人制作字体工具,制作者创设了新的权利,即字体工具的权利,而字体的作者对字体工具产生的单字的权利由此而用尽。实用字体中的单字无版权。实用字体通过字体工具保护,仅有

整体版权。(4)字体工具中的实用字体不能分拆成为单字受到保护。第一，字体业者主张保护的实用字体单字仅有抽象存在，并没有可复制的载体，不构成作品；第二，字体工具的制作者没有发行抽象的实用字体单字，只是在发行字体软件。

苏果超市辩称：其销售的“城市宝贝”牌系列儿童洗护用品进货渠道正规，来源合法，不构成侵权。汉仪公司虽享有字库的著作权，但不享有字库中单字的著作权，字库中的单字不构成美术作品。

一审法院审理查明：双飞公司自2003年开始先后向国家商标局申请注册了三个含有“城市宝贝”文字的注册商标，商标注册证号分别为：(1)第3589726号文字商标，核定使用商品(第3类)化妆品、花露水、化妆用雪化膏、防晒剂、爽身粉、牙膏、肥皂、洗发液、洗面奶等。(2)第3880842号文字商标：核定使用商品(第21类)牙刷、电动牙刷、化妆用具等。(3)第6127596号文字商标：核定使用商品(第3类)肥皂、洗面奶、护发素、芳香剂(香精油)、化妆品、爽身粉、花露水、痱子粉、香水、牙膏等。上述商标均在有效期内。以上三个注册商标均为文字商标，商标标识中的文字“城市宝贝”四字均使用了汉仪秀英体。

青蛙王子公司、双飞公司生产、销售的产品的外包装以及产品的包装上，均在显著位置使用“城市宝贝”四个汉字，同时也标注了“青蛙王子”注册商标。“城市宝贝”汉字笔划特征是：横竖笔画粗细基本相同，横平竖直，笔画两端为圆形，点为心形，撇为柳叶形，折笔画为圆形，同汉仪秀英体的原始字稿中的“城市宝贝”四字，除大小外其余均相同。

一审法院判决：(1)双飞公司、青蛙王子公司，自判决生效之日起停止使用涉案注册商标标识和其产品包装装潢中，汉仪公司享有著作权的汉仪秀英体“城市宝贝”四字；(2)苏果超市自判决生效之日起，立即停止销售使用侵犯汉仪公司享有著作权的汉仪秀英体文字商标标识及包装装潢中含有汉仪秀英体“城市宝贝”四字的产品；(3)双飞公司、青蛙王子公司自判决生效之日起15日内，赔偿汉仪公司经济损失包括为制止侵权所支出的合理费用计人民币4.8万元；(4)驳回汉仪公司其他诉讼请求。

汉仪公司、双飞公司、青蛙王子公司不服一审判决，提起上诉。

二审法院对一审法院查明的事实予以确认。

另查明：根据汉仪公司的陈述，汉仪秀英体字库的设计过程大致经历了如下几个阶段：字体创意、字形设计、扫描和曲线合成、扩展创作、创作符号、字形审定、二次创作、格式转换、测试校对。字体创意是设计师经过多次方案构思和草图勾画，确定将点设计成象征爱和情感的桃心形状,撇设计成柳叶的形状,捺的设计后端向上翘起,撇和捺同时存在的时候设计成两端向上翘起的形状,其他所有的笔画都尽可能的以更能表达温情色彩的弧线处理,以达到整个字亲和、秀丽的效果。字形设计是设计师根据每个单字的字形结构和笔画特征展开单字设计,期间设计师会多次修改,以达到最美观的艺术效果。涉案"城市宝贝"四字中,"市、宝、贝"三字是设计师直接设计出来的。扫描和曲线合成是先通过扫描设备将设计图稿转化为数字化图像存储于计算机中,最初扫描完成的数字化图像是一幅幅位图(位图,亦称为点阵图像或绘制图像,是由称作像素的单个点组成的图像,放大缩小后模糊不清,周边会有通常所说的锯齿),然后通过专业的字库设计制作工具对位图字稿图像进行曲线合成或称数字化拟合,即通过程序模拟位图字稿中的字形轮廓,并以点和线的形式还原字形,形成字形的矢量轮廓。只有在纸稿进行的单字创作才需要扫描和曲线合成,现在很多设计师都是直接在电脑上进行设计,就不再需要这个阶段的工作了。扩展设计是设计师通过最初完成的2000多个单字以拼合的方式来设计其他单字。通过这些字的设计,设计师们会总结设计出一些具有秀英体风格特点的笔画和部首,然后以拼合这些笔画和部首的方式来设计其他字。涉案的"城"字是由单字"成"和"圩"的土字旁所拼成。这种设计方式极大的缩短了整个字库的设计时间,但拼字过程并非是简单的组合拼装,而需要设计师根据自己对秀英体字体风格的理解和对要设计的单字的字形特点和结构特征的理解,进行一对一的设计,同一个笔画和部首放在不同字中都要进行不同的设计,才可以保证单字的美观性。创作符号是根据字体的风格特点和笔画描述形式,设计创作与之匹配的各种符号、西文字母等。字形审定是单字和字符创作完成后,主设计师会对所有单字进行审定,包括审核每一个单字及其笔画的描述是否符合字体设计师的初衷,间架结构是否合理安排;整套字库版面效果是否和谐美观、风格统一。格式转换是所有的设计工作完成后,字库技术工程师利用专业软件将设计出来的单字和符号进行集合,赋以编码,并将其转换成为特定数学函数描述字形轮廓的文件格式(如truetype格式),再加以指令控制其字形的显示效果和排版效果,形成字库。目前国际通用的字库文件格式是truetype格式和opentype格式。测试校对是字库制作完成后要安装至各种字库应用环境中进行测试。测试内容包括字库软件的功能测试、其与软硬件的匹配以及校对单字是否有错字,是否有编码错误等。为确保字库产品质量,测试大致需要1~3个月。测试合格后,字库所有的设计创作制作过程完成,可以上市销售。

二审法院判决：驳回上诉，维持原判。

【案件争点】

字库字体、字库是否构成作品以及属于美术作品还是计算机软件。

【裁判要旨】

生效裁判认为：

美术字体的创作虽然与书法字体有所不同，但同样存在较大的创作空间，亦属于以线条、色彩等方式构成的具有审美意义的造型艺术作品。

虽然字库中的字体字型是由字型原稿经数字化处理后由人工或计算机根据字型原稿的风格结合汉字组合规律拼合而成，以相应的坐标数据和函数算法存在。鉴于字库字体本身同时兼具审美与实用工具的双重特性，字库字体创作的目的是满足计算机使用汉字的需要，因此，字库字体属于作品性和工具性紧密结合的智力成果，在将字库字体作为美术作品进行保护时，其独创性应当具备较高的独特审美的要求，而字库字体的独创性要求不能等同于一般美术字。

如前所述，秀英体字体具有鲜明的特征：横竖笔画粗细基本相同，笔画两端为圆形，点为心形桃点，短撇为飘动的柳叶形，长撇向左方上扬飞起，捺向右方上扬飞起，折勾以柔美的圆弧线条处理，折笔画整体变方为圆。涉案秀英体具备秀英体上述鲜明的特征，其表现的形态与公知领域的美术字的基本笔画相比具有鲜明特色，符合较高独特审美的独创性要求，应受法律保护。

需要注意的是，字库整体是字型原稿经数字化处理后由人工或计算机根据字型原稿的风格结合汉字组合规律拼合而成，以相应的坐标数据和函数算法存在。字库中字体文件的功能是支持相关字体字型的显示和输出，其内容是字型轮廓相关数据及构建指令与字型轮廓动态调整数据及指令代码的结合，其经特定软件调用后产生运行结果，因此，应当认定其是为了得到可在计算机及相关电子设备的输出装置中显示相关字体字型而制作的由计算机执行的代码化指令序列，属于《计算机软件保护条例》第 3 条第 1 项规定的计算机程序，系著作权法意义上的作品，并非简单的单字字型的汇编合集。因此，一审判决以字库艺术风格整体协调统一，一种书体的字库区别于其他书体的字库，进而认定字库整体也是一部美术作品，忽视了字库整体系计算机程序这一重要特性，同时也混淆了字库整体与字库经解释执行后显示的单字字体字型的关系，进而影响了对字库性质的认定，应予纠正。

例案三 潍坊文星科技开发有限公司与北京北大方正电子有限公司、北京南宸电子技术有限公司侵犯美术作品著作权和计算机软件著作权纠纷案

【法院】

北京市高级人民法院

【案号】

(2005)高民终字第00443号

【当事人】

上诉人(原审被告、原审反诉原告):潍坊文星科技开发有限公司

被上诉人(原审原告、原审反诉被告):北京北大方正电子有限公司

原审被告:北京南宸电子技术有限公司

【基本案情】

北京北大方正电子有限公司(以下简称方正公司)诉称:享有方正兰亭TrueType字库著作权,并对方正兰亭字库V4.0(以下简称方正兰亭)软件享有著作权。潍坊文星科技开发有限公司(以下简称文星公司)通过非法手段在其文星2000字处理系统V3.1软件(以下简称文星2000)中,盗取了方正兰亭中"报宋字体(Fzbsk.ttf)"等12个字库的核心技术,并在全国范围内大规模非法制售上述软件,侵犯了原告对这些字库中字型享有的著作权以及由这些字的坐标数据和指令程序构成的字库软件的著作权。

文星公司辩称:字库是计算机输出系统不能缺少的组成部分。在出版印刷界内长期使用的字体形状,都属于常用的印刷字体,是由出版界长期的习惯形成的,并非原告通过艺术加工、设计造型、确定间架结构比例创意出来的,因此,原告字库没有独创性,不受著作权法保护。

一审法院查明:方正兰亭V4.0是多款TrueType格式的GBK字库的集成。2002年10月30日,方正公司购得《文星2000字处理系统V3.1》(以下简称文星2000V3.1)软件2套,该软件标明由文星公司制作,南宸公司为此出具了发票。经各方当事人同意,法院委托中国版权保护中心版权鉴定委员会对方正兰亭V4.0与文星2000中的12款GBK字库进行对比鉴定,鉴定结论为:方正兰亭中的"报宋字体(Fzbsk.ttf)"等12款字体与文星2000V3.1的相应字型重合或者基本重合。

一审法院判决:(1)被告文星公司于本判决生效之日起立即停止复制、发行文星2000的侵权行为;(2)被告北京南宸电子技术有限公司(以下简称南宸公司)于

本判决生效之日起立即停止发行文星2000的侵权行为；(3)被告文星公司于本判决生效之日30日内在《计算机世界》上刊登声明，向原告方正公司公开致歉，消除因其侵权行为造成的不良影响，逾期不执行，本院将公开判决主文，费用由被告文星公司负担；(4)被告文星公司于本判决生效之日起10日内赔偿原告方正公司经济损失30万元；(5)驳回原告方正公司的其他诉讼请求；(6)驳回反诉原告文星公司的反诉诉讼请求。

文星公司不服一审法院判决，提起上诉。二审法院对一审法院查明事实予以确认。

二审法院判决：(1)撤销北京市第一中级人民法院(2003)一中民初字第4414号判决第一、二、三、四、五项，即一、潍坊文星科技开发有限公司立即停止复制、发行《文星2000字处理系统V3.1》软件的侵权行为；二、北京南宸电子技术有限公司立即停止发行《文星2000字处理系统V3.1》软件的侵权行为；三、潍坊文星科技开发有限公司在《计算机世界》上刊登声明，向北京北大方正电子有限公司公开致歉，消除因其侵权行为造成的不良影响；四、潍坊文星科技开发有限公司赔偿北京北大方正电子有限公司经济损失30万元；五、驳回北京北大方正电子有限公司的其他诉讼请求。(2)维持北京市第一中级人民法院(2003)一中民初字第4414号判决第六项，即驳回潍坊文星科技开发有限公司的反诉诉讼请求。(3)文星公司于本判决生效之日起立即停止复制、发行文星2000。(4)南宸公司于本判决生效之日起立即停止发行文星2000。(5)文星公司于本判决生效之日起30日内在《计算机世界》上刊登声明，向方正公司公开致歉。(6)文星公司于本判决生效之日起10日内赔偿方正公司经济损失30万元。(7)驳回方正公司的其他诉讼请求。

【案件争点】

字库中的字型、字库是否属于作品以及属于何种作品。

【裁判要旨】

生效裁判认为：

(1)根据《著作权法实施条例》第4条第8项之规定，美术作品是指绘画、书法、雕塑等以线条、色彩或者其他方式构成的有审美意义的平面或者立体的造型艺术作品。字库的制作通常经过字型设计、扫描、数字化拟和、人工修字、质检、整合成库等步骤，其中，字型设计是指由专业字体设计师依字型创意的汉字风格、笔形特点和结构特点，在不小于1英寸的正方格内书写或描绘的清晰、光滑、视觉效果良好的汉字字型设计稿。每款字库的字型必须采用统一的风格及笔形规范进行处理。因此,字型的制作体现出作者的独创性。方正兰亭V4.0字库中的字型是由线条构成的具有一定审美意义的书法艺术作品,符合著作权法规定的美术作品的条件。原审判决认定方正兰亭V4.0字库中的字型属于我国著作权法规定的美术作品是正确的,文星公司关于字型没有独创性、不属于美术作品的上诉主张不能成立。

(2)《计算机软件保护条例》规定,计算机软件是指计算机程序及有关文档。计算机程序是指为了得到某种结果而可以由计算机等具有信息处理能力的装置执行的代码化指令序列,或者可以被自动转换成代码化指令序列的符号化指令序列或者符号化语句序列。文档是指用来描述程序的内容、组成、设计、功能规格、开发情况、测试结果及使用方法的文字资料和图表等,如程序设计说明书、流程图、用户手册等。软件工程上,指令是指使计算机执行一个特定操作或者执行一组特定操作的程序语句,或者是在程序设计语言中规定某种操作,且如果有操作数则对操作数进行标识的一个有含义的表述。字库是为了使计算机等具有信息处理能力的装置显示、打印字符而收集并按照一定规则组织存放在存储设备中的坐标数据和函数算法等信息的集合。字库中的坐标数据和函数算法是对字型笔画所进行的客观描述;在运行时,通过特定软件的调用、解释,这些坐标数据和函数算法被还原为可以识别的字型。字库中对数据坐标和函数算法的描述并非计算机程序所指的指令,并且字库只能通过特定软件对其进行调用,本身并不能运行并产生某种结果,因此,字库不属于《计算机软件保护条例》所规定的程序,也不是程序的文档。原审法院关于字库属于《计算机软件保护条例》规定的计算机软件的认定有误,本院予以纠正。同时,需要指出的是,字库中的坐标数据、函数算法与相应的字型是一一对应的,是同一客体的两种表达。在著作权法上,应作为一个作品给予保护。

三、裁判规则提要

司法实践中,关于计算机字库是否构成著作权法中的作品以及属于何种作品等一直以来都存在不同的认识。从前述案例亦可以看出,计算机字库和计算机字库中的单字是否可以构成不同的作品以及分别构成何种作品仍存在不同的认识。但从目前进行的案例大数据分析可知,计算机字库作为计算机软件给予保护的案例占绝大多数,属于司法实践中的主流观点。

(一)明确计算机字库的含义

在讨论计算机字库是否属于著作权法保护的作品之前首先需要界定什么是计

算机字库。计算机字库不同于其输出的单字，也不是其生成单字的组合按照统一标准制作的、可以通过计算机软件调用的、以传情达意为目的、具有某种特定书写风格的一套文字。[①] 从技术上讲，字库的形成一般是按照印刷字的组字规律，将原创的部件衍生成一套完整的印刷字库，再进行人工调整后使用一定的指令，将设计好的字型用特定的数字函数描述其字体轮廓外形并用相应的控制指令对字型进行相应的精细调整，最后再编码成计算机字库。由此可见，这里讨论的计算机字库是指一种计算机软件，并非单字组合而成的集合，这也就避免了计算机字库是不是属于数据库的纷争。根据字库制作过程，由于印刷字库中的字体字型是由字型原稿经数字化处理后由人工或计算机根据字型原稿的风格结合汉字组合规律拼合而成，其字库中的每个汉字的字型与其字形原稿并不具有一一对应关系，亦不是字型原稿的数字化，且在数量上也远远多于其字型原稿。印刷字库经编码形成计算机字库后，其组成部分的每个汉字不再以汉字字型图像的形式存在，而是以相应的坐标数据和相应的函数算法存在。在输出时经特定的指令及软件调用、解释后，还原为相应的字型图像。这里需要说明的是此处的计算机字库的定义是从目前司法案例中进行的总结和提炼，也许从规范的角度讲，和计算机语言中的计算机字库存在差异。

（二）计算机字库、字体、字型的区分

《辞海》中的字体是指同一文字的不同书写体式。[②] 字体有两种含义：一种含义是指文字的外在形式特征，具体是指文字的风格，是文字的外衣；另一种含义是指微机系统的字体 front，存在于电脑的“fronts”文件夹里。在实践中，与计算机字库一并讨论的字体则属于前一种含义，是指文字的外在形式特征具有统一性而形成的一种文字风格。例如，宋体、黑体等字体。字型是一系列具有统一规格和风格的字的总称，程式化、标准化是其根本特征。[③] 由此可见，在讨论字库是否享有著作权的语境中，涉及的字体和字型具有同一的含义。其二者均指向文字的外在表现风格。而字库则不同，其是能够生成具有统一风格字体的一系列代码的集合。厘清概念才能更好地进行讨论和分析。同时，明确概念的内涵和外延，才能够更好地确立标准，形成共识。

---

① 参见黄武双：《计算机字体与字库的法律保护：原理与判例》，法律出版社2011年版，第7页。

② 参见夏征农、陈至立主编：《辞海》（第六版彩图本），上海辞书出版社2009年版，第3071页。

③ 参见王坤：《论美术字组的法律问题》，载《知识产权》2011年第5期。

(三)计算机字库属于计算机软件作品

在司法实践中,对于计算机字库的裁判出现差异的主要原因是对字库的法律属性存在不同的认识造成的。[①] 有的判决认为计算机字库属于计算机软件作品,有的判决认为它属于美术作品。在检索到的最高人民法院的判决中是将计算机字库认定为计算机软件作品,这也是目前司法实践中大多数案例形成的共识。

《计算机软件保护条例》规定,计算机软件是指计算机程序及有关文档。计算机程序是指为了得到某种结果而可以由计算机等具有信息处理能力的装置执行的代码化指令序列,或者可以被自动转换成代码化指令序列的符号化指令序列或者符号化语句序列。文档是指用来描述程序的内容、组成、设计、功能规格、开发情况、测试结果及使用方法的文字资料和图表等,如程序设计说明书、流程图、用户手册等。软件工程上,指令是指使计算机执行一个特定操作或者执行一组特定操作的程序语句,或者是在程序设计语言中规定某种操作,且如果有操作数则对操作数进行标识的一个有含义的表述。从前文对计算机字库的界定来看,字库中的字体文件的功能是支持相关字体字型的显示和输出,其内容是字型轮廓构建指令及相关数据与字型轮廓动态调整数据指令代码的结合,其经特定软件调用后产生运行结果,属于计算机系统软件的一种,应当认定其是为了得到可在计算机及相关电子设备的输出装置中显示相关字体字型而制作的由计算机执行的代码化指令序列,因此其属于《计算机软件保护条例》第 3 条第 1 项规定的计算机程序,属于著作权法意义上的计算机软件作品。

(四)字库作为计算机软件在著作权法中获得的保护

我国《计算机软件保护条例》对计算机软件赋予的保护是著作权保护。该条例第 6 条明确规定“本条例对软件著作权的保护不延及开发软件所用的思想、处理过程、操作方法或者数学概念等”。由此可见,在对字库进行著作权法保护时,还应将字库软件中所涉及的思想部分以及具体的处理过程、操作方法或者数学概念等予以排除。在司法实践中,主要体现在两个软件在涉及侵权比对时,凡是属于思想部分以及具体的处理过程、操作方法或者数学概念等内容均不属于比对的范围,不应作为是否构成实质近似的判断内容。

---

① 参见李雨峰、李东海:《计算机字库、字体的法律地位》,载《知识产权》2011 年第 3 期。

虽然字库属于计算机软件，受到著作权法的保护，但字库权利人所享有的权利与一般作品作者享有的权利是不一致的。《计算机软件保护条例》第 8 条规定，软件著作权人享有发表权、署名权、修改权、复制权、发行权、出租权、信息网络传播权、翻译权以及应当由软件著作权人享有的其他权利。从立法的角度讲，软件著作权人享有的权利类型与软件作品的特性是相匹配的。同时，该条例还给予了一个兜底性的权利规定。对于权利人的权利保护给予了充分的考量。但是，考虑到计算机软件的特殊性，该条例在第 1 条中明确了其立法的目的是保护计算机软件著作权人的权益，调整计算机软件在开发、传播和使用中发生的利益关系，鼓励计算机软件的开发与应用，促进软件产业和国民经济信息化的发展，制定本条例。在条例中，为了调整计算机软件在开发、传播和使用中发生的利益关系，专门规定了第 16 条，“软件的合法复制品所有人享有下列权利：(一)根据使用的需要把该软件装入计算机等具有信息处理能力的装置内；(二)为了防止复制品损坏而制作备份复制品。这些备份复制品不得通过任何方式提供给他人使用，并在所有人丧失该合法复制品的所有权时，负责将备份复制品销毁；(三)为了把该软件用于实际的计算机应用环境或者改进其功能、性能而进行必要的修改；但是，除合同另有约定外，未经该软件著作权人许可，不得向任何第三方提供修改后的软件”。该条的规定属于为了计算机软件更好的应用而对计算机软件权利的一种适度限制。该限制同样适用于字库计算机软件。

字库计算机软件不同于其他功能性软件，其不仅实现了某种软件的功能，还将会产生一种独立的“产品”，即字库软件运行后会产生独立的字。这种计算机软件运行产生的字，是否具有独立性，其和计算机软件之间存在什么关系等在目前的法律法规中并没有规定。司法实践中，关于字库与单字之间的关系亦存在不同的认识。涉及单字是否属于独立受到保护的客体需要结合单字的特点进行分析。此外，单字是否可以受到著作权法保护与单字是由字库计算机软件运行产生的结果之间是否存在关系仍需要进行研究。特别是在人工智能飞速发展的时代，当通过计算机软件运行产生的“结果”具备了一定独创性表达形式后，其是否可以作为作品给予保护成为当下热议的话题。

四、辅助信息

高频词条:

《计算机软件保护条例》

第2条 本条例所称计算机软件(以下简称软件),是指计算机程序及其有关文档。

第3条 本条例下列用语的含义:

(一)计算机程序,是指为了得到某种结果而可以由计算机等具有信息处理能力的装置执行的代码化指令序列,或者可以被自动转换成代码化指令序列的符号化指令序列或者符号化语句序列。同一计算机程序的源程序和目标程序为同一作品。

……

第6条 本条例对软件著作权的保护不延及开发软件所用的思想、处理过程、操作方法或者数学概念等。

知识产权案件裁判规则第3条:

计算机字库软件运行产生的单字,具有独创性符合审美意义的,构成美术作品,受著作权法保护

〔**规则描述**〕:计算机字库软件运行产生的单字,如果线条、色彩或者能够以其他方式体现一定的审美意义,属于作者的独创性表达,并能以某种有形形式复制,可以认定为美术作品,受著作权法保护。虽然计算机字库是数字化的存储和复制方式,但是并不能一概否认字库中单字的美术作品属性。计算机字库软件整体可以作为计算机软件获得保护不影响字库中的单字构成美术作品。

一、类案检索大数据报告

时间:2019年10月26日之前,案例来源:Alpha案例库,案件数量:35件,检索关键词:字库、单字、著作权、著作权权属、侵权纠纷(案由),数据采集时间:2019年10月26日,本次检索获取了2019年10月26日前共35篇裁判文书。整体情况如图3-1所示:

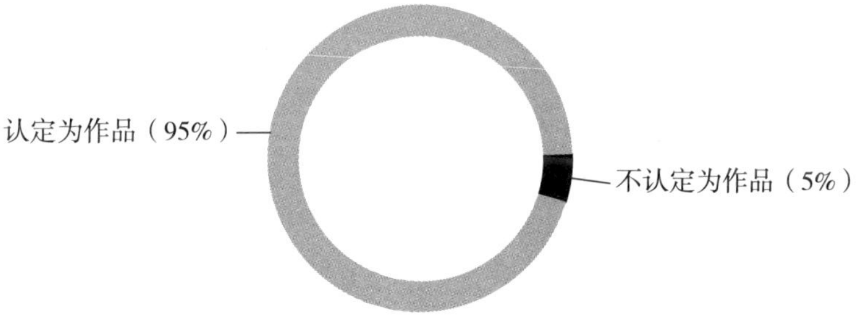

图3-1 字库中单字类诉讼裁判结果

从图3-1显示的结果来看,95%的法院将字库中的单字认定为美术作品,作为著作权法保护客体。5%的法院不将其认定为美术作品。

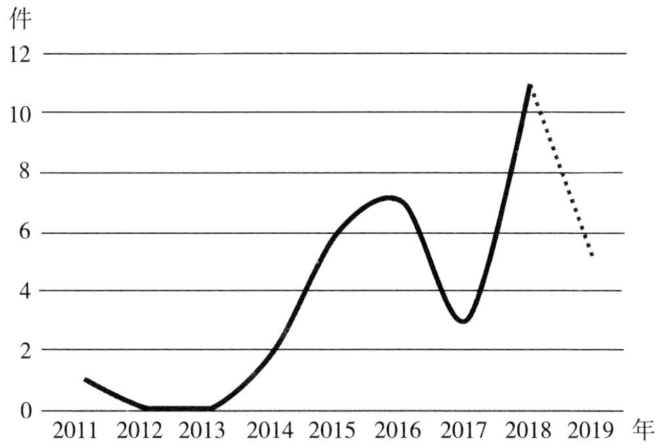

图 3 -2　字库中单字类诉讼案件时间趋势

从图 3 -2 的案件时间趋势,可以看出字库中单字类纠纷案件逐年的数量变化态势。

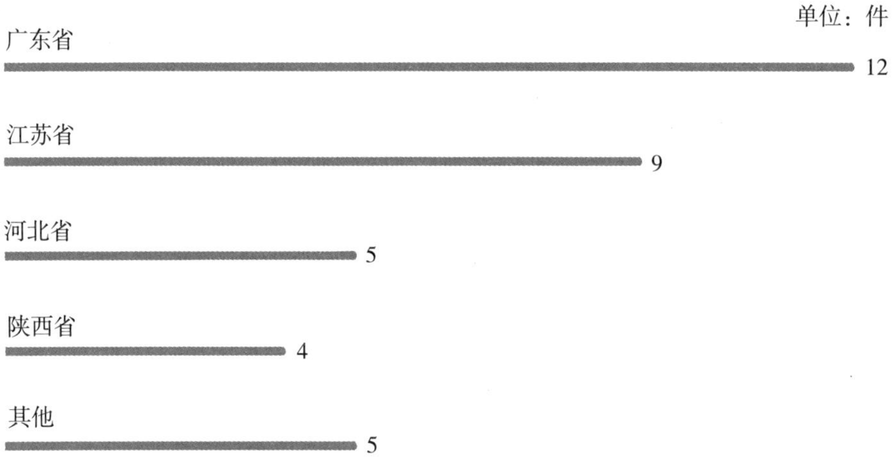

图 3 -3　字库中单字类案件诉讼的主要地域分布

从图 3 -3 的主要地域分布来看,字库中单字类纠纷案件主要集中在广东省、江苏省、河北省,分别占比约 34.29%、25.71%、14.29%。其中广东省案件量最多,达到 12 件。

图3-4　字库中单字类诉讼案件案由分布

从图3-4的案由分布情况可以看出，字库中单字纠纷类案件最主要的案由是著作权权属、侵权纠纷，有26件，占一半以上，其次是侵害其他著作财产权纠纷，侵害作品发行权纠纷，侵犯著作财产权纠纷。

二、可供参考例案索引

例案一　叶某友与无锡肯德基有限公司及北京电通广告有限公司上海分公司侵犯著作权纠纷案

【法院】

最高人民法院

【案号】

(2012)民申字第439号

【当事人】

申请再审人(一审原告、二审上诉人)：叶某友

被申请人(一审被告、二审上诉人)：无锡肯德基有限公司

一审第三人：北京电通广告有限公司上海分公司

【基本案情】

叶某友诉称，2007年7月，其首创“叶某友毛笔行书字体”，并于2008年1月向江苏省版权局申请登记，作品登记号为：作登字10S-2008-F-005号。无锡肯德基有限公司(以下简称无锡肯德基公司)未经叶某友许可，擅自在72家门店的多处招贴宣传资料中大量使用叶某友享有著作权的书法作品，侵害其著作权。

无锡肯德基公司辩称：(1)叶某友不享有涉案文字的著作权，其提交的书法原稿与无锡肯德基公司使用的文字并不相同，无锡肯德基公司使用的是叶某友毛笔

行书简体字体软件自动生成的字,现在著作权法并不保护软件中的单个字;(2)无锡肯德基公司没有实施侵权行为,含有涉案文字的招贴材料是无锡肯德基公司委托第三人北京电通广告有限公司上海分公司(以下简称电通上海分公司)制作的,无锡肯德基公司没有过错,不应承担责任,而且电通上海分公司使用的是可以免费下载的叶某友毛笔行书简体字体软件,下载时没有任何权利限制的文字或提示,也不构成侵权;(3)含有涉案文字的招贴材料与无锡肯德基公司销售的产品无关,没有产生利润。请求法院驳回叶某友的所有诉讼请求。

第三人电通上海分公司一审述称:(1)叶某友没有举证其是叶某友毛笔行书简体字体软件的权利人,不具有诉讼主体资格;(2)叶某友主张的是美术作品侵权,而电通上海分公司使用的是可以免费下载的字体软件,并非同一法律关系客体;(3)电通上海分公司合理使用叶某友毛笔行书简体字体软件,不存在侵权行为;(4)叶某友提出的赔偿数额没有依据。

一审法院审理查明:2010年2月10日下午,根据江苏周国忠律师事务所的申请,江苏省无锡市锡城公证处(以下简称锡城公证处)对三家肯德基门店及门店内所粘贴的招贴材料拍摄了照片。照片中显示,上述招贴材料中包含有"新""春""快""乐""虎""到""福"等美术字体。

在庭审中,无锡肯德基公司和电通上海分公司提出,(2010)锡证民内字第757号公证书中所附照片上显示的招贴材料中的"新""春""快""乐""虎""到""福"等七字与叶某友提供的"叶某友毛笔行书字体"原稿中的相应七个字相比,有一定区别,表现在:(1)原稿"新"的左半边有一个提笔,而被控侵权的"新"字没有提笔;(2)原稿"春"字在下部的"日"的形状上与被控侵权的"春"字不一样;(3)原稿"快""乐"字笔画比较粗糙,被控侵权的"快""乐"字比较光滑;(4)原稿"福"字的右边的"田"字是空心的,"口"字下边有一个凸出,被控侵权的"福"字的右边的"田"是实心的,"口"字下边无凸出;(5)原稿"到"字的左半部的"土"字是空心,被控侵权的"到"字相应部位实心,两者笔画也有不同;(6)原稿"虎"字头上一横与中间的"七"与被控侵权的"虎"字相应部位也不同。

另查明,无锡肯德基公司成立于1993年2月24日,在江苏省区域内的无锡市、镇江市、泰州市设立有七十余家分支机构(门店)。

2009年12月,无锡肯德基公司的股东百胜(中国)投资有限公司委托电通上海分公司进行"2010年春节"活动相关画面设计,电通上海分公司最终设计完成"福贴""腰线、楼梯贴"等内容,初稿与精稿的合计设计费用为11,000元。无锡肯德基公司与电通上海分公司一致确认，上述“福贴”“腰线、楼梯贴”即（2010）锡证民内字第757号公证书所附照片中显示的招贴材料。在庭审中，电通上海分公司称，其设计人员在制作过程中，通过新浪网下载了“叶某友毛笔行书简体”字体软件，并将“新”“春”“快”“乐”“虎”“到”“福”等字使用于“福贴”“腰线、楼梯贴”招贴材料中，最终由百胜（中国）投资有限公司确认了该设计方案，并交由无锡肯德基公司使用。

一审法院判决：（1）无锡肯德基公司于判决生效后30日内在《扬子晚报》上刊登致歉声明（内容必须经一审法院审核），所需费用由无锡肯德基公司承担；如逾期不履行，由一审法院选择媒体刊登判决书内容。（2）无锡肯德基公司于判决生效后10日内赔偿叶某友经济损失20,000元及叶某友为制止侵权支付的合理费用17,478元。（3）驳回叶某友的其他诉讼请求，本案案件受理费18,128元，由叶某友负担8834元，无锡肯德基公司负担9294元。

叶某友、无锡肯德基公司不服一审判决，提起上诉。

二审法院对一审法院查明的事实予以确认。

二审法院另查明：根据叶某友的陈述，其行书字库制作过程大致为：首先对其书写完成的汉字单字进行拍摄；其次使用photoshop软件对单字进行处理；最后将分割好并保留书法作品原创风格的字形嵌入字库编辑工具FontCreator5.0中。该字体工具安装后即可使用。字库输出的单字与原稿可能会有差异。叶某友行书字库是一种TTF（TrueTypeFont）文件。TTF文件格式是为了使计算机等具有信息处理能力的装置显示、打印字符而收集并按照一定规则组织存放在存储设备中的坐标数据和函数算法等信息的集合。字库中的坐标数据和函数算法是对字型笔画所进行的客观描述；在运行时，通过特定软件对其进行调用、解释，这些坐标数据和函数算法被还原为可以识别的字型。

二审法院判决：（1）撤销江苏省无锡市中级人民法院（2010）锡知民初字第0078号民事判决。（2）驳回叶某友的诉讼请求。

叶某友不服二审判决，向最高人民法院申请再审。再审法院确认了一审、二审法院查明的事实。

最高人民法院再审裁定：驳回叶某友的再审申请。

【案件争点】

（1）二审法院将涉案“叶某友行书字体”认定为“叶某友行书字库”是否属于认定事实错误。

(2)电通上海分公司使用其从新浪网上下载的“叶某友毛笔行书字体”中的“新”“春”“快”“乐”“虎”“到”“福”为无锡肯德基公司制作招贴材料,无锡肯德基公司使用该招贴是否侵犯叶某友的著作权。

【裁判要旨】

生效裁判认为:

(1)二审法院将涉案“叶某友行书字体”认定为“叶某友行书字库”是否属于认定事实错误。

二审法院认为:叶某友主张无锡肯德基公司复制了其行书字体原稿中的七个字,并认为其行书字库也是来源于字体原稿,故无锡肯德基公司复制其行书字体原稿或者使用字库中的字均属于侵犯其行书字体原稿著作权的行为。而无锡肯德基公司则主张其使用的字体并非来自叶某友行书字体原稿,而是来自叶某友行书字库,字库属于软件,应受软件著作权的保护。对此,法院认为,叶某友行书字体原稿与叶某友行书字库是不同作品,无锡肯德基公司使用的七个字来自叶某友行书字库,而非来自叶某友行书字体原稿,并未侵犯叶某友行书字体原稿的著作权。

叶某友称其并未制作过叶某友行书字库,其上传在新浪网及中华签名网上的均是“叶某友毛笔行书字体”。法院认为,由于国家标准、相关字库行业对计算机字体、计算机字库并无统一的表述方式,且在实践中两者经常同时或者交替使用,并无实质差别。因此,二审判决将“叶某友行书字体”表述为“叶某友行书字库”并未改变该“叶某友行书字体”的含义,不属于认定事实错误。

(2)电通上海分公司使用其从新浪网上下载的“叶某友毛笔行书字体”中的“新”“春”“快”“乐”“虎”“到”“福”为无锡肯德基公司制作招贴材料,无锡肯德基公司使用该招贴是否侵犯叶某友的著作权。

首先,关于二审法院认定无锡肯德基公司未使用叶某友字体原稿的问题。根据叶某友陈述的其行书字体的制作过程,其是将书写完成后的字体原稿每个单字进行拍摄,然后使用 photoshop 软件对单字进行处理,最后将分割好并保留书法作品原创风格的字形嵌入字库编辑工具 FontCreator5.0 中,待 6763 个汉字全部输入后,对整套字逐一进行测试,对相关字的位置、高度、大小进行相应调整,在整个字体处理过程中,个别字的笔画信息可能会丢失,但整体上和原稿字体是一致。由于经拍摄、使用 photoshop 软件处理、嵌入字库编辑工具 FontCreator5.0 及相应调整之后的字体与原来的字体原稿虽然风格相似,但并非完全一样,不能认定系对该字体原稿的数字化,因此二审法院认定电通上海分公司、无锡肯德基公司使用的并非叶某友字体原稿并无不当。

其次，根据一审法院查明的事实，在新浪网有“叶某友毛笔行书简体”字体软件下载，发布公司为中华签名网，授权方式为免费版，更新日期为2007年7月26日。在一审庭审中叶某友、无锡肯德基公司和电通上海分公司一致确认，该软件在下载及安装中没有出现权利限制的文字或提示。而“叶某友毛笔行书字体”的基本功能是制作出相应的字体，具有工具属性，相关公众下载该“叶某友毛笔行书字体”文件的根本目的是使用该字体经计算机相关程序调用后产生的相应汉字。由于叶某友在新浪网上提供的免费下载没有任何权利声明，相关公众从其声明免费下载的行为，有理由相信可以使用该字库输出其想要得到的字体单字并进行相应使用，因此二审法院认定无锡肯德基公司不侵犯叶某友著作权并无不当。叶某友关于其提供字体免费下载仅限于学习交流之用的主张不能成立。

例案二 北京汉仪科印信息技术有限公司与青蛙王子(中国)日化有限公司、福建双飞日化有限公司等侵害著作权纠纷案

【法院】

江苏省高级人民法院

【案号】

(2012)苏知民终字第0161号

【当事人】

上诉人(原审原告):北京汉仪科印信息技术有限公司

上诉人(原审被告):青蛙王子(中国)日化有限公司

上诉人(原审被告):福建双飞日化有限公司

原审被告:苏果超市有限公司

【基本案情】

北京汉仪科印信息技术有限公司(以下简称汉仪公司)诉称:汉仪公司发现在苏果超市有限公司(以下简称苏果超市)出售由福建双飞日化有限公司(以下简称双飞公司)、青蛙王子(中国)日化有限公司(以下简称青蛙王子公司)共同生产、销售的“城市宝贝”“青蛙王子”儿童护肤系列产品的注册商标中，未经许可使用汉仪公司享有著作权的秀英体。双飞公司、青蛙王子公司生产使用“城市宝贝”商标的产品，销售范围广、销量巨大、侵权时间持续长，给汉仪公司造成了巨大的损失。请

求判令双飞公司、青蛙王子公司:(1)立即停止使用侵犯汉仪公司著作权的“城市宝贝”注册商标;(2)在媒体上公开赔礼道歉;(3)赔偿汉仪公司经济损失人民币50万元及为制止侵权所支出的相关费用,承担本案的诉讼费;(4)判令苏果超市停止销售侵权产品。

双飞公司、青蛙王子公司辩称:(1)涉案秀英体字库中的单字不构成著作权法保护的美术作品。著作权法中的美术作品要求作品本身具有审美意义,其功能价值在于传递感受。而涉案字库中的字体具有工业产品的属性,其主要功能是传情达意,受到保护的是整体性的独特风格和数字化表现形式,其中的单字无法上升到美术作品的高度。(2)秀英体汉字的特征是整个字库的整体风格,而对具体的单个字而言,并不具有独创性。(3)创作秀英体字体的作者许可他人制作字体工具,制作者创设了新的权利,即字体工具的权利,而字体的作者对字体工具产生的单字的权利由此而用尽。实用字体中的单字无版权。实用字体通过字体工具保护,仅有整体版权。(4)字体工具中的实用字体不能分拆成为单字受到保护。第一,字体业者主张保护的实用字体单字仅有抽象存在,并没有可复制的载体,不构成作品;第二,字体工具的制作者没有发行抽象的实用字体单字,只是在发行字体软件。

苏果超市辩称:其销售的“城市宝贝”牌系列儿童洗护用品进货渠道正规,来源合法,不构成侵权。汉仪公司虽享有字库的著作权,但不享有字库中单字的著作权,字库中的单字不构成美术作品。

一审法院审理查明:双飞公司自2003年开始先后向国家商标局申请注册了三个含有“城市宝贝”文字的注册商标,商标注册证号分别为:(1)第3589726号文字商标,核定使用商品(第3类)化妆品、花露水、化妆用雪化膏、防晒剂、爽身粉、牙膏、肥皂、洗发液、洗面奶等。(2)第3880842号文字商标:核定使用商品(第21类)牙刷、电动牙刷、化妆用具等。(3)第6127596号文字商标:核定使用商品(第3类)肥皂、洗面奶、护发素、芳香剂(香精油)、化妆品、爽身粉、花露水、痱子粉、香水、牙膏等。以上三个注册商标均为文字商标,商标标识中的文字“城市宝贝”四字均使用了汉仪秀英体。

青蛙王子公司、双飞公司生产、销售的产品的外包装以及产品的包装上,均在显著位置使用“城市宝贝”四个汉字,同时也标注了“青蛙王子”注册商标。“城市宝贝”汉字笔画特征是:横竖笔画粗细基本相同,横平竖直,笔画两端为圆形,点为心形,撇为柳叶形,折笔画为圆形,同汉仪秀英体的原始字稿中的“城市宝贝”四字,除大小外其余均相同。

一审法院判决：(1)双飞公司、青蛙王子公司，自判决生效之日起停止使用涉案注册商标标识和其产品包装装潢中，汉仪公司享有著作权的汉仪秀英体“城市宝贝”四字；(2)苏果超市自判决生效之日起，立即停止销售使用侵犯汉仪公司享有著作权的汉仪秀英体文字商标标识及包装装潢中含有汉仪秀英体“城市宝贝”四字的产品；(3)双飞公司、青蛙王子公司自判决生效之日起15日内，赔偿汉仪公司经济损失包括为制止侵权所支出的合理费用计人民币4.8万元；(4)驳回汉仪公司其他诉讼请求。

汉仪公司、双飞公司、青蛙王子公司不服一审判决，提起上诉。

二审法院对一审法院查明的事实予以确认。

另查明：根据汉仪公司的陈述，汉仪秀英体字库的设计过程大致经历了以下几个阶段：字体创意、字形设计、扫描和曲线合成、扩展创作、创作符号、字形审定、二次创作、格式转换、测试校对。字体创意是设计师经过多次方案构思和草图勾画，确定将点设计成象征爱和情感的桃心形状，撇设计成柳叶的形状，捺的设计后端向上翘起，撇和捺同时存在的时候设计成两端向上翘起的形状，其他所有的笔画都尽可能地以更能表达温情色彩的弧线处理，以达到整个字亲和、秀丽的效果。字形设计是设计师根据每个单字的字形结构和笔画特征展开单字设计，期间设计师会多次修改，以达到最美观的艺术效果。涉案“城市宝贝”四字中，“市、宝、贝”三字是设计师直接设计出来的。扫描和曲线合成是先通过扫描设备将设计图稿转化为数字化图像存储于计算机中，最初扫描完成的数字化图像是一幅幅位图(位图，亦称为点阵图像或绘制图像，是由称作像素的单个点组成的图像，放大缩小后模糊不清，周边会有通常所说的锯齿)，然后通过专业的字库设计制作工具对位图字稿图像进行曲线合成或称数字化拟合，即通过程序模拟位图字稿中的字形轮廓，并以点和线的形式还原字形，形成字形的矢量轮廓。只有在纸稿进行的单字创作才需要扫描和曲线合成，现在很多设计师都是直接在电脑上进行设计，就不再需要这个阶段的工作了。扩展设计是设计师通过最初完成的2000多个单字以拼合的方式来设计其他单字。通过这些字的设计，设计师们会总结设计出一些具有秀英体风格特点的笔画和部首，然后以拼合这些笔画和部首的方式来设计其他字。涉案的“城”字是由单字“成”和“圩”的土字旁所拼成。这种设计方式极大地缩短了整个字库的设计时间，但拼字过程并非是简单的组合拼装，而需要设计师根据自己对秀英体字体风格的理解和对要设计的单字的字形特点和结构特征的理解，进行一对一的设计，同一个笔画和部首放在不同字中都要进行不同的设计，才可以保证单字的美观性。创作符号是根据字体的风格特点和笔画描述形式,设计创作与之匹配的各种符号、西文字母等。字形审定是单字和字符创作完成后,主设计师会对所有单字进行审定,包括审核每一个单字及其笔画的描述是否符合字体设计师的初衷,间架结构是否合理安排;整套字库版面效果是否和谐美观、风格统一。格式转换是所有的设计工作完成后,字库技术工程师利用专业软件将设计出来的单字和符号进行集合,赋以编码,并将其转换成为特定数学函数描述字形轮廓的文件格式(如truetype 格式),再加以指令控制其字形的显示效果和排版效果,形成字库。目前国际通用的字库文件格式是 truetype 格式和 opentype 格式。测试校对是字库制作完成后要安装至各种字库应用环境中进行测试。测试内容包括字库软件的功能测试、其与软硬件的匹配以及校对单字是否有错字,是否有编码错误等。为确保字库产品质量,测试大致需要 1 ~3 个月。测试合格后,字库所有的设计创作制作过程完成,可以上市销售。

二审法院判决:驳回上诉,维持原判。

【案件争点】

字库中的单字是否能够独立构成美术作品并享有著作权。

【裁判要旨】

生效裁判认为:

美术字体的创作虽然与书法字体有所不同,但同样存在较大的创作空间,亦属于以线条、色彩等方式构成的具有审美意义的造型艺术作品。字库中的单字设计,每个字的最终定型,都是设计人员根据自己的设计理念,选择、取舍、判断、综合的结果,体现了设计人员的智力创造。

涉案秀英体字库的单字经过字体创意、字形设计、扫描和曲线合成、扩展创作、创作符号、字形审定、二次创作、格式转换、测试校对等几个步骤。需要注意的是,拼字完成的单字并不是简单的拼合,需要设计者根据其对字体风格的理解和对单字字形特点和结构特征的理解,逐一进行设计。比如涉案的“城”字是通过单字“成”和“圩”中的土字旁所拼成,但二者的比例以及笔画之间相互的配合需要经过设计者不断地调整,以达到单字本身美观,并与字库其他单字在整体上协调统一的效果。所有字形的最终确定都是以显示为文字、符号的图像为载体,虽然该图像是数字化的形式,但同样是创作者以美术作品为基础所完成的智力成果。这种方式利用电脑工具完成,与传统纸笔完成创作只是随着新技术发展而在使用工具上有所不同,其本质并无不同。

虽然字库中的字体字型是由字型原稿经数字化处理后由人工或计算机根据字型原稿的风格结合汉字组合规律拼合而成，以相应的坐标数据和函数算法存在。这种数字化的形式更方便复制，但不能因此而否认字体单字可能成为美术作品的属性，计算机技术的运用并未改变其本质。如同游戏软件一样，虽然其是以数字化的程序形式存在，但其运行的某些画面在符合著作权法的独创性要求的情况下，仍可作为美术作品予以保护。因此，在满足独创性要求的前提下，字库中的单字属于著作权法规定的美术作品，应受法律保护。

但需要特别指出的是，如果字库单字的保护标准确定得较低，有可能很难将其与已有字体区分，造成混乱状况，妨碍公众对已有字体工具的正常使用，阻碍对文化的传播。故只有体现较高独特审美，并能够与已有字体明确区分开来的字库单字才有可能被认定为美术作品加以保护。

如前所述，秀英体字体具有鲜明的特征：横竖笔画粗细基本相同，笔画两端为圆形，点为心形桃点，短撇为飘动的柳叶形，长撇向左方上扬飞起，捺向右方上扬飞起，折勾以柔美的圆弧线条处理，折笔画整体变方为圆。涉案秀英体具备秀英体上述鲜明的特征，其表现的形态与公知领域的美术字的基本笔画相比具有鲜明特色，符合较高独特审美的独创性要求，应受法律保护。

例案三 北京北大方正电子有限公司与广州宝洁有限公司、北京家乐福商业有限公司侵犯著作权纠纷案

【法院】

北京市第一中级人民法院

【案号】

(2011)一中民终字第5969号

【当事人】

上诉人(原审原告)：北京北大方正电子有限公司

被上诉人(原审被告)：广州宝洁有限公司

被上诉人(原审被告)：北京家乐福商业有限公司

【基本案情】

2008年4月22日，北京北大方正电子有限公司(以下简称方正公司)以演绎作品著作权人的身份针对方正倩体系列(粗倩、中倩、细倩)在中国版权保护中心申

请著作权登记,登记作品为美术作品。方正公司字库的主要制作过程包括:(1)由专业设计师设计风格统一的字稿。(2)扫描输入电脑,经过计算形成高精度点阵字库,给出字库编码。(3)进行数字化拟合,按照一定的数学算法,自动将扫描后的点阵图形抽成接近原稿的数字化曲线轮廓信息,通过参数调整轮廓点、线、角度和位置。(4)人工修字,提高单字质量,体现原字稿的特点和韵味;利用造字工具可提高效率,保证质量;强大的拼字、补字功能可有效索引,以造出与字稿风格统一的字。(5)质检,使字形轮廓光滑,结构合理,配合技术规范,提高存储效率和还原速度。(6)整合成库,配上相应的符号、数字和外文,转换成不同编码和不同格式。(7)整体测试。(8)商品化。

2000年8月,方正公司开始制作销售兰亭字库软件光盘,其中收录了包含粗中细三种倩体的123款中文字体,销售价格为168元。字库光盘包装注明字库可运行于多种系统,并满足用户办公、排版、视频字幕、雕刻、网页设计、平面设计等处理软件对中文字库的要求。

方正公司主张涉案字库产品只限于个人或非商业性使用,不适用于商业性使用,对字库产品中具体单字的商业性再使用应另行取得方正公司授权。但方正公司表示没有统一的企业版,针对不同的用户许可不同、价格不同,需直接通过协议确定。其认为,字库软件中单字的商业性使用应获得方正公司许可。

2008年5月12日,方正公司认为北京家乐福商业有限公司(以下简称家乐福)中关村广场店售卖的广州宝洁有限公司(以下简称宝洁公司)生产的洗发水、香皂、卫生巾等67款产品(包括使用倩体“飘柔”的24款涉案产品)侵害了其权利。2008年7月,经方正公司委托,科技部知识产权事务中心做出司法鉴定意见书,认为涉案被控侵权产品中的“飘柔”二字与方正公司倩体字库的笔画、笔数及汉字部件的位置关系一致,字体一致,设计风格和特征一致。

宝洁公司称,汉字凝聚了东方悠久的历史文明,汉字的笔画、笔数、字形等系历史形成,属公有领域,不是著作权法保护的对象,不能为任何人独占。涉案字体系在已有汉字字体的基础上,加入一定设计风格和特征的演绎作品,方正公司需要证明与公有领域中早已存在的字体相比,其字库中的每一个字都具有独特的艺术表现和特征,才能对该独创性部分享有著作权。倩体字与公有领域的字体差异微小,难以构成著作权法意义上的美术作品,仅借助技术手段完成的机械加工劳动,不能产生新的有独创性的演绎作品。方正公司针对涉案字体,没有实质性的艺术贡献。方正公司可以就其劳动成果主张其他保护,尚不足以对字库中的单个汉字享有美术作品的著作权。

一审法院判决：判决驳回原告方正公司的全部诉讼请求。

方正公司不服，提起上诉。其上诉称：(1)根据我国著作权法对于美术作品的规定，涉案倩体字库中“飘柔”二字属于“以线条或其他方式构成的有审美意义的平面造型艺术作品”，应当按照一般美术作品标准来判定其独创性。我国著作权法对于作品的独创性并没有作差别化规定，上述“飘柔”二字是上诉人原创设计的、具有独特审美意义的作品，符合我国著作权法规定的独创性要求，应当享有美术作品著作权保护。(2)原审判决未针对涉案倩体字库中的“飘柔”二字是否构成美术作品予以审理，因此原审法院存在漏审情况。(3)原审判决认定事实错误、适用法律不当。原审判决书认定字库整体具有美术作品的独创性，却否认单字的美术作品的独创性，既没有法律根据而且完全不合逻辑。综上所述，请求二审法院撤销原审判决，判决支持上诉人原审的全部诉讼请求。

被上诉人宝洁公司及家乐福公司仍坚持其在原审程序中的答辩意见，并认为原审判决认定事实清楚，适用法律正确，请求二审法院依法予以维持。

二审法院对一审法院查明的事实予以确认。

二审法院判决：驳回上诉，维持原判。

【案件争点】

宝洁公司在被控侵权产品上使用的涉案“飘柔”二字是否构成作品。

【裁判要旨】

生效裁判认为：

(1)我国著作权法中所称的美术作品，是指绘画、书法、雕塑等以线条、色彩或者其他方式构成的有审美意义的平面或者立体的造型艺术作品。与其他作品不同，美术作品要求作品本身具有审美意义，其功能价值在于传递视觉感受。在现实生活中，美术作品通常指绘画、雕塑等作品。在东方国家，书法也成为美术作品保护的对象。

(2)在美术作品中，绘画、雕塑的审美功能性较强，原创性和选择度较大，如针对同一处景色，通过绘画展现，可以有多种表达的选择，不同作者的作品之间差异较大。但对于写法受到一定局限的汉字来说，情况有所不同。汉字由结构和笔画构成，是具有实用价值的工具，其主要的功能为传情达意，视觉审美意义是其次要功能。每个字的结构和笔画本身是固定的，不能进行再创造或者改变，否则会成为通常意义上的“错字”。将汉字作为著作权法意义上的美术作品进行保护，必须要求在完全相同的笔画和结构的基础上,其字体的形态具有一定的独创性。所谓独创性,包括原创和增加要素进行演绎两种情形,对于原创作品的独创性,无须过高要求,但在已有的汉字基础上增加要素,进行演绎,改变已有形态,此种方式的独创性要求不能过低,必须形成鲜明独特的风格,能明显区别于其他字体,否则以对于一般作品所谓的"实质性相似"的标准进行考量和认定侵权,对于基本结构和笔画相同的汉字来说,保护范围过宽。

就汉字而言,因结构和笔画不可改变,单字所体现的风格有其局限性,故单字能够形成区别于其他字体的独特风格较为困难。因字库字体需要整体风格的协调统一,其中单字的独特风格更受到较大限制,与书法家单独书写的极具个人风格的单字书法作品,无法相提并论,也不同于经过单独设计的风格极为特殊的单字。将其中的每一个单字都确认具有独创性,享有美术作品的著作权,依据不足。

(3)将字库中的单字作为独立的美术作品进行保护,存在诸多无法解释的矛盾之处,也使判断标准难以确定。如对于同一个倩体字,粗中细三者之间的差别并不足以达到三者都具有独创性,成为三个美术作品的程度;对于简单的单字,与其他字体中同一单字在字体意义上并无明显区别;同一字体中的不同单字之间风格统一,认定每个单字构成具有独创性的作品,导致其相互否定独创性;对字库中的某一单字稍作改变,即认为形成新的美术作品,而某些临摹或书写的字体与字库中的单字相近,又认为构成实质性相似,其间界限模糊,难以判断。

字库字体受到约束的使用方式应当是整体性的使用和相同的数据描述,其中的单字无法上升到美术作品的高度。从社会对于汉字使用的效果来讲,如果认定字库中的每一个单字构成美术作品,使用的单字与某个稍有特点的字库中的单字相近,就可能因为实质性相似构成侵权,必然影响汉字作为语言符号的功能性,使社会公众无从选择,难以判断和承受自己行为的后果,也对汉字这一文化符号的正常使用和发展构成障碍,不符合著作权法保护作品独创性的初衷。

因此,字库中的单字,不能作为美术作品给予权利保护。方正公司以侵犯倩体字库中"飘柔"二字的美术作品著作权为由,要求认定最终用户宝洁公司的使用行为侵权,没有法律依据,其以此为基础,对宝洁公司和家乐福公司提出的全部诉讼请求,本院不予支持。

三、裁判规则提要

涉及计算机字库软件产生的单字是否可以构成美术作品的问题争议已久。司法实践中亦存在不同认识和判例。最高人民法院在叶根友案件中并没有直接就字库中单字是否构成美术作品进行论述并给出结论，但从司法大数据的统计分析来看，司法实践中绝大多数案件是支持计算机软件字库中的单字可以作为美术作品给予保护的。

（一）计算机软件字库中的单字可以给予单独保护

1. 字库中的单字可以给予单独保护的法理基础

计算机软件字库是由字型原稿经数字化处理后和由人工或计算机根据字型原稿的风格结合汉字组合规律拼合而成，以相应的坐标数据和函数算法存在。而字库中的单字是指运行字库相关指令后形成的文字。从法律保护的客体角度讲，计算机软件字库中的单字作为一个独立的文字表达方式，其与字库整体之间属于不同的客体，可以基于各自不同的特点通过不同的途径获得保护。当然，也有观点认为计算机软件字库给予整体保护后就不能再就其单字获得保护，否则将会出现重复保护的问题。在同一个案件中出现字库和单字均主张权利的情况下可能会存在前述情形。但是，单字之所以具有单独进行保护的诉求，其根本原因是被诉侵权行为仅仅使用了单个字而未就字库整体进行使用，其使用的方式已并非是字库软件的使用方式。这种情况下，如果不给予单字保护则必然会使字库权利人的权利被架空，无法得到真正的保护。同时，从计算机软件的角度讲，软件是功能性的作品，其唯一目的是指示计算机履行特定的任务。字库软件一旦运行，其目标就是生成单字，至此字库计算机软件的功能终结。而对于字库计算机软件的保护也仅限于对整个软件的保护，并没有延及到对软件运行产生的单字给予直接保护。当然，还有观点主张对于单字给予保护可以从合同的角度予以救济，即将对单字的使用视为获得字库使用权后的默示许可，在超出许可范围或使用方式的情况下权利人可以主张合同违约。该路径是否可行还需考察计算机字库软件出售时的合同约定。此外，还有观点认为可以从反不正当竞争法的角度予以规制不当使用单字的情形，但是，由于单字的使用方式多样以及使用主体不确定，是否具有竞争关系以及如何具体使用反不正当竞争法等均存在一定挑战。

2. 字库中的单字单独给予保护的法律依据

字库中的单字从其表现形式来看是一种文字的表达。按照《著作权法实施条例》第4条第8项关于美术作品的规定，书法等以线条、色彩或者其他方式构成的有审美意义的平面或者立体的造型艺术作品属于美术作品。当单字从文字的线条、色彩或者其他方式等要素来看符合具有审美意义的平面作品的要求时,可以依据美术作品获得著作权法的保护。

谈及单字的保护离不开对创作主体的讨论。有观点认为,单字是计算机软件运行的产物,其并非人的独创性表达,不能体现人的选择、编排、取舍等。该问题需要再回到什么是字库这个问题上来分析。从技术上讲,计算机字库是用来指字库的形成一般是按照印刷字的组字规律,将原创的部件衍生成一套完整的印刷字库,再进行人工调整后使用一定的指令,将设计好的字型用特定的数字函数描述其字体轮廓外形并用相应的控制指令对字型进行相应的精细调整后,编码成计算机字库。根据字库制作过程,由于印刷字库中的字体字型是由字型原稿经数字化处理后和由人工或计算机根据字型原稿的风格结合汉字组合规律拼合而成,其字库中的每个汉字的字型与其字形原稿并不具有一一对应关系,亦不是字型原稿的数字化,且在数量上也远远多于其字型原稿。从计算机字库以及运行产生的单字之间的关系可知,首先,字库是由原创的部件衍生而成,这些原创性的部件体现了人的取舍、编排及选择等,如在前述案例中提及的字型原稿。其次,根据一定的指令生产单字这个过程本身并不能消灭人的独创性表达。计算机软件是一种输出原创字的方式方法。单字和字型原稿之间属于相同或者实质性相似。单字的独创性源自字型原稿的独创性。最后,即便字库软件运行后会出现超出原有设计好的字体范围的新字,就这些新字而言,虽然并非由人直接设计生成,但依然需要借助原有创作字型通过一定的方法进行组合而成,可以视为是人创作的一种延续。因此,给予单字美术作品的保护与一般美术作品并不存在冲突,没有违背著作权法的基本原则。同时,这样也可以解释为什么同一个计算机字库软件产生的单字并非均可以单独构成作品,还需要和字型原稿比对后,就单字是否构成作品进行独立判断。

(二)计算机字库中单字构成美术作品的可能性

我国《著作权法实施条例》第 2 条对“作品”有明确的定义,即著作权法所称作品,是指文学、艺术和科学领域内具有独创性并能以某种有形形式复制的智力成果。第 4 条第 8 项规定,美术作品,是指绘画、书法、雕塑等以线条、色彩或者其他方式构成的有审美意义的平面或立体的造型艺术作品。涉案字库中的单字在符合上述法律规定的构成要件,即具有独创性,并能以某种有形形式复制,具有审美意义的平面造型艺术后,则可以构成美术作品。

现行的各类字库中的单字以书写方式不同,总体分为两大类:一类是由书法家用传统毛笔书写的单字（其中也包含集合古代书法家作品中的单字），如著名的“舒同体”“启功体”；另一类是由书体设计人员使用铅笔等现代工具描绘的美术字。对于第一类单字具有独创性是受著作权法保护的作品，目前没有争议。目前争议最大的属第二类美术字，对于此类字库中单字是否具有独创性，是否能单独构成美术作品，应当从美术字的艺术创作规律和著作权法理论的角度来审视。从目前司法实践中单字构成美术作品的案例来看，如果字库中的单字都是用经过设计者设计的线条和结构组成，能够体现设计者创意思想的具体表达方式，这个过程凝聚着设计者的智慧和创造性劳动，与现有美术字书体相比，具有独特的艺术效果和审美意义，体现了设计者的独创性，则构成美术作品。

这里需要申明，在同一字库中的每个单字不是均构成独立的美术作品，需要结合具体文字的线条、结构等进行判断。如果一个单字的设计并不能使一般人在认识上产生显著的美感，其主要价值是实用性，则不能构成美术作品。

（三）利益平衡原则在单字法律属性判断上的影响

从目前的案例来看，在涉及单字法律属性的判断时都会涉及公共利益的考量。被告一般会抗辩，如果给予单字美术作品的单独保护，则会限制公众使用文字的表达自由，不利于公众对于信息的传播。因此，基于对公众信息传播自由的考虑，不应限制计算机字库中单字在日常生活中的使用，也就是说，在给予计算机字库整体保护的情况下，不宜再给予单字单独的法律保护。前述观点具有一定合理性，正是由于考虑了公众对于信息传播的自由，所以才不是对字库中的单字一概给予保护，而是从单字的角度再进行独创性的判断。如果字库单字的保护标准确定得较低，有可能很难将其与已有字体区分，造成混乱，妨碍公众对已有字体的正常使用，阻碍对文化、信息的传播。因此，只有体现较高独特审美，并能够与已有字体明确区分开来的字库单字才有可能被认定为美术作品。也就是说，在判断单字是否属于美术作品时其对独创性的要求是较高的，一定程度上讲这是利益平衡的结果。

四、辅助信息

高频词条：

《著作权法实施条例》

第4条　著作权法和本条例中下列作品的含义：

(一)文字作品,是指小说、诗词、散文、论文等以文字形式表现的作品;

……

(八)美术作品,是指绘画、书法、雕塑等以线条、色彩或者其他方式构成的有审美意义的平面或者立体的造型艺术作品;

……

知识产权案件裁判规则第 4 条：
网站页面内容的选取、编排顺序、组合技巧等设计具备独创性的，构成汇编作品，受著作权法保护

〔**规则描述**〕：网页通常是基于文字、美术、摄影等作品性和非作品性的信息材料、线条、色彩等，根据设计者的创作意图和创作构思进行选择或者编排而形成的，表现在网页上的具有独创性的作品可以作为汇编作品受到我国著作权法的保护。但是网页中对总体设计模式、色彩使用、结构布局的选择及编排，若不能体现该编排或选择属于对“内容”的选择或编排，不能提供具体信息，不构成汇编作品。

一、类案检索大数据报告

时间：2019 年 10 月 26 日之前，案例来源：Alpha 案例库，案件数量：25 件，检索关键词：著作权、网站页面设计或网页设计（法院认为包含）、著作权权属、侵权纠纷（案由），数据采集时间：2019 年 10 月 26 日，本次检索获取了 2019 年 10 月 26 日前共 25 篇裁判文书。整体情况如图 4－1 所示：

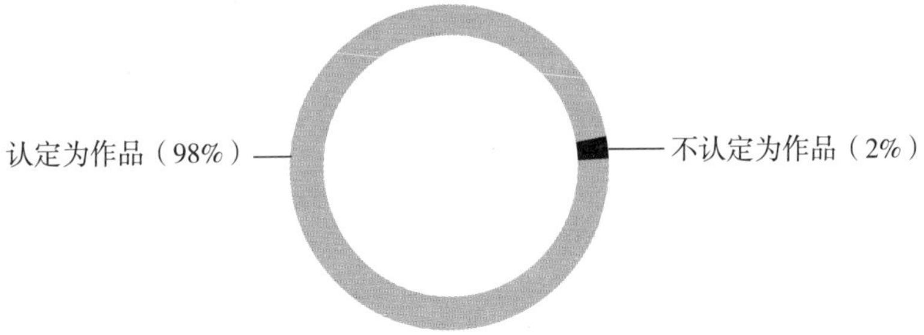

图 4－1　网站页面类诉讼裁判结果

从图 4－1 显示的结果来看，98% 的法院将网站页面认定为作品受著作权法保护。2% 的法院不将其认定为作品。

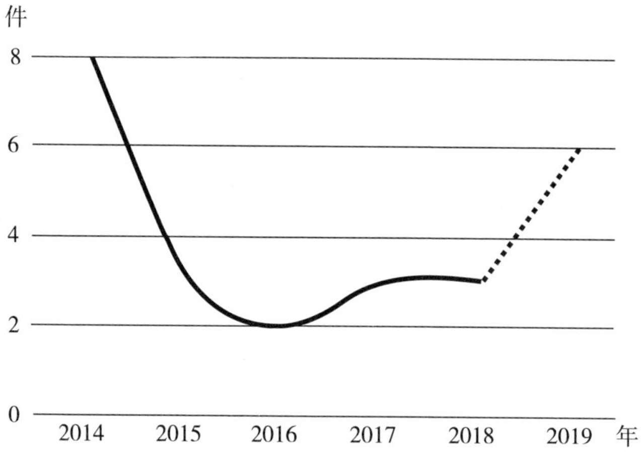

图4-2 网站页面类诉讼案件时间趋势

从图4-2的案件时间趋势,可以看出网站页面类纠纷案件逐年的数量变化态势。

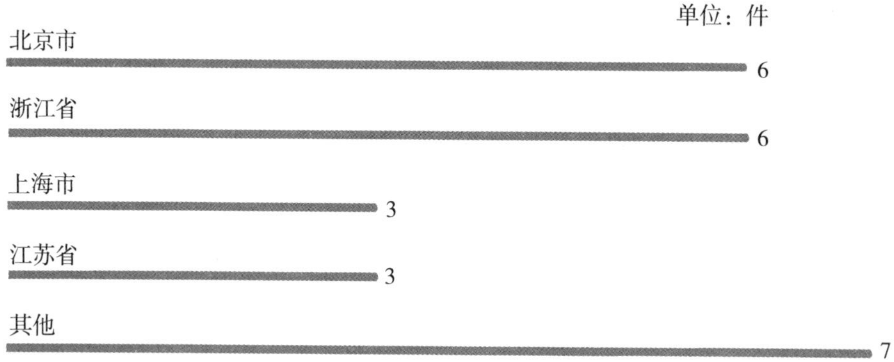

图4-3 网站页面类案件诉讼的主要地域分布

从图4-3的主要地域分布来看,网站页面类纠纷案件主要集中在北京市、浙江省、上海市,分别占比约24.00%、24.00%、12.00%。其中北京市与浙江省的案件量最多,达到6件。

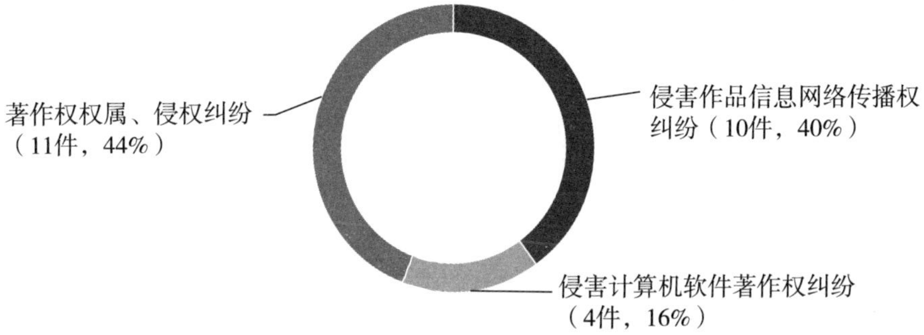

图 4－4　网站页面类诉讼案件案由分布

从图 4－4 的案由分布情况可以看出，网站页面类案件主要包括，著作权权属、侵权纠纷，侵害作品信息网络传播权纠纷，侵害计算机软件著作权纠纷。

二、可供参考例案索引

例案一　重庆太轮科技有限公司与河南炉石文化传媒有限公司著作权权属、侵权纠纷案

【法院】

重庆市第五中级人民法院

【案号】

(2015)渝五中法民初字第 00972 号

【当事人】

原告：重庆太轮科技有限公司

被告：河南炉石文化传媒有限公司

【基本案情】

原告重庆太轮科技有限公司诉称：域名为 www. tlshow. cn 的网站系原告独立开办，作为原告自身的宣传推广网站，并由原告独立经营和管理，其网页中所包含的图片、文字、页面布局等均由原告自行设计创作或付费购买取得，历时几个月，耗费了大量的精力和经济成本，对网站整体及局部享有完全的著作权。2015 年 5 月 22 日，有潜在客户反映称，网址为 www. lushisky. com 的网站与原告的上述网站页面基本相同，并质询谁才是真实合法的著作权人，以便进行合作。随后，原告通过调查得知，网址为 www. lushisky. com 的网站系由被告开办，在首页、内页的设计、

图片、文字编辑等诸多方面与原告的网页大面积相同或雷同,多次协商无果后,原告赴重庆市公证处进行了相关证据保全。由于原被告属同类竞争性公司,且涉案侵权网页与原告网站相似度极高,被告的侵权行为严重损害了原告的合法权益及智慧成果。请求法院判令:(1)被告立即停止侵犯原告网络著作权的行为,并公开赔礼道歉;(2)被告因侵权行为赔偿原告经济损失10万元;(3)被告承担原告律师费、公证费等共计4000元;(4)被告承担本案诉讼费用。

被告河南炉石文化传媒有限公司未出庭发表答辩意见。

法院审理查明:www. tlshow. cn 的主办单位系原告,网站备案/许可证号为渝ICP备13007614号,登记时间2015年3月16日,其网站页面底部有版权所有@2010－2014重庆太轮科技有限公司渝ICP备13007614号字样;www. lushisky. com的主办单位系被告,网站备案/许可证号为豫ICP备14020660号,登记时间2015年5月15日,其网站页面底部载有Copyright@ 2002－2014lushisky炉石传媒版权所有豫ICP备12019697字样。关于网站首页和相关的内页,双方的整体风格基本一致,均在首页顶部使用醒目的红色背景图片,网站页面的图标形状、子栏目、标题栏的设置、背景文字图片的选取以及文字和图片的布局、比例、项目符号、次级页面的打开方式等方面基本一致,仅是具体的企业名称、联系方式等少量文字不同。

法院判决:(1)被告河南炉石文化传媒有限公司立即停止使用侵犯原告重庆太轮科技有限公司著作权的网站页面,并于本判决生效之日起10日内在www. lushisky. com的网站首页刊登声明,向原告重庆太轮科技有限公司赔礼道歉(该声明内容须经本院审核);(2)被告河南炉石文化传媒有限公司于本判决生效之日起10日内赔偿原告重庆太轮科技有限公司经济损失4万元;(3)被告河南炉石文化传媒有限公司于本判决生效之日起10日内赔偿原告重庆太轮科技有限公司合理费用4000元;(4)驳回原告重庆太轮科技有限公司的其他诉讼请求。

【案件争点】

本案的争议焦点是原告是否享有其主张权利的网站网页的著作权,原告主张的侵权事实是否成立以及被告应该承担怎样的民事法律责任。

【裁判要旨】

生效裁判认为:

(1)关于原告是否享有其主张权利的网站网页的著作权。根据《著作权法》第14条规定,汇编若干作品、作品的片段或者不构成作品的数据或者其他材料,对其内容的选择或者编排体现独创性的作品,为汇编作品,其著作权由汇编人享有,但行使著作权时，不得侵犯原作品的著作权。从网页的构成要素来看，网页主要由文字、图片等作品或作品的片段以及不属于作品的线条、色彩等综合编排而成，对这些内容的选取、编排顺序、组合技巧体现了创作者的独创性。网页的设计过程是网页设计者将各种要素综合设计、付出创造性劳动的过程，属于著作权法上的汇编作品，应当受到法律保护。原告主张权利的网站页面系体现了独创性的汇编作品，其网页下方载有版权所有标识，结合工信部 ICP/IP 地址/域名信息备案管理系统查询结果显示网址为 www. tlshow. cn 网站的主办单位为原告，原告亦举示了其工作人员创作、设计涉案网页的相关证据，在没有相反证据的情况下，可以认定原告系其主张权利的网站网页的著作权人。

(2)关于原告主张的侵权事实是否成立。根据庭审中对公证光盘记录的原告网站网页与被告网站网页的比对，双方在网站风格、整体版式结构、颜色、企业标识设置的位置、标题栏、文字和图片的布局比例等方面均一致，仅具体企业名称、联系方式等少量文字不同。在被告未举证证明其网站页面的创作过程的前提下，被告的网站页面剽窃了原告网站页面，侵犯了原告享有的网站页面的著作权，应当承担相应的民事责任。

(3)关于被告的民事责任问题。因被告的网站页面剽窃了原告的网站页面，侵犯了原告享有的网站页面的著作权，应承担立即停止侵权的法律责任，被告应立即停止使用与原告网站页面相同的网站页面。被告网站页面的底端标注为炉石传媒版权所有，侵犯了原告享有的署名权，故原告要求被告公开赔礼道歉的诉请本院依法予以支持。因本案的侵权行为发生在被告网站上，产生的影响也限于浏览该网站的相关网民，故在其网站首页刊登赔礼道歉声明足以消除影响。根据《著作权法》第 49 条的规定，侵犯著作权或者与著作权有关的权利的，侵权人应当按照权利人的实际损失给予赔偿；实际损失难以计算的，可以按照侵权人的违法所得给予赔偿。赔偿数额还应当包括权利人为制止侵权行为所支付的合理开支。权利人的实际损失或者侵权人的违法所得不能确定的，由人民法院根据侵权行为的情节，判决给予 50 万元以下的赔偿。鉴于原告未能举示充分证据证明其因侵权所遭受的损失或者被告因侵权所获得的利益，本院根据涉案作品的类型、侵权行为持续时间、侵权行为性质、侵权范围等情节酌情主张被告赔偿原告经济损失 4 万元。原告举示了为制止侵权行为而支付的律师费 2000 元和公证费 2000 元的票据，该费用系制止涉案侵权行为产生的合理费用，本院依法予以支持。

例案二 西安钻石网络有限责任公司与美国中国贸易协会有限公司侵犯著作权纠纷案

【法院】

北京市第二中级人民法院

【案号】

(2003)二中民初字第07939号

【当事人】

原告:西安钻石网络有限责任公司

被告:美国中国贸易协会有限公司

【基本案情】

西安钻石网络有限责任公司(以下简称钻石公司)诉称:该公司于1999年创立的网站是以介绍中国各旅游景点、历史文化遗址、饮食文化及旅游线路等为内容的英文旅游资讯网站,网址为www. beijingtrip. com。该网站所刊载的文字和图片均是该公司工作人员花费大量的人力物力采编制作完成的,原告对其网站上的所有内容享有著作权,为此原告已在网站上标注了版权声明。2002年9月,原告发现被告美国中国贸易协会有限公司(以下简称美中贸易协会公司)未经其许可,在被告网站上大量转载了原告网站的内容,其网址为www. america – china. com。2003年4月,原告发现被告在其网站上又大量转载了原告网站的内容,其网址为www. meizhong. com。原告认为被告未经其许可,抄袭转载原告网站内容的行为侵犯了原告对相关文章、图片和网页设计所享有的著作权中的署名权、复制权、网络信息传播权等权利,给原告造成了巨大的经济损失。故诉至法院,请求判令被告停止侵权,移除所有侵权内容;在被告网站首页上消除影响、公开赔礼道歉;赔偿经济损失30万元并承担原告因本案诉讼而支出的合理费用和诉讼费用。

被告美中贸易协会公司未发表答辩意见。

法院审理查明:钻石公司主张被告网站使用Httrack软件抄袭原告网站Attractions和Travel栏目的内容,被告网站上刊载的60篇旅游景点文章、24条旅游线路及64张图片及相关页面与原告网站刊载的内容相同。根据(2002)西证经字第4887号公证书、(2003)西证经字第22802号公证书对被告网站内容进行公证的公证书所记载的内容,经比对,被告网站刊载的相关内容与原告网站刊载的内容基本相同,且相关页面上均标注有被告公司的版权声明"Copyright© 2003, ChinaBusinessAssociates”，有些页面上还保留了原告的版权声明及联系方式、原告公司业务合作单位西安教育国际旅行社的许可证号码，刊载的图片上保留了原告网站在图片上添加的水印“beijingtrip. com”字样。

法院判决：(1)美中贸易协会公司于本判决生效之日起停止在其网站上刊载涉案文字作品、摄影作品和网页汇编作品的侵权行为；(2)美中贸易协会公司于本判决生效之日起 15 日内在其网站首页上就其涉案侵权行为刊载向钻石公司赔礼道歉的声明(致歉内容须经本院核准，逾期不履行，本院将在一家全国发行的报纸上公开本判决内容，所需费用由美中贸易协会公司负担)；(3)美中贸易协会公司于本判决生效之日起 15 日内赔偿钻石公司经济损失人民币 2.5 万元，赔偿钻石公司因本案诉讼支出的合理费用人民币 1 万元；(4)驳回钻石公司的其他诉讼请求。

【案件争点】

本案争议的焦点问题是被告网站刊载原告网站相关网页内容的行为是否侵犯了原告所主张的涉案文章、图片以及刊载上述内容的网页的著作权。

【裁判要旨】

生效裁判认为：

根据本案查明的事实，原告网站上所刊载的相关内容系由原告的工作人员创作完成的，原告应对其主张的其网站上刊载的 60 篇文章、24 条旅游线路和 64 张图片享有相关权利。上述文字和图片均具有一定的独创性，属于我国著作权法所保护的文字作品和摄影作品，原告对上述作品所享有的著作权应当受到我国著作权法的保护。

原告钻石公司还主张其对相关网页设计享有著作权，而网页通常是基于文字、美术、摄影等作品性和非作品性的信息材料，根据设计者的创作意图和创作构思进行选择或者编排而形成的，表现在网页上的具有独创性的作品可以作为汇编作品受到我国著作权法的保护。原告网站上刊载前述相关内容的网页虽为次级页面，但表现在网页上的文字、图片是原告独立创作或经过对有关文字作品、摄影作品以及美术作品的选择和编排而成的，原告对相关文字、图片的选择和编排行为体现出了智力创作，具有独创性，故上述网页作为汇编作品应当受到我国著作权法的保护。

被告美中贸易协会公司未经原告许可，在其网站相关网页上刊载与原告主张权利的文字作品、摄影作品、网页汇编作品基本相同的内容，且在有些页面上保留了原告网站的版权声明、图片水印等内容，被告的行为侵犯了原告对涉案文字作品、摄影作品和网页汇编作品所享有的著作权中的署名权、复制权和信息网络传播权。

原告请求法院判令被告停止侵权、公开赔礼道歉及赔偿经济损失和因诉讼所支出的合理费用的主张,理由正当,本院予以支持。关于赔礼道歉的方式问题,本院将根据被告侵权行为所造成的影响等因素予以确定。关于赔偿经济损失的数额问题,原告所提赔偿请求数额过高,缺乏事实依据和法律依据,本院不予全额支持。本院将根据本案的具体情况,考虑相关作品使用的付酬标准、被告侵权行为的情节和原告因诉讼支出的合理费用等因素,酌情确定被告赔偿原告经济损失的合理数额。

例案三 电子媒介亚洲有限公司与全球制造商系统有限公司侵害著作权及不正当竞争纠纷案

【法院】

北京市第一中级人民法院

【案号】

(2008)一中民初字第7260号

【当事人】

原告:电子媒介亚洲有限公司(EMEDIAASIALTD.)

被告:全球制造商系统有限公司

原告电子媒介亚洲有限公司(以下简称电子媒介公司)诉称:原告是电子工程专辑网站 www. eetchina. com 及其五个子网站手机设计(网址为 www. cellphone. eetchina. com)、工业控制(网址为 www. industrialcontrols. eetchina. com)、电源系统(网址为 www. powersystems. eetchina. com)、媒体播放器(网址为 www. mediaplay-er. eetchina. com)、家庭娱乐系统(原名数字电视,网址为 www. ent. eetchina. com)的所有者和经营者,上述网站在相关领域内享有很高的知名度,原告通过上述网站名称所提供的信息服务已经成为一种知名服务。原告上述网站网页的网页设计、栏目设计、色彩选择及结构布局等均具有独创性,既是受《著作权法》保护的汇编作品,同时也构成受《反不正当竞争法》保护的知名服务的特有名称和装潢。被告全球制造商系统有限公司(以下简称全球制造商公司)在其 www. bosslink. com 网站全面复制、抄袭原告相应网站的网页,不仅网站名称和栏目设置一一对应,而且各网站的总体设计模式、色彩使用选择、结构布局亦极其相似，被告的行为不仅侵犯了原告的著作权，同时也构成不正当竞争，其行为给原告造成了严重的损害。据此，原告请求人民法院判令被告：(1)停止侵权行为；(2)在其各侵权网站首页和《北京青年报》显著位置刊登声明，消除因其侵权行为给原告带来的不良影响；(3)向原告支付侵权赔偿金并承担原告为制止侵权行为而支出的相关费用共计人民币30万元。庭审中，原告明确表示其在本案中仅主张六个网站首页的汇编作品著作权，并主张被告的行为即便未违反《反不正当竞争法》第5条的规定，亦应认定其违反了《反不正当竞争法》第2条的规定。

被告全球制造商公司辩称：(1)原告混淆了侵权之诉和不正当竞争之诉，侵犯著作权与不正当竞争是两类不同的案由，原告不能同时主张。原告在起诉状中列明的案由是不正当竞争纠纷，因此，侵犯著作权不属于本案的审理范围。(2)原告网站的网页设计、栏目设计不能构成汇编作品，原告不享有著作权。并且被告的网站设计与原告的网站并不相同，因此，被告并未侵犯原告的著作权。(3)《反不正当竞争法》第5条第2项规定对知名商品的特有名称、包装、装潢给予保护，但该保护并未延及网络服务，故原告主张对其知名网络服务进行保护没有法律依据。此外，原告的证据不能证明其网站的知名度，原告的网站名称亦不构成特有名称，因此，被告的行为并不属于不正当竞争行为。综上所述，被告既未侵犯原告的著作权，亦未构成不正当竞争，请求法院驳回原告的全部诉讼请求。

法院审理查明：原告所诉网站网页页面的版式设计主要由以下部分构成：(1)页面顶部为网站名称：网页左上方为网站英文名称，其下为以整个网页中最大字号显示的网站中文名称，中文文字颜色为红色，字体为黑体字；(2)一级栏目：网站名称之下为网页中的一级栏目，栏目名称的字体为宋体加粗，有下划线，字号明显小于网站名称的字体，各一级栏目以竖线隔开，文字颜色为黑色或蓝色；(3)二级栏目：一级栏目之下为二级栏目，栏目名称的字体为宋体，有下划线，字号与一级栏目相同，各二级栏目以竖线隔开，文字颜色为黑色或蓝色；(4)关键词搜索栏：关键词搜索栏用淡蓝色作背景，其间设有白色关键词输入框；(5)网页主体内容：网页主体内容分两竖栏展开，每个竖栏下依次展开具体内容，内容又分大标题与小标题，其中大标题用加粗字体，文字颜色为红色，下用一下划线表明本标题下所涉内容，有的大标题下设有图；(6)左侧边栏：网页主体内容的左侧设有纵贯整个网页、所占网页面积较小的边栏，其内容主要为不同栏目的标题或图片；(7)底部链接：网页底部列有与“eMediaAsia”“环球资源”“CMP”等网站及其子网站的链接；(8)版权声明:网页最底部为版权声明,并有“RSS 新闻聚合器”“意见反馈”“网站导航”“帮助”“关于我们”“隐私政策”“联系我们”“使用条款”“安全承诺”等内容。

网站名称和网址分别为“全球电子工程”(网址为 gee. bosslink. com)、“全球手机设计”(网址为 cellphone. bosslink. com)、“全球工业控制”(网址为 icontrols. bosslink. com)、“全球电源系统”(网址为 powersystems. bosslink. com)、“全球媒体播放器”(网址为 mediaplayer. bosslink. com)、“全球数字电视”(网址为 digitaltv. bosslink. com)的网站网页页面的版式设计主要由以下部分构成:(1)页面顶部为网站名称:网页左上方为网站英文名称,其下为以整个网页中最大字号显示的网站中文名称,中文文字颜色为红色,字体为黑体字;(2)一级栏目:网站名称之下为网页中的一级栏目,栏目名称的字体为宋体加粗,有下划线,字号明显小于网站名称的字体,各一级栏目以竖线隔开,文字颜色为蓝色;(3)二级栏目:一级栏目之下为二级栏目,栏目名称的字体为宋体,有下划线,字号与一级栏目相同,各二级栏目以竖线隔开,文字颜色为蓝色;(4)关键词搜索栏:关键词搜索栏用淡蓝色作背景,其间设有白色关键词输入框;(5)网页主体内容:网页主体内容分两竖栏展开,每个竖栏下依次展开具体内容,内容又分大标题与小标题,其中大标题用加粗字体,文字颜色为红色,下用一下划线表明本标题下所涉内容,大标题下设有图;(6)左侧边栏:网页主体内容的左侧设有纵贯整个网页、所占网页面积较小的边栏,其内容主要为不同栏目的标题或图片;(7)底部链接:网页底部为全球电子工程、全球手机设计、全球数字电视、全球电源系统、全球工业控制、全球媒体播放器、全球汽车电子设计等网站的相关链接;(8)Google 提供的广告:网页的最底部为文字广告,并注明“Google 提供的广告”字样。

法院判决:驳回原告电子媒介亚洲有限公司的全部诉讼请求。

【案件争点】

原告涉案网站的六个网页是否构成汇编作品,以及被告是否侵犯了原告的权利。

【裁判要旨】

生效裁判认为:

原告涉案网站的六个网页是否构成汇编作品,被告网站的相应网页是否侵犯了原告享有的汇编作品的著作权。

原告主张,涉案原告网站首页的网页设计、栏目设计、色彩选择及结构布局等均具有独创性,属于受《著作权法》保护的汇编作品。被告在其网站上全面复制、抄袭原告相应网站的网页，不仅网站名称和栏目设置一一对应，而且各网站的总体设计模式、色彩使用选择、结构布局亦极其相似。因此，被告的行为构成对原告享有的汇编作品著作权的侵犯。

因原告上述主张成立的前提是涉案原告网页构成汇编作品，故本院现首先对原告的涉案网页是否构成汇编作品予以评述。

《著作权法》第14条规定，汇编若干作品、作品的片段或者不构成作品的数据或者其他材料，对其内容的选择或者编排体现独创性的作品，为汇编作品。

由上述规定可知，汇编作品是对作品、作品的片段或者不构成作品的数据或者其他材料的汇编。应注意的是，这一汇编应是指对上述客体所体现的"内容"的汇编，而其中"内容"强调的是汇编人所选择或编排的应是汇编材料所提供的信息，而非其他。也就是说，并非对上述客体的任何汇编结果均构成汇编作品，如最终形成的汇编结果无法使他人从中获得具体的信息，则因该汇编无法被认定是对"内容"的汇编，而最终无法构成汇编作品。而在符合这一条件的情况下，汇编人对汇编客体的选择和编排上还应具有独创性，否则亦无法认定其构成汇编作品。

本案中，原告主张涉案网页对于网站名称、栏目设计、网页整体设计模式、色彩选择、结构布局的选择或编排构成汇编作品。由上述分析可知，判断原告涉案网页是否构成汇编作品，其关键在于涉案网页对上述构成要素的选择或编排是否属于对"内容"的选择或编排。对此，本院认为，对于涉案网页中的网站名称，其仅是用以表示该网站的标识，他人无法从该名称中得到相应具体信息。对于涉案网页中的栏目名称，其仅是对该网站中不同栏目的具体分类，其具体信息来自各栏目项下的具体内容，而非栏目名称，他人从栏目名称中亦无法得知具体信息。对于涉案网页中对总体设计模式、色彩使用、结构布局的选择及编排，其目的系在于影响他人的视觉感受，而非为其提供具体信息，综上所述，原告对涉案网页中上述要素的选择均不属于对"内容"的选择和编排，对于上述要素的选择与编排无法构成《著作权法》保护的汇编作品，原告认为涉案网页构成汇编作品的主张不能成立，本院不予支持。

在此基础上，本院进一步认为，即便能够认定原告对上述要素的选择及编排属于对"内容"的选择及编排，原告对上述要素的选择及编排亦未达到汇编作品所要求的基本的独创性高度。对于汇编作品而言，因汇编人的独创性劳动并未体现在对被汇编内容本身的创作上，而系体现在对内容的选择或编排上，因此，只有在汇编人对于内容的选择或编排达到基本的独创性高度的情况下，才可能构成汇编作品。本案中,原告对于涉案网页的网站名称、栏目设计、网页整体设计模式、色彩选择、结构布局的选择或编排,相对于在先已有网站网页中对于相关要素的选择或编排而言,整体上虽有所不同,但其实质部分仍属于常用的选择编排。在原告对在先网站具有接触可能性的情况下,其在选择或编排上与已有网站网页所具有的差异尚未达到汇编作品所要求的基本的独创性高度。因此,其亦不构成汇编作品。

综上所述,原告认为其涉案网页构成汇编作品的主张不能成立,本院不予支持。鉴于原告涉案网页未构成汇编作品,故原告认为被告网站使用的相关网页构成对其著作权的侵犯的主张不能成立,本院不予支持。

三、裁判规则提要

(一)原告可以同时主张被告的网站页面既侵害著作权也构成不正当竞争

司法实践中,部分案件的原告既主张被告网站页面构成对其汇编作品著作权的侵犯,亦属于反不正当竞争法中规定的不正当竞争行为。同一侵权行为可能同时构成对不同类型知识产权的侵犯,对于同一载体上承载的不同知识产权客体是否具有同时进行保护必要的问题,不同知识产权的客体虽附着于同一载体上,但其具有的保护要件以及权利范围并不相同,故不能将对同一载体上不同知识产权客体的保护等同于对权利人进行同一权利内容及范围的重复保护。鉴于同一权利人主张不同种类的知识产权保护所得到的保护内容及范围并不相同,故这一保护具有必要性。因此,在权利人并未明确放弃权利的情况下,除非法律有明确规定,否则权利人当然有权同时以不同的知识产权作为权利基础主张权利。

(二)网站页面内容的选取、编排顺序、组合技巧等设计具备独创性,构成汇编作品,受著作权法保护

《著作权法》第 14 条规定:“汇编若干作品、作品的片段或者不构成作品的数据或者其他材料,对其内容的选择或者编排体现独创性的作品,为汇编作品,其著作权由汇编人享有,但行使著作权时,不得侵犯原作品的著作权。”网站页面通常是基于文字、美术、摄影等作品性和非作品性的信息材料、线条、色彩等,判断网站页面是否构成汇编作品,其关键在于网站页面对构成要素的选择或编排是否属于对“内容”的选择或编排。根据设计者的创作意图和创作构思进行选择或者编排而形成的,表现在网页上的具有独创性的作品可以作为汇编作品受到我国著作权法的保护。但是,如果网页中对总体设计模式、色彩使用、结构布局的选择及编排,不能

体现该编排或选择属于对“内容”的选择或编排，不能提供具体信息，则不构成汇编作品。在原告的网站页面内容不构成汇编作品的情况下，如果网站页面的构成元素属于作品，如图片构成美术作品或摄影作品，或者邮箱界面构成美术作品，被告未经许可在其网站页面使用了原告依法享有著作权的上述网页元素，那么被告同样侵害了原告的著作权，只不过此时被告侵害的不是汇编作品的著作权，而是侵害的美术作品等某一类具体作品的著作权。

（三）未经著作权人许可使用网站页面不属于侵害计算机软件著作权纠纷案件

从统计数据来看，网站页面类案件中，网站页面侵害作品信息网络传播权纠纷占全部案件一半以上，其次是著作权权属纠纷、侵犯著作财产权纠纷、侵害作品复制权纠纷及侵害其他著作财产权纠纷。按照最高人民法院《民事案件案由规定》，著作权权属、侵权纠纷这一三级案由之下还包括侵害计算机软件著作权纠纷的四级案由。近年来，最高人民法院在全国各地批复成立了一批知识产权专门审判机构，实行跨区域管辖部分第一审知识产权案件，这其中就包括有关计算机软件的案件。2019 年 1 月 1 日，经中央批准，根据全国人民代表大会常务委员会《关于专利等知识产权案件诉讼程序若干问题的决定》、最高人民法院《关于知识产权法庭若干问题的规定》，最高人民法院设立知识产权法庭并挂牌办公，主要审理全国范围内的专利、技术秘密、集成电路布图设计、计算机软件等专业技术性较强的知识产权上诉案件。由此可见，我国设立知识产权专门审判机构的中级人民法院对计算机软件等第一审知识产权案件实行跨区域的集中管辖，最高人民法院知识产权法庭对计算机软件等上诉案件进行集中审理，人民法院受理网站页面类案件面临一个问题，那就是未经著作权人许可使用网站页面是否属于侵害计算机软件著作权纠纷案件。

关于计算机软件的定义，《计算机软件保护条例》第 2 条规定，本条例所称计算机软件是指计算机程序及其有关文档。《计算机软件保护条例》第 3 条第 1 项、第 2 项进一步规定，计算机程序是指为了得到某种结果而可以由计算机等具有信息处理能力的装置执行的代码化指令序列，或者可以被自动转换成代码化指令序列的符号化指令序列或者符号化语句序列，同一计算机程序的源程序和目标程序为同一作品。文档是指用来描述程序的内容、组成、设计、功能规格、开发情况、测试结果及使用方法的文字资料和图表等，如程序设计说明书、流程图、用户手册等。

按照上述规定,网站页面上的文字、图片是著作权人独立创作或经过对有关文字作品、摄影作品及美术作品的选择和编排而成的,因此,网站页面上的各种元素本身并不是计算机软件,网站页面作为汇编作品也不属于计算机软件保护的计算机程序及其有关文档。由此可见,未经著作权人许可使用网站页面,不属于侵害计算机软件著作权纠纷案件。

四、辅助信息

高频词条:

《著作权法》

第 14 条 汇编若干作品、作品的片段或者不构成作品的数据或者其他材料,对其内容的选择或者编排体现独创性的作品,为汇编作品,其著作权由汇编人享有,但行使著作权时,不得侵犯原作品的著作权。

知识产权案件裁判规则第 5 条：

建筑作品是指以三维的建筑物或构筑物为载体的作品。建筑作品作为著作权法保护的客体，其外观应当具有独创的设计成分，具有著作权法意义上的美感和独创性。缺乏独创性或者没有任何艺术美感的建筑物或者构筑物三维设计不构成建筑作品

〔**规则描述**〕：建筑学意义上的建筑物与著作权法意义上的建筑作品虽然有一定的关联，但在法律上是不同的。建筑物是一种实体的存在，在法律上是不动产，建筑物强调的是功能性，其中包含众多的技术方案。建筑作品则是一种无形财产，主要是建筑物的具有审美意义的外观形象，虽然建筑作品是一种无形财产，但其并非是虚无缥缈的，也是一种客观存在，并且能够以有形形式进行复制。

一、类案检索大数据报告

时间：2019 年 3 月 19 日之前，案例来源：Alpha 案例库，案件数量：81 件，检索关键词：著作权、建筑作品（法院认为包含）、著作权权属、侵权纠纷（案由），数据采集时间：2019 年 3 月 19 日，本次检索获取了 2019 年 3 月 19 日前共 81 篇裁判文书。整体情况如图 5 – 1 所示：

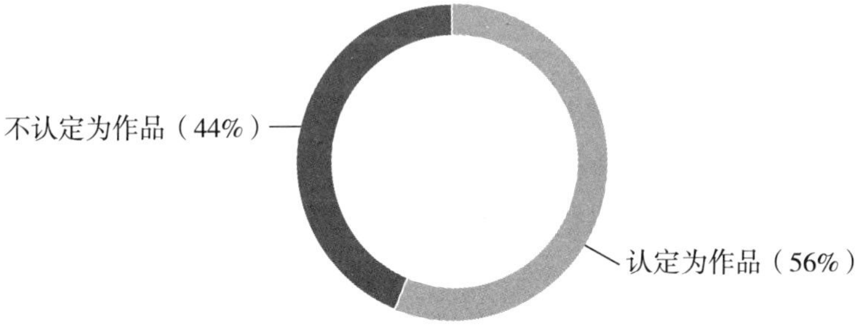

图 5 – 1　建筑作品类诉讼裁判结果

从图 5 – 1 显示的结果来看，56% 的法院将建筑类作品认定为作品，作为著作权法保护的客体。44% 的法院不将其认定为作品。

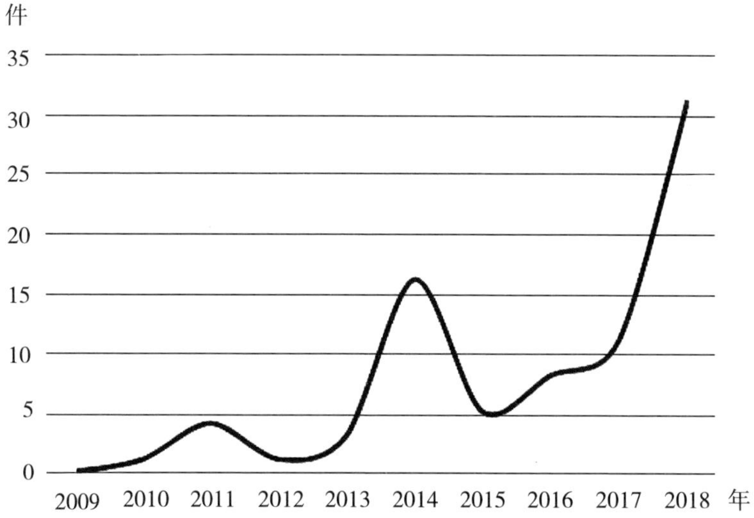

图 5－2　建筑作品类诉讼案件时间趋势

从图 5－2 的案件时间趋势,可以看出建筑作品类纠纷案件逐年的数量变化态势。

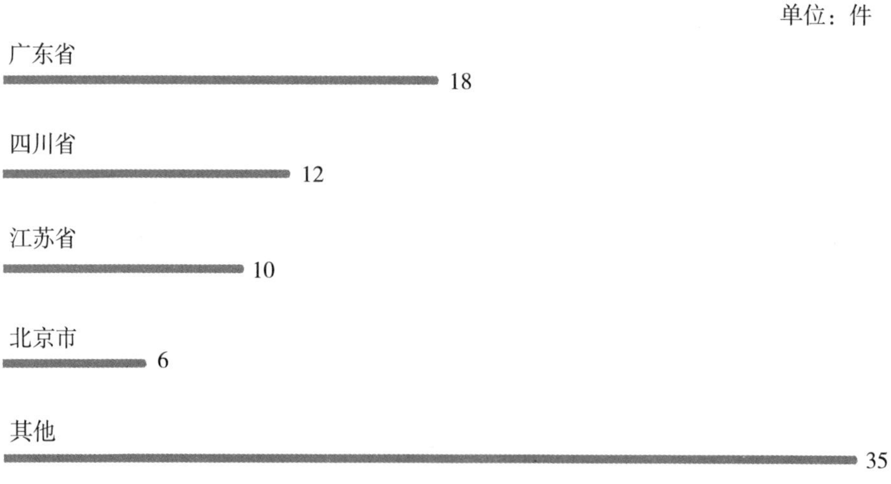

图 5－3　建筑作品类案件诉讼的主要地域分布

从图 5－3 的主要地域分布来看,建筑作品类纠纷案件主要集中在广东省、四川省、江苏省、北京市,分别占比约 22.22%、14.81%、12.35%和 7.4%。其中广东省的案件量最多,达到 18 件。

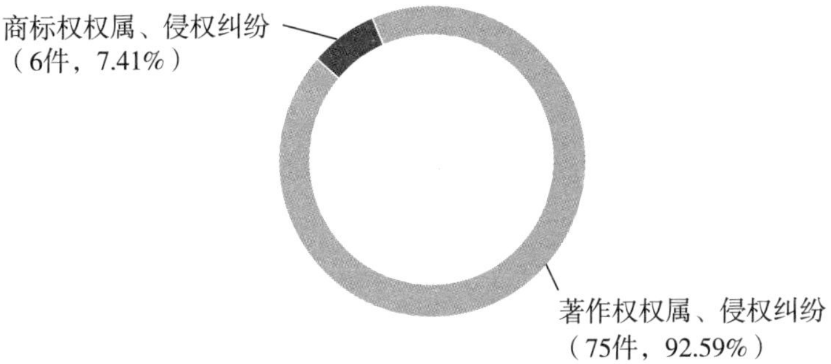

图5－4　建筑作品类诉讼案件案由分布

从图5－4的案由分布情况可以看出，建筑作品类纠纷的案由分布由多至少分别是著作权权属、侵权纠纷和商标权权属、侵权纠纷。

二、可供参考例案索引

例案一　北京泰赫雅特汽车销售服务有限公司与保时捷股份公司侵犯著作财产权纠纷案

【法院】

北京市高级人民法院

【案号】

(2008)高民终字第325号

【当事人】

上诉人(原审被告)：北京泰赫雅特汽车销售服务有限公司

被上诉人(原审原告)：保时捷股份公司

【基本案情】

1999年保时捷股份公司(以下简称保时捷公司)同赛普茨德公司签订合同，由该公司为保时捷公司设计独特的运营建筑，约定保时捷公司独占享有该建筑设计的所有财产权益。截至2005年10月，保时捷公司在全球有614个具有共同特征的保时捷建筑。2003年12月10日，北京保时捷3S中心落成，该中心与世界各地的保时捷建筑特征一致，保时捷公司对该建筑作品享有著作权。被告北京泰赫雅特汽车销售服务有限公司(以下简称泰赫雅特公司)于2005年年末在金港汽车公园内建成“精装保时捷4S中心”，该建筑与原告享有著作权的保时捷建筑作品非常相似。原告认为被告未经许可擅自复制原告建筑作品的行为侵犯了原告的著作权。被告作为专业的汽车改装商,以原告的汽车为主要改装对象,其明知原告建筑作品的独特特征还予以剽窃,主观故意明显。原告请求判令被告:(1)停止侵犯原告建筑作品著作权的行为,改变其侵权建筑物的侵权特征,建筑物的改建效果,须经法院认可或中立第三方认可;(2)赔偿原告经济损失人民币20万元及因本案诉讼支出的合理费用;(3)就其侵权行为发出声明,消除影响。

被告泰赫雅特公司答辩称:原告主张的著作权权利范围不明确,保时捷建筑在世界各地及国内各地并不一致,北京保时捷中心建筑作品于2003年首次发表,而保时捷公司受让著作权的证据却是1997年签署的相关协议,不能证明原告享有著作权。即使原告享有著作权,该建筑作品也系原告与赛普次德公司共同所有的作品,应由共同权利人协商一致行使。北京保时捷中心建筑不具有独创性,圆弧形建筑、入口及上方的玻璃等相关特征均是其建筑功能性的表现,属于常见的建筑特征。而工作区外部呈条带状,完全是由建筑材料压型钢板本身的特性所决定的。因此,该建筑不应受到我国著作权法的保护。

一审判决结果:(1)北京泰赫雅特汽车销售服务有限公司对涉案泰赫雅特中心建筑予以改建,改建后的建筑不应具有与涉案北京保时捷中心建筑相同或相近似的组合建筑特征,相关改建效果须经北京市第二中级人民法院审核;(2)北京泰赫雅特汽车销售服务有限公司赔偿保时捷股份公司经济损失人民币15万元及因本案诉讼支出的合理费用人民币17,079元。

一审宣判后,被告泰赫雅特公司不服上述判决,向北京市高级人民法院提起上诉。二审法院驳回上诉,维持原判。

【案件争点】

涉案北京保时捷中心建筑是否属于我国著作权法所保护的作品。

【裁判要旨】

生效裁判认为:

根据我国著作权法的相关规定,建筑作品是指以建筑物或者构筑物形式表现的有审美意义的作品。我国著作权法对于建筑作品所保护的,应当指该建筑作品在外观、造型、装饰设计上包含的独创成分。未经建筑作品著作权人许可复制其作品的,是侵犯著作权的行为,应当承担相应的民事责任。

建筑物本身作为我国著作权法保护的客体,其外观应当具有独创的设计成分,具有美感和独创性。根据本案查明的事实,涉案北京保时捷中心建筑整体采用圆弧形设计，上半部由长方形建筑材料对齐而成，下半部为玻璃外墙；该建筑的入口将建筑物分为左右两部分，入口部分及上方由玻璃构成；长方形工作区与展厅部分相连，使用横向带状深色材料；该建筑展厅部分为银灰色，工作区部分为深灰色。上述综合特征表明，涉案北京保时捷中心建筑作品具有独特的外观和造型，富有美感，具有独创性，属于我国著作权法所保护的建筑作品。

根据北京市高级人民法院查明的事实，泰赫雅特中心建筑与保时捷中心建筑在外观上的相同之处在于：(1)二者在建筑物的正面均采用圆弧形设计，上半部由长方形建筑材料对齐而成，下半部为玻璃外墙；(2)二者在建筑物的入口处将建筑物分为左右两部分，入口部分及上方由玻璃构成；(3)长方形工作区与展厅部分相连，使用横向带状深色材料。北京市高级人民法院认为，上述第3点相同之处涉及的工作区部分的设计属于汽车4S店工作区的必然存在的设计，其外部呈现的横向带状及颜色，与所用建筑材料有关，并非保时捷中心建筑的独创性成分，应当排除在著作权法保护之外。泰赫雅特公司主张第1点和第2点相同之处系基于建筑物的橱窗展示功能和节能采光功能限定的特征，不构成该建筑的独创性成分，缺乏事实依据，北京市高级人民法院不予采信。泰赫雅特公司主张泰赫雅特中心建筑下方有一个高台、建筑物左右两侧均加有栏杆、其弧形结构的圆弧度不同，两个建筑根本不相同也不近似。但是，就两个建筑的整体而言，如果舍去上述第1点和第2点，整个建筑也将失去根本，因此，可以认定上述第1点和第2点构成两个建筑的主要或实质部分。在此前提下，虽然泰赫雅特中心建筑下方多出一个高台、建筑物左右两侧均加有栏杆，但是并不能否定二者实质上的近似。因此，泰赫雅特公司的泰赫雅特中心建筑侵犯了保时捷公司对保时捷中心建筑享有的著作权。一审判决基于涉案北京保时捷中心建筑由正面呈圆弧形，上半部由长方形建筑材料对齐而成，下半部为玻璃外墙；建筑物入口及其上方将建筑物正面分成左右两部分，建筑物入口部分及其上方由玻璃构成等主要特征组成，判令泰赫雅特公司应对泰赫雅特中心予以改建，使该建筑不再具有与上述主要特征组合相同或近似的外观造型，是正确的。泰赫雅特公司上诉认为其已经在一审审理过程中对泰赫雅特中心建筑进行了改造，而一审法院对此未予审理，但是根据北京市高级人民法院查明的事实，泰赫雅特公司所称的改造，系仅对泰赫雅特中心建筑使用白色建筑材料进行粉刷，并未涉及二审法院认定的前述第1点和第2点相同之处，故一审法院对事实做出的认定和处理并无不当。

虽然泰赫雅特中心建筑系由案外人中房建科公司和名典仕嘉公司所设计和装

修,但泰赫雅特公司作为该建筑的所有权人和实际使用人应当就此承担相应的法律责任。

泰赫雅特公司的泰赫雅特中心建筑侵犯了保时捷公司对涉案北京保时捷中心建筑作品所享有的著作权,应当承担停止侵权、赔偿经济损失的法律责任。

例案二 | 国家体育场与熊猫烟花集团、浏阳市熊猫烟花有限公司、北京市熊猫烟花有限公司侵犯著作权纠纷案

【法院】

北京市第一中级人民法院

【案号】

(2009)一中民初字第4476号

【当事人】

原告:国家体育场有限责任公司

被告:熊猫烟花集团股份有限公司

被告:浏阳市熊猫烟花有限公司

被告:北京市熊猫烟花有限公司

【基本案情】

北京2008年奥林匹克运动会主会场国家体育场(又称"鸟巢")于2008年6月27日竣工验收,原告国家体育场有限责任公司(以下简称国家体育场公司)是该建筑作品的著作权人。此外,原告还是《国家体育场夜景图》图形作品和《国家体育场模型》模型作品的著作权人。2008年12月以来,原告发现,市场上开始出现由熊猫烟花集团股份有限公司(以下简称熊猫集团公司)监制,浏阳市熊猫烟花有限公司(以下简称浏阳熊猫公司)生产,北京市熊猫烟花有限公司(以下简称北京熊猫公司)销售的"盛放鸟巢"烟花产品。上述烟花产品模仿了"鸟巢"的独特艺术特征,剽窃了原告的创作智慧,违反了著作权法的规定,已构成对原告著作权的严重侵害。请求人民法院判令被告:(1)立即停止对原告著作权的侵犯;(2)在全国性报纸上公开声明,向原告赔礼道歉,消除影响;(3)赔偿原告经济损失400万元。

被告浏阳熊猫公司辩称:"盛放鸟巢"烟花产品,没有侵犯国家体育场建筑作品、图形作品、模型作品著作权。首先,"盛放鸟巢"烟花是工业产品,不是著作权法意义上的作品,不存在对国家体育场建筑作品、图形作品、模型作品的剽窃或复制。

其次，《著作权法》第22条第1款第10项规定，“对设置或者陈列在室外公共场所的艺术作品进行临摹、绘画、摄影、录像”属于对作品的合理使用，即便“盛放鸟巢”烟花包装图案模仿了国家体育场，也是对该建筑作品的合理使用，不构成任何侵权行为。最后，原告提供的证据只能证明其享有相关作品的著作财产权，不能证明其享有著作人身权。而消除影响、赔礼道歉仅适用于侵害人身权的侵权情形，故原告要求消除影响、赔礼道歉的诉讼请求不应予以支持。

被告北京熊猫公司辩称：浏阳熊猫公司生产的“盛放鸟巢”烟花产品包装为浏阳熊猫公司委托第三方独立完成的工业产品外观设计，包装图案是对国家体育场建筑作品的合理使用，不侵犯原告的任何权利。

一审法院判决：(1)被告熊猫集团公司、被告浏阳熊猫公司停止制造、销售“盛放鸟巢”烟花产品；(2)被告北京熊猫公司停止销售“盛放鸟巢”烟花产品；(3)被告熊猫集团公司、被告浏阳熊猫公司共同赔偿原告国家体育场公司经济损失10万元；(4)被告熊猫集团公司、被告浏阳熊猫公司共同赔偿原告国家体育场公司合理支出2497.9元。

一审宣判后，双方当事人均未上诉，一审判决已生效。

【案件争点】

涉案国家体育场建筑“鸟巢”是否构成著作权法意义上的作品，是否应当受到著作权法保护。

【裁判要旨】

生效裁判认为：

《著作权法实施条例》第4条第9项规定，“建筑作品，是指以建筑物或者构筑物形式表现的有审美意义的作品”。建筑物或者构筑物能够作为作品受到保护，是因为它们具有独立于其实用功能的艺术美感，反映了建筑设计师独特的建筑美学观点与创造力，缺乏独创性或者没有任何艺术美感的建筑物或者构筑物并不是建筑作品。本案中，原告主张其对北京2008年奥林匹克运动会主会场国家体育场享有建筑作品的著作权。从形式上来看，国家体育场属于《著作权法实施条例》所指的建筑物，与此同时，其所采用的钢桁架交织围绕碗状建筑外观形象，空间结构科学简洁，建筑和结构完整统一，设计新颖，结构独特，具备了《著作权法实施条例》所要求的独立于该建筑物实用功能之外的艺术美感，体现出相当水准的独创性，因此，可以认定国家体育场属于《著作权法实施条例》所指称的建筑作品。

《著作权法》第17条规定：“受委托创作的作品，著作权的归属由委托人和受托人通过合同约定。合同未作明确约定或者没有订立合同的,著作权属于受托人。"根据《国家体育场设计服务合同书》的约定,有关国家体育场方案设计成果的著作权中的财产权由委托方即国家体育场公司(筹)或其权利义务的合法继承主体享有。北京市第一中级人民法院根据业已查明的事实,认定原告为涉案的国家体育场这一建筑作品的委托方,其对国家体育场这一建筑作品所享有的相关权利应依法得到保护。

北京市第一中级人民法院认为,对建筑作品著作权的保护,主要是对建筑作品所体现出的独立于其实用功能之外的艺术美感的保护,因此,在没有合理使用等合法依据的情况下,未经建筑作品著作权人许可,以剽窃、复制、发行等方式对建筑作品所体现出的艺术美感加以不当使用、损害著作权人合法权益的行为,构成对建筑作品著作权的侵犯。

"盛放鸟巢"烟花产品外形呈椭圆形,中部镂空,且在整体造型、长宽比例、钢架结构、色调线条搭配、火炬等方面均采用了与国家体育场外观相同或者近似的设计,较为全面地体现出国家体育场建筑作品所采用的钢桁架交织围绕碗状结构的独创性特征,构成了对国家体育场建筑作品的高度模仿,系对国家体育场建筑作品独创性智力成果的再现,与国家体育场构成实质性相似。对"盛放鸟巢"烟花产品的制造和销售,构成对国家体育场建筑作品的复制和发行。

《著作权法》第 10 条第 1 款第 14 项规定:"改编权,即改变作品,创作出具有独创性的新作品的权利。"从上述规定可知,改编权是改变作品以创作出具有独创性的新作品的权利。而本案中,被告熊猫集团公司和被告浏阳熊猫公司制造"盛放鸟巢"烟花产品的行为,并不是通过对国家体育场这一建筑作品的改变而创作出具有独创性的新的作品的行为,因此,原告主张被告侵犯其改编权的主张不能成立。

综上所述,对建筑作品著作权的保护,主要是对建筑作品所体现出的独立于其实用功能之外的艺术美感的保护,只要未经权利人许可,对建筑作品所体现出的艺术美感加以不当使用,即构成对建筑作品著作权的侵犯,而无论此种使用是使用在著作权法意义上的作品中,还是工业产品中,亦即不受所使用载体的限制。因此,被告浏阳熊猫公司辩称"盛放鸟巢"烟花产品是工业产品,不是著作权法意义上的作品,不存在对国家体育场建筑作品的剽窃或复制的抗辩主张缺乏法律依据,不能成立,北京市第一中级人民法院不予支持。本案被告对国家体育场建筑作品的使用行为,不属于《著作权法》第 22 条第 1 款第 10 项规定的合理使用的情形,"盛放鸟巢"烟花产品的制造和销售侵犯了原告对国家体育场建筑作品享有的复制权、发行权，应当承担相应侵权责任。

例案三 | 深圳市博德维环境技术有限公司与深圳市中德膜结构有限公司著作权权属、侵权纠纷案

【法院】

深圳市宝安区人民法院

【案号】

(2015)深宝法知民初字第181号

【当事人】

原告：深圳市博德维环境技术股份有限公司

被告：深圳市中德膜结构有限公司

【基本案情】

原告深圳市博德维环境技术股份有限公司发现被告深圳市中德膜结构有限公司的网页(http://szjrtl. com/news/147. html)盗用原告的摄影作品，用于“内蒙锡盟煤场”项目的宣传，而该图片所涉的建筑/建设产品系原告设计、施工完成，原告享有该建筑/建设产品的著作权，被告却冒充为自己的产品。在另一网页“深圳大生恒温网羽馆”的宣传中(http://szjrtl. com/product/79. html)，被告全盘盗用原告的网页。原告认为被告未经许可使用原告的摄影作品，侵害了原告的摄影作品著作权；盗用原告工作成果冒充为自己的工作成果，侵害了原告的建筑作品著作权；全盘抄袭原告网页内容，侵害了原告网页作品的著作权；未向原告支付费用，侵害了原告的著作财产权。

被告辩称：原告不享有涉案摄影作品、建筑/建设作品、网页内容的著作权，非适格原告。(1)原告主张摄影作品，无原告署名，且原告不是该摄影作品的原创者。(2)原告主张的膜结构建筑，不属于著作权法所保护的建筑作品。(3)被告网站所使用的图片系其派员工赴现场拍摄，并未侵权。

一审法院判决：被告深圳市中德膜结构有限公司立即停止侵犯原告深圳市博德维环境技术股份有限公司著作权的行为；被告深圳市中德膜结构有限公司赔偿原告深圳市博德维环境技术股份有限公司经济损失及维权合理开支共计人民币30,000元。

一审宣判后，被告深圳市中德膜结构有限公司不服一审判决，提起上诉。二审

法院驳回上诉,一审判决已生效。

【案件争点】

涉案原告所主张的建筑设计是否构成著作权法意义上的建筑作品。

【裁判要旨】

生效裁判认为:

著作权法所称作品,是指文学、艺术和科学领域内具有独创性并能以某种有形形式复制的智力成果。可见,著作权法只保护具有独创性的表达,任何实用性的因素,包括操作方法、技术方案、实用功能等都不在著作权法的保护范围之内。

关于原告主张的摄影作品。原告明确主张保护的摄影作品为“巴盟1”“巴盟2”“大生3”。在被告未能提供足以反驳的相反证据的情况下,深圳市宝安区人民法院根据原告提供的电子版底稿、新浪博客截图等证据,确认原告系摄影作品“巴盟1”“巴盟2”的著作权人。原告提供的证据已证实其诉请保护的摄影作品“巴盟1”已通过网络等形式公开,被告作为原告的同业竞争者有条件接触到该作品。被告未经原告的许可,在其网站使用了涉案摄影作品,侵犯了原告的著作权,依法应当承担停止侵权、赔偿损失等民事责任。

关于原告主张的建筑/建设作品。建筑作品是指以建筑物或构筑物形式表现的有审美意义的作品。著作权法将“图形作品、模型作品”与“建筑作品”作为两个不同的类别加以规定,因此建筑作品并不包括平面建筑设计图和建筑模型,而是指三维的建筑物或构建物。同时,著作权法不保护技术方案和实用性功能。原告提供了7张图片(包括气膜效果图),并以此主张建筑/建设作品的著作权,但该7张图片显示的是建筑物的外形设计和实用功能,不符合著作权法中对作品独创性的要求,也不在著作权法的保护范围内。另外,原告主张被告在体博会场馆客户群(QQ)发布的《邀请函》使用了涉案的7张建筑/建设作品,但原告提供的QQ聊天截图系打印件且未经公证,被告对该QQ聊天内容未予认可,当庭登录该QQ群亦无法显示《邀请函》等内容。

关于原告主张的网页作品。原告主张的网页作品采用图片加文字的表达模式,是对产品或项目的通用表达和说明,不具有独创性,故不在著作权法的保护范围内。

综上所述,涉案的7张平面建筑设计图不是著作权法意义上的建筑作品,被告深圳市中德膜结构有限公司侵犯了原告摄影作品的著作权。

三、裁判规则提要

（一）建筑作品不同于设计图纸

建筑作品是指以建筑物或者构筑物形式表现的有审美意义的作品。建筑学意义上的建筑物与著作权法意义上的建筑作品虽然有一定的关联，但在法律上是完全不同的。建筑物是一种实体的存在，在法律上是不动产，建筑物强调的是功能性，其中包含众多的技术方案。建筑作品则是一种无形财产，主要是建筑物的具有审美意义的外观形象，虽然建筑作品是一种无形财产，但其并非是虚无缥缈的，也是一种客观存在，并且可以有形形式进行复制。并非所有的建筑物外观均可构成著作权法意义上的建筑作品，只有那些以著作权法的标准进行评判，具有独创性的建筑作品，才可以成为著作权法意义上的建筑作品受到著作权法的保护，在诉讼中可以体现为著作权纠纷案件。著作权法对于建筑作品所保护的，应当指该建筑作品在外观、造型、装饰设计上包含的独创成分。未经建筑作品著作权人许可复制其作品的，是侵犯著作权的行为。建筑作品是指以建筑物或构筑物形式表现的有审美意义的作品，著作权法将“图形作品、模型作品”与“建筑作品”作为两个不同的类别加以规定，因此建筑作品并不包括平面建筑设计图和建筑模型，而是指三维的建筑物或构建物。

（二）建筑作品侵权行为不限于建造行为

侵害建筑作品著作权的表现形式，一是从建筑到建筑，即被控侵权人建造了与原告外形实质相似的建筑物；二是从建筑到非建筑，即作为非建筑的构筑物，无论其规模大小，后者在外形设计上与原告的建筑作品构成实质相似。一般而言，如果被控侵害行为人建造了与在先具有独创性的建筑物实质相似的建筑物，则可根据一般著作权侵权判定的规则认定侵权成立。但侵权行为并不限于此。依据建筑物造型制造销售其他产品的行为，也有可能侵害在先建筑作品的著作权。其原因在于，建筑作品的著作权，并非指建筑物本身，而是通过建筑物这一实体所体现出来的而又抽象存在的“建筑作品”，否则就谈不上建筑作品也具有复制权、发行权。建筑作品也是无形财产，但是客观存在。未经许可将其作品内容体现在非建筑物的其他产品之上，亦应认为使用了建筑作品。如上述“鸟巢”案中，涉案烟花产品外形采用了与国家体育场外观相同或者近似的设计，较为全面地体现出国家体育场建筑作品所采用的钢桁架交织围绕碗状结构的独创性特征，与国家体育场这一建筑作品构成实质性相似,因此认定构成侵权。

(三)是否属于合理使用

对于从建筑物到非建筑物的侵权方式,在诉讼中较为常见的是被告提出合理使用抗辩。根据著作权法的规定,对建筑作品进行临摹、绘画、摄影、录像,属于对建筑作品的合理使用,因此认定不侵犯著作权。之所以作如此的制度设计,显然有其社会原因。可以设想,如果普通的旅游者在城市里拍摄著名建筑物以留作纪念,即可能构成侵害著作权,实与一般常识不符。如果将此类行为认定为侵权,其执法成本将是不能承受之重。一般而言,认定某种行为属于侵权行为,则此行为必应侵害权利人的市场利益,如无利益上的冲突,一般并不宜认定为构成侵权。如前述之"鸟巢"案,典型的侵权行为应当是被告仿造一类似之建筑物,因使用相同或实质相似的外观,可以认定为使用了原告的建筑作品并构成侵权。但实际上建筑作品权利人的利益不仅及于此。比如体育场的运营管理方作为文体产业的市场主体,可以基于"鸟巢"这一具有吸引力的建筑外形,开发各种旅游纪念产品,以体现建筑作品市场价值的一面。如要基于"鸟巢"开发旅游纪念产品,应当得到国家体育场运营主体的著作权许可。"鸟巢"案中的情形与此类似,虽然被告的产品并非旅游纪念品,但这种特殊造型的烟花产品,具有很好的市场价值,显然是模仿了"鸟巢"的外形和结构,实质上与开发纪念品并无根本差异,被告的行为是一种典型的商业性使用,本应获得国家体育场的许可方可进行,因此被告方用合理使用进行抗辩,是不能成立的。况且,合理使用作为立法的例外规定,并不可任意扩张范围和种类,既然著作权法已经将合理使用限定在摄影、临摹等类型,则不能随意扩张至其他类似行为,必须有待立法明确授权。

(四)责任承担方式

侵害建筑作品的行为,当然也适用停止侵害这种最为常见和基本的责任承担方式,这也是适用法律的题中应有之义。但是,对于建筑物到建筑物的侵权方式,即被告按照原告建筑作品建造了建筑物,虽然认定构成侵权是无异议的,但是对于被告如何承担责任,特别是是否应当停止侵害,值得研究思考。所谓停止侵害,指被告停止复制原告之建筑作品,或虽然复制行为已经完成,仍应改变其建筑物外观,以免侵害状态持续。但是,建筑物之改造,耗费甚巨,仅为建筑作品侵权而大动干戈,是否必要值得深究。侵权责任的承担,关键在于弥补原告的损害,即实行"填平原则”，实际上侵权法上所谓的赔偿，均为补偿性赔偿而非惩罚性赔偿。在判令被告赔偿原告一定数额金钱的基础上，如再判令被告耗资改变建筑物外观，极有可能给被告造成过高经济负担，亦不合乎绿色环保、经济节约的原则，徒耗社会经济资源。因此，在一些特殊情形的案件中，建议考虑判令停止侵害的社会成本，对于执行成本过高的，可以适当增加金钱赔偿数额，而不判令停止侵害。

四、辅助信息

高频词条：

《著作权法》

第 3 条　本法所称的作品，包括以下列形式创作的文学、艺术和自然科学、社会科学、工程技术等作品：

……

（四）美术、建筑作品；

……

第 11 条　著作权属于作者，本法另有规定的除外。

创作作品的公民是作者。

由法人或者其他组织主持，代表法人或者其他组织意志创作，并由法人或者其他组织承担责任的作品，法人或者其他组织视为作者。

如无相反证明，在作品上署名的公民、法人或者其他组织为作者。

《著作权法实施条例》

第 4 条　著作权法和本条例中下列作品的含义：

……

（九）建筑作品，是指以建筑物或者构筑物形式表现的有审美意义的作品；

……

知识产权案件裁判规则第6条:

民间文学艺术属于艺术创作风格,采用民间文学艺术风格创作的具有独创性的作品,受著作权法保护。基于公共领域民间文学艺术作品而创作的作品具有独创性的,可作为演绎作品予以保护

〔**规则描述**〕:民间文学艺术与民间文学艺术作品是不同的概念,两者虽然存在联系,但其内涵与外延均不相同,应当进行区分。民间文学艺术是由特定地域的不特定人创作并代代相传的艺术风格。民间文学艺术作品,则是采用了传统民间文学艺术的风格而创作的具有独创性的新作品,它应当不同于历史上已经产生的民间文学艺术作品。

一、类案检索大数据报告

时间:2019年3月5日之前,案例来源:Alpha案例库,案件数量:113件,检索关键词:著作权、民间文学艺术、作品,数据采集时间:2019年3月5日,本次检索获取了2019年3月5日前共113篇裁判文书。整体情况如图6-1所示:

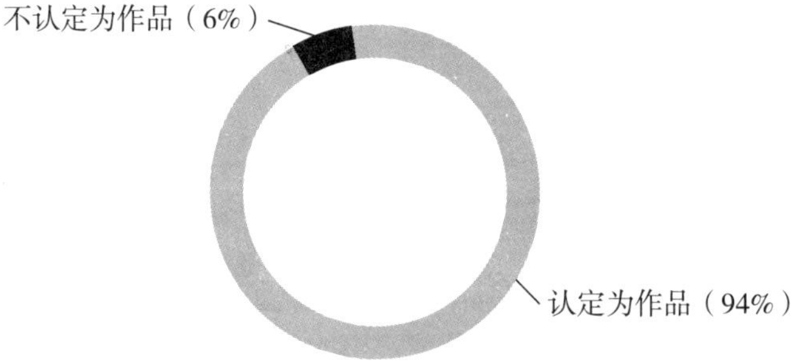

图6-1 民间文学艺术衍生“作品”的诉讼裁判结果

从图6-1显示的结果来看,94%的法院将民间文学艺术衍生“作品”认定为作品,作为著作权法保护的客体。6%的法院不将其认定为作品。

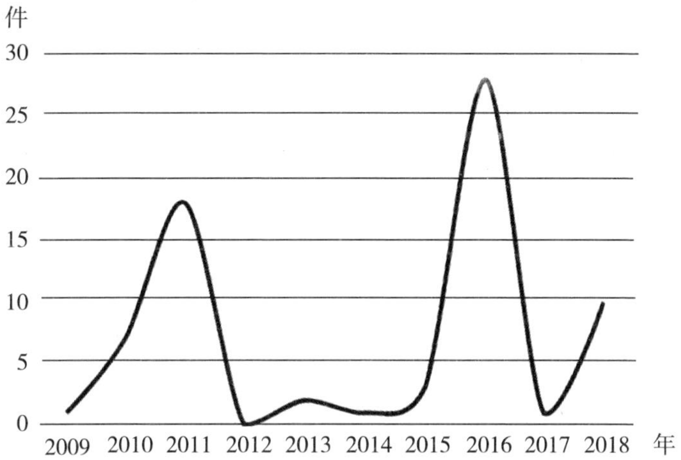

图 6－2　民间文学艺术衍生“作品”类诉讼案件时间趋势

从图 6－2 的案件时间趋势，可以看出民间文学艺术衍生“作品”类纠纷案件逐年的数量变化态势。

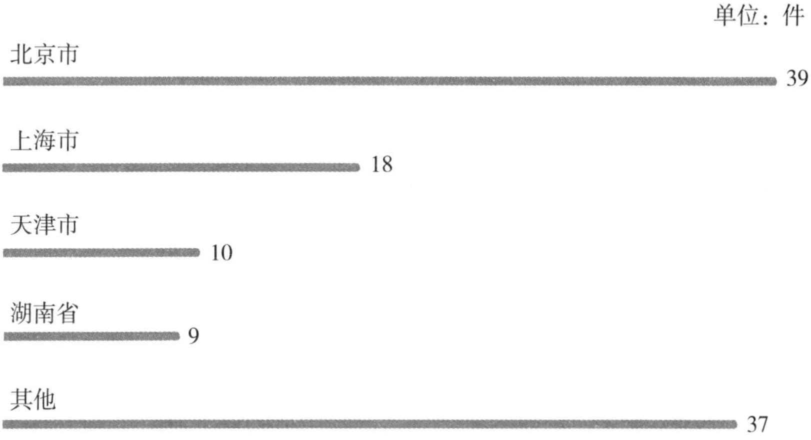

图 6－3　民间文学艺术衍生“作品”类案件诉讼的主要地域分布

从图 6－3 的主要地域分布来看，民间文学艺术衍生“作品”类纠纷案件主要集中在北京市、上海市、天津市、湖南省，分别占比约 34.51%、15.92%、8.84%、7.96%。其中，北京市的案件量最多，达到 39 件。

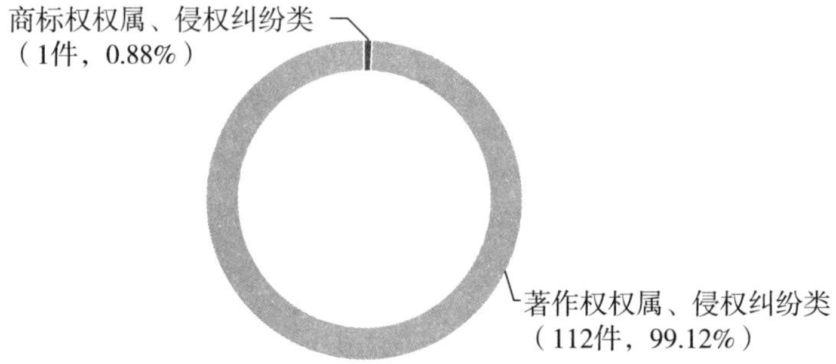

图6-4　民间文学艺术衍生“作品”类诉讼案件案由分布

从图6-4的案由分布情况可以看出,民间文学艺术衍生“作品”类纠纷的案由分布,由多至少分别是著作权权属、侵权纠纷类,商标权权属、侵权纠纷。

二、可供参考例案索引

例案一　洪某远、邓某香与贵州五福坊食品有限公司、贵州今彩民族文化研发有限公司著作权侵权纠纷案

【法院】

贵阳市中级人民法院

【案号】

(2015)筑知民初字第17号

【当事人】

原告:洪某远、邓某香

被告:贵州五福坊食品有限公司

第三人:贵州今彩民族文化研发有限公司

【基本案情】

原告洪某远创作完成的《和谐共生十二》作品,发表在2009年8月贵州人民出版社出版的《福远蜡染艺术》一书中。洪某远曾将该涉案作品的使用权(蜡染上使用除外)转让给原告邓某香,由邓某香维护著作财产权。被告贵州五福坊食品有限公司(以下简称五福坊公司)以促销为目的,擅自在其销售的商品上裁切性地使用了洪某远的上述画作。原告认为被告侵犯了洪某远的署名权和邓某香的著作财产权,请求法院判令:被告就侵犯著作财产权赔偿邓某香经济损失20万元;被告停止

使用涉案图案，销毁涉案包装盒及产品册页；被告就侵犯洪某远著作人身权刊登声明赔礼道歉。

被告五福坊公司辩称：第一，原告起诉其拥有著作权的作品与贵州今彩民族文化研发有限公司（以下简称今彩公司）为五福坊公司设计的产品外包装上的部分图案，均借鉴了贵州黄某革家传统蜡染图案，被告使用今彩公司设计的产品外包装不构成侵权；第二，五福坊公司的产品外包装是委托本案第三人今彩公司设计的，五福坊公司在使用产品外包装时已尽到合理注意义务；第三，本案所涉作品在产品包装中位于右下角，整个作品面积只占产品外包装面积的1/20左右，对于产品销售的促进作用影响较小，原告起诉的赔偿数额20万元显然过高。原告的诉请没有事实和法律依据，故请求驳回原告的诉讼请求。

第三人今彩公司述称：其为五福坊公司进行广告设计、策划，创作完成“四季如意”的手绘原稿，直到2011年10月五福坊公司开发针对旅游市场的礼品，才重新截取该图案的一部分使用，图中的鸟纹、如意纹、铜鼓纹均源于贵州黄某革家蜡染的“原形”，原告作品中的鸟纹图案也源于贵州传统蜡染，原告方主张的作品不具有独创性。

一审判决结果：判决被告五福坊公司，(1)于本判决生效之日起10日赔偿原告邓某香经济损失10万元；(2)立即停止使用涉案《和谐共生十二》作品；(3)于本判决生效之日起5日内销毁涉案产品贵州辣子鸡、贵州小米渣、贵州猪肉干的包装盒及产品宣传册页；(4)驳回原告洪某远和邓某香的其余诉讼请求。

一审宣判后，各方当事人均未上诉，判决已发生法律效力。

【案件争点】

本案所涉《和谐共生十二》作品是否受著作权法保护，涉案产品的包装图案是否侵犯原告的著作权。

【裁判要旨】

生效裁判认为：

原告洪某远创作的《和谐共生十二》画作借鉴了传统蜡染艺术的自然纹样和几何纹样的特征，创作灵感直接来源于黄某革家蜡染背扇图案。但涉案作品对鸟的外形进行了补充，对鸟的眼睛、嘴巴丰富了线条，对鸟的脖子、羽毛融入了作者个人的独创，使鸟图形更为传神生动，对中间的铜鼓纹花也融合了作者的构思而有别于传统的蜡染艺术图案。根据《著作权法实施条例》第2条“著作权法所称作品，是指文学、艺术和科学领域内具有独创性并能以某种有形形式复制的智力成果”的规定,本案所涉原告洪某远创作的《和谐共生十二》画作属于传统蜡染艺术作品的衍生作品,是对传统蜡染艺术作品的传承与创新,符合著作权法保护的作品特征,在其具有独创性的范围内受著作权法的保护。

根据《著作权法实施条例》第4条第9项“美术作品,是指绘画、书法、雕塑等以线条、色彩或者其他方式构成的有审美意义的平面或者立体的造型艺术作品”的规定,绘画作品主要是以线条、色彩等方式构成的有审美意义的平面造型艺术作品。经过庭审比对,本案所涉产品贵州辣子鸡等包装礼盒和产品手册中使用的花鸟图案与涉案《和谐共生十二》画作,在鸟与花图形的结构造型、线条的取舍与排列上一致,只是图案的底色和线条的颜色存在差别,就比对的效果来看图案的底色和线条的颜色差别已然成为侵权的掩饰手段而已,并非独创性的智力劳动。第三人今彩公司主张其设计、使用在五福坊公司产品包装礼盒和产品手册中的作品创作于2006年,但其没有提交任何证据可以佐证,而洪某远的涉案作品于2009年发表在《福远蜡染艺术》一书中,且书中画作直接注明了作品创作日期为2003年,由此可以认定洪某远的涉案作品创作并发表在先。在五福坊公司生产、销售涉案产品之前,洪某远即发表了涉案《和谐共生十二》作品,五福坊公司有机会接触到原告的作品。据此,可以认定第三人今彩公司有抄袭洪某远涉案作品的故意,五福坊公司在生产、销售涉案产品包装礼盒和产品手册中部分使用原告的作品,侵犯了原告对涉案绘画美术作品的复制权。

例案二 | 白某娥与国家邮政局、国家邮政局邮票印制局侵犯著作权纠纷案

【法院】

北京市高级人民法院

【案号】

(2002)高民终字第252号

【当事人】

上诉人(原审原告):白某娥

被上诉人(原审被告):国家邮政局

被上诉人(原审被告):国家邮政局邮票印制局

【基本案情】

白某娥应约专门为被告印制蛇年邮票而创作剪纸作品。白某娥将其制作的数

十幅蛇图剪纸提交给国家邮政局邮票印制局（以下简称邮票印制局），邮票印制局选择了其中的四幅，并将复印件留存。后邮票印制局通知原告领取了970元资料费，并告知原告，所留的4幅剪纸并未采用，只能按照提供资料支付报酬。2000年12月，原告发现辛巳蛇年生肖邮票中有一张使用了原告的剪纸，并作了改动，署名设计者呼某源。原告认为，其剪纸作品属于《著作权法》第3条第4项所规定的美术作品，应受到著作权法的保护。两被告不与原告订立合同，也没有经原告同意擅自修改原告的作品，并公开使用，其行为侵犯了原告的著作权，包括图案的设计署名权、发表权、修改权、保护作品完整权和获得报酬权。

被告国家邮政局及被告邮票印制局辩称：剪纸是中华民族几千年来流传下来的民间美术形式，不属于《著作权法》第3条列举的一般作品，而属于《著作权法》第6条规定的应由国务院另行制定保护办法予以保护的民间文学艺术作品。故本案审理不应适用《著作权法》。白某娥的人身权利和财产权利没有受到任何侵犯。被告在与原告约稿时明确告诉原告是为设计邮票而搜集资料，设计中有可能对资料进行修改，如果原告同意提供剪纸并被用于邮票设计，被告将向其支付资料费。原告同意了被告的约请。2000年4月，设计师呼某源参考原告剪纸资料设计的邮票图稿在专家评审会议上中选，并在进一步修改后被确定为辛巳年邮票正式图稿。被告将此消息及时通知了原告。由于国家尚无民间文学艺术作品使用权付酬统一标准，故被告根据《民法通则》之公平原则，按照行业标准最高限向原告付酬970元。随后，被告在《新邮预报》上为原告署名，确认了其为该套邮票第一图剪纸原图制作者的身份。因此，被告根本没有对原告构成任何侵权事实。

一审法院判决：被告邮票印制局向白某娥支付作品使用费4685元；驳回白某娥的其他诉讼请求。

白某娥不服一审法院判决，提起上诉。二审法院判决：(1)撤销北京市第一中级人民法院(2001)一中知初字第185号民事判决；(2)国家邮政局、邮票印制局当面向白某娥致歉；(3)国家邮政局、邮票印制局赔偿白某娥经济损失24万元；(4)驳回白某娥其他诉讼请求。

【案件争点】

白某娥涉案剪纸图案是否构成著作权法意义上的作品，是否应当受到著作权法的保护。

【裁判要旨】

生效裁判认为:

我国《著作权法实施条例》第2条规定,作品指文学、艺术和科学领域内,具有独创性并能以某种有形形式复制的智力创作成果。因此,著作权法上的作品必须具有独创性和可复制性。这里所说的独创性并不要求作品具有相当的创作高度或是前所未有的,而应是由作者独立创作完成的。就本案涉及的白某娥的剪纸图案而言,该剪纸作品虽然采用了我国民间传统艺术中"剪纸"的表现形式,但其并非对既有同类题材作品的简单照搬或模仿,而是白某娥运用我国民间传统的剪纸技艺,将其对生活、艺术及民间美学的理解,通过其创作的剪纸图案表达出来,体现了作者白某娥的审美观念,且表现出独特意象空间,属于应当受著作权法保护的美术作品。该剪纸是白某娥自己独立创作完成的,具备了著作权法对作品独创性的要求,其可复制性亦毋庸置疑,故可以认定本案争议的剪纸图案属于著作权法所规定的作品。同时,由于这幅剪纸作品是以线条、色彩构成的具有审美意义的平面造型艺术作品,故这幅剪纸作品是著作权法所规定的美术作品,应受著作权法保护。

目前,我国法律法规中虽然尚未对民间文学艺术作品的保护问题作出规定,但是借鉴民间文学艺术表现形式创作出的新的作品,应当视为对民间文学艺术的继承和发展,其作者依法享有著作权,符合我国著作权法鼓励创作的立法精神。因此,国家邮政局、邮票印制局关于本案不应适用著作权法的主张不能成立,二审法院不予支持。

根据著作权法规定,使用他人作品应当同著作权人订立使用合同或者取得许可,该法规定可以不经许可的除外。在本案中,现有证据并未表明邮票印制局与白某娥已就使用涉案剪纸作品用于邮票一事有过具体协商,更无法证明已经得到白某娥的许可。物证"白某娥收讫资料费收条"中因明确写明"资料费"字样,故只能表明此为白某娥应约向邮票印制局提供数幅剪纸获得的报酬,而不能证明是因白某娥已许可使用其作品而获得的使用费。由此可见,邮票印制局未经许可使用白某娥的作品,且未支付报酬,已构成对白某娥的使用权和获得报酬权的侵犯。

依据著作权法的规定,作者的著作人格权不受侵犯。北京市高级人民法院查明,国家邮政局、邮票印制局设计、印制、发行的辛巳蛇年生肖邮票第一图是在白某娥的作品进行修改的基础上完成,且改动非常明显,该修改未经白某娥许可,且无其他法律依据,故已构成对白某娥修改权的侵犯。同时,白某娥创作的涉案剪纸,其图案中的各个组成部分为一和谐整体,作者所选取的各种素材有其特定内涵,国家邮政局、邮票印制局对该作品进行的不适当的修改，在一定程度上有损作者所要表达的思想，故同时构成了对白某娥保护作品完整权的侵犯。据此，白某娥关于国家邮政局、邮票印制局侵犯其发表权、修改权、保护作品完整权之主张，北京市高级人民法院予以支持。

例案三 | 黑龙江省饶河县四排赫哲族乡人民政府与郭某、中央电视台、北京北辰购物中心侵犯民间文学艺术作品著作权纠纷案

【法院】

北京市高级人民法院

【案号】

(2003)高民终字第 246 号

【当事人】

上诉人(原审被告)：郭某

上诉人(原审被告)：中央电视台

被上诉人(原审原告)：黑龙江省饶河县四排赫哲族乡人民政府

原审被告：北京北辰购物中心

【基本案情】

《乌苏里船歌》是赫哲族人民在长期劳动和生活中逐渐产生的反映赫哲族民族特点、精神风貌和文化特征的民歌。在 1999 年 11 月 12 日，“99 南宁国际民歌艺术节”晚会上，中央电视台宣称，《乌苏里船歌》的作曲是汪某才、郭某。晚会主持人还特别强调：“刚才郭某老师唱的《乌苏里船歌》明明是一首创作的歌曲，可长期以来我们一直把它当作是赫哲族民歌。”该民歌艺术节晚会由南宁市人民政府艺术节组委会和中央电视台共同主办。该晚会还被录制成 VCD 向全国发行，使侵权行为的影响进一步扩大。北京北辰购物中心销售了包含原告享有著作权的《乌苏里船歌》的侵权 CD 复制品、图书和磁带。原告认为被告的行为侵犯了其著作权，伤害了每一位赫哲族人的自尊心和民族感情，故诉至法院。

被告郭某辩称：《乌苏里船歌》是郭某、胡某石、汪某才借鉴西洋音乐的创作手法共同创作的。作品充分反映了当家作主的赫哲族人民感谢党、歌颂新生活的欢乐心情。目前全国赫哲族成建制的民族乡有三个，原告只是其中之一，他们无资格和理由代表全体赫哲族人提起诉讼。以《想情郎》为代表的赫哲族民间传统曲调，

只是一首古老的四句萧曲,并没有歌词,而《乌苏里船歌》既有新创作的曲子又有歌词。原告提出侵权指控,却未明确郭某侵犯了原告的何种权利,也未指出在哪个环节侵权,应当将原告享有著作权的作品与音乐作品《乌苏里船歌》加以对比。故不同意原告的诉讼请求。

被告中央电视台辩称:原告的主体资格值得质疑,原告没有证据证明有权代表所有赫哲族人民就有关民间文学艺术作品主张权利;对于民间文学艺术作品的保护,著作权法只是规定了应受法律保护的原则,并没有就其特殊性明确应如何保护。迄今国务院尚未出台相关法规,因此,著作权法有关著作权人及其权利归属等相关规定并不适用于民间文学艺术作品;中央电视台播出的节目中有关《乌苏里船歌》的署名完全是在尊重历史事实的基础上,经多方查阅资料而得出的结论。作为播出单位已经尽到了审查义务。且晚会主持人的一段话只是对客观事实泛泛议论,并未侵犯原告著作权;原告诉称该晚会节目被录制成VCD向全国发行没有任何证据,因为该艺术节组委会录制的数量仅有8000套,且不公开发行,只是作为资料和礼品赠送,并没有以此进行营利活动;原告无法证明其为著作权人,也无法证明我方实施了何种侵权行为,原告的诉讼请求不能成立。请求依法驳回原告的诉讼请求。

被告北京北辰购物中心辩称:该购物中心销售的商品是有合法、严格的进货渠道和合同的;对于知识产权问题,该中心并无审查义务,因此该中心不应成为本案被告。

一审法院判决:郭某、中央电视台以任何方式再使用音乐作品《乌苏里船歌》时,应当注明“根据赫哲族民间曲调改编”;郭某、中央电视台在《法制日报》上发表音乐作品《乌苏里船歌》系根据赫哲族民间曲调改编的声明;北京北辰购物中心立即停止销售任何刊载未注明改编出处的音乐作品《乌苏里船歌》的出版物;郭某、中央电视台各给付四排赫哲族乡政府因本案诉讼而支出的合理费用1500元;驳回四排赫哲族乡政府的其他诉讼请求。

被告郭某和中央电视台不服上述判决,提起上诉。二审法院判决:驳回上诉,维持原判。

【案件争点】

本案中的赫哲族民间音乐曲调《想情郎》和《狩猎的哥哥回来了》是否构成著作权法意义上的作品,是否应当受到著作权法的保护。

【裁判要旨】

生效裁判认为：

世代在赫哲族中流传，以《想情郎》和《狩猎的哥哥回来了》为代表的赫哲族民间音乐曲调形式，属于民间文学艺术作品，应当受到法律保护。涉案的赫哲族民间音乐曲调形式作为赫哲族民间文学艺术作品，是赫哲族成员共同创作并拥有的精神文化财富。它不归属于赫哲族某一成员，但又与每一个赫哲族成员的权益有关。该民族中的任何群体、任何成员都有维护本民族民间文学艺术作品不受侵害的权利。四排赫哲族乡政府作为一个民族乡政府是依据我国宪法和法律的规定在少数民族聚居区内设立的乡级地方国家政权，可以作为赫哲族部分群体公共利益的代表。故在符合我国宪法规定的基本原则、不违反法律禁止性规定的前提下，四排赫哲族乡政府为维护本区域内的赫哲族公众的权益，可以自己的名义对侵犯赫哲族民间文学艺术作品合法权益的行为提起诉讼。郭某、中央电视台关于民间文学艺术作品的权利人难以确定、现行法律法规对如何确定民间文学艺术作品的权利人的问题未有规定，因而四排赫哲族乡政府不具备原告的诉讼主体资格的上诉理由不能成立，北京市高级人民法院不予支持。

著作权法上的改编，是指在原有作品的基础上，通过改变作品的表现形式或者用途，创作出具有独创性的新作品。改编作为一种再创作，应主要是利用了已有作品中的独创部分。就音乐作品的改编而言，改编作品应是使用了原音乐作品的基本内容或重要内容，应对原作的旋律作了创造性修改，却又没有使原有旋律消失。根据鉴定报告关于《乌苏里船歌》的中部乐曲的主题曲调与《想情郎》和《狩猎的哥哥回来了》的曲调基本相同的鉴定结论，以及《乌苏里船歌》的乐曲中部与《想情郎》和《狩猎的哥哥回来了》相比又有不同之处和创新之处的事实，《乌苏里船歌》的乐曲中部应系根据《想情郎》和《狩猎的哥哥回来了》的基本曲调改编而成。《乌苏里船歌》乐曲的中部是展示歌词的部分，且在整首乐曲中反复三次，虽然《乌苏里船歌》的首部和尾部均为新创作的内容，且达到了极高的艺术水平，但就《乌苏里船歌》乐曲整体而言，如果舍去中间部分，整首乐曲也将失去根本，因此可以认定《乌苏里船歌》的中部乐曲系整首乐曲的主要部分。在《乌苏里船歌》的乐曲中部系改编而成、中部又构成整首乐曲的主部的情况下，《乌苏里船歌》的整首乐曲应为改编作品。郭某关于《乌苏里船歌》与《想情郎》《狩猎的哥哥回来了》的乐曲存在不同之处和创新之处且在表达上已发生了质的变化的上诉理由，并不能否定《乌苏里船歌》的乐曲基本保留了赫哲族民歌基本曲调的事实。郭某关于《乌苏里船歌》的首部和尾部均为创作、其整首乐曲在结构上为单三部曲式因而全曲不应认定为改编作品的上诉主张不能成立。

中央电视台主持人的陈述虽然已经表明《乌苏里船歌》系根据赫哲族音乐元素创作的歌曲,但主持人陈述的本意仍为《乌苏里船歌》系郭某原创,主持人发表的陈述与事实不符。中央电视台对其工作人员所发表的与事实不符的言论,应当采取适当的方式消除影响。原审法院判决中央电视台在《法制日报》上发表更正声明、酌定由中央电视台承担部分诉讼费并无不当。

综上所述,原审判决认定事实清楚,适用法律正确。二审法院驳回上诉,维持原判。

三、裁判规则提要

(一)基于民间文学艺术可以产生作品

民间文学艺术与民间文学艺术作品,两者是不同的概念,两者虽然存在联系,但其内涵与外延均不相同,应当进行区分。民间文学艺术,是由特定地域的不特定人创作并代代相传的艺术风格,在民间文学艺术的传承过程中,已经产生了大量的作品,但由于著作权保护的时限性,这些作品已经成为处于公共领域的历史文化遗产,并且这些作品作者身份不明、产生时间不明、发表时间不明,从而难以享有著作权法保护,因此,严格来说,民间文学艺术本身并非著作权法的保护客体,不构成著作权法意义上的作品。历史上的文学艺术作品,已经进入公共领域,应由社会公众免费利用,而不能成为作为私权的著作权特别是其中的著作财产权的客体。民间文学艺术作品,则是采用了传统民间文学艺术的风格而创作的具有独创性的新作品,它不同于历史上已经产生的民间文学艺术作品,两者不能实质相同或相似,而仅仅是艺术风格上的相同。符合著作权法作品条件的民间文学艺术作品,同样应享有著作权法保护,而不能因为它具有传统民间文学艺术的风格而予以否定。

民间文学艺术和民间文学艺术作品存在本质的差异,决定了两者在著作权法上的法律地位,这导致两者的法律保护形式应当不同。从外延上来看,民间文学艺术应当包含了民间文学艺术作品,民间文学艺术所能受到的法律保护,民间文学艺术作品均应享受,如对于民间文学艺术的支持性保护或者行政法意义上的保护(如我国某些省份已经出台了民间文化的保护条例,这是一种地方立法保护)。而民间文学艺术作品基于其作品的法律属性,仍应当享受著作权法保护。虽然我国具有极为丰富的民间文学艺术资源,这是中华民族几千年来代代传承的文化遗产,但是著作权法自有其独特的逻辑和规律,不能为了保护,而将民间文学艺术纳入著作权法保护体系中,这样只会破坏著作权法的内在逻辑体系。保护民间文学艺术,应当从保护文化独特性或文化遗产的角度,另行采用公法保护的方式。简言之,民间文学艺术作品可以享受双重的法律保护,著作权法保护和行政法保护,而民间文学艺术本身难以得到著作权法保护。

民间文学艺术是一种作品的风格,而不是具体的表达形式。创作活动虽然采用了民间传统艺术的表现形式,但并非对既有同类题材作品的简单照搬或模仿,而是体现作者的审美观念,在民间文艺的基础上融合了个人的理解和想象,表现出独特意象空间,而不是一般意义的单纯收集整理,是投入了个人创造性思维和劳动的再创作,属于著作权法保护的创作活动,可产生衍生作品,属于应当受著作权法保护的美术作品或文字作品。借鉴民间文学艺术表现形式创作出的新作品,应当视为对民间文学艺术的继承和发展,其作者依法享有著作权。

(二)衍生作品著作权不能覆盖至民间文学艺术

对民间文学艺术作品的保护,并不能延及民间文学艺术本身,这是基于两者的性质区分自然可以得出的法律结论,否则将混淆作品与艺术风格,并将大量处于公共领域的作品纳入著作权法保护领域,甚至将扰乱文学艺术创作的社会秩序。从鼓励民间文学艺术创作的角度来看,保护民间文学艺术作品已经足够;从另一方面看,如果立法为保护民间文学艺术而将其纳入著作权法体系,则反而会阻碍民间文学艺术创作,不利于民间文学艺术的弘扬和发展。

司法实践中,民间文学艺术作品也存在多种表现形式,有的是完全的具有独创性的作品,其只是具有民间传统文化的艺术风格,而在具体表达上已经与现存的民间文学艺术作品完全区分开来。这类民间文学艺术作品,其作者当然具有无可争议的著作权。还有一类民间文学艺术作品,作者是基于公共领域内的民间文学艺术作品而创作,性质上属于演绎作品,或者称为民间文学艺术衍生作品,它属于利用民间文学艺术再创作作品。对于演绎作品,演绎作者所享有的著作权,只能及于其自身创作的具有独创性的作品部分,而不能涵盖原有的处于公共领域的或者他人的作品。利用民间文学艺术再创作作品和一般意义上的作品有所不同,对于纯粹由作者个人创作而成的作品,作者对作品的全部享有完整的著作权,但是对于利用民间文学艺术进行再创作的作品,作者的著作权不能当然地覆盖至其中原属于民间文学艺术领域中公有的部分。在案件审理中,应当首先对属于传统民间文学艺术的成分进行剥离,然后再对作者独创的部分进行侵权比对分析。

四、辅助信息

高频词条:

《著作权法》

第6条 民间文学艺术作品的著作权保护办法由国务院另行规定。

《著作权法实施条例》

第2条 著作权法所称作品,是指文学、艺术和科学领域内具有独创性并能以某种有形形式复制的智力成果。

知识产权案件裁判规则第7条：
实用艺术作品的艺术性成分可以从实用性、功能性成分中独立分离出来时，实用艺术作品才能获得著作权法的保护。实用艺术作品中具有独创性的艺术美感部分可以作为美术作品受著作权法保护

〔**规则描述**〕：从实用艺术作品的产生过程来看，实用艺术品既体现创作者的独特艺术考量，又必须兼有同类实用品的共同特点以供日常使用。实用艺术作品具有“实用性”和“艺术性”两个方面，著作权法保护的是其“艺术性”的内容，是作者对该作品的艺术造型、外观设计、色彩装饰等艺术性特征所做的智力投入而产生的成果，实用艺术作品的实用性功能不受著作权法保护。

一、类案检索大数据报告

时间：2019年3月13日之前，案例来源：Alpha案例库，案件数量：161件，检索关键词：著作权、实用艺术作品、民事（案由），数据采集时间：2019年3月13日，本次检索获取了2019年3月13日前共161篇裁判文书。整体情况如图7－1所示：

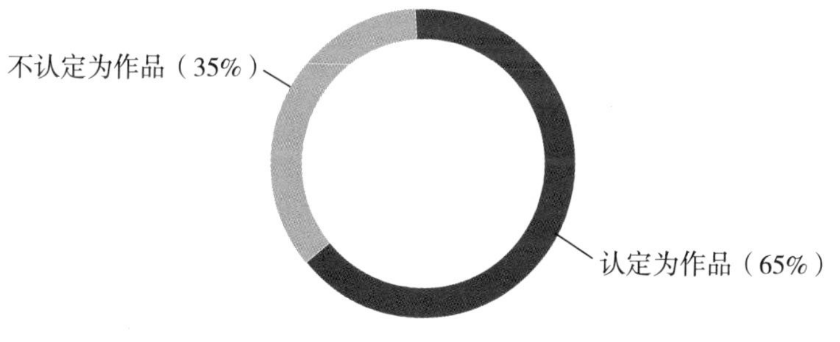

图7－1　实用艺术作品诉讼裁判结果

从图7－1显示的结果来看，65%的法院将实用艺术作品认定为作品，作为著作权法保护的客体。35%的法院不将其认定为作品。

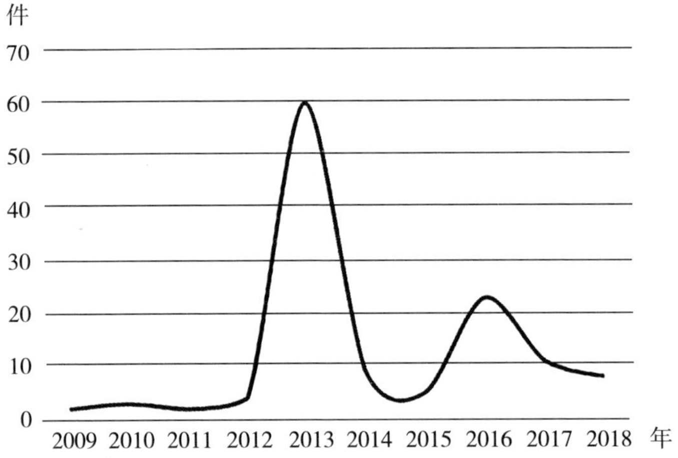

图7-2 实用艺术作品类诉讼案件时间趋势

从图7-2的案件时间趋势,可以看出实用艺术作品类纠纷案件逐年的数量变化态势。

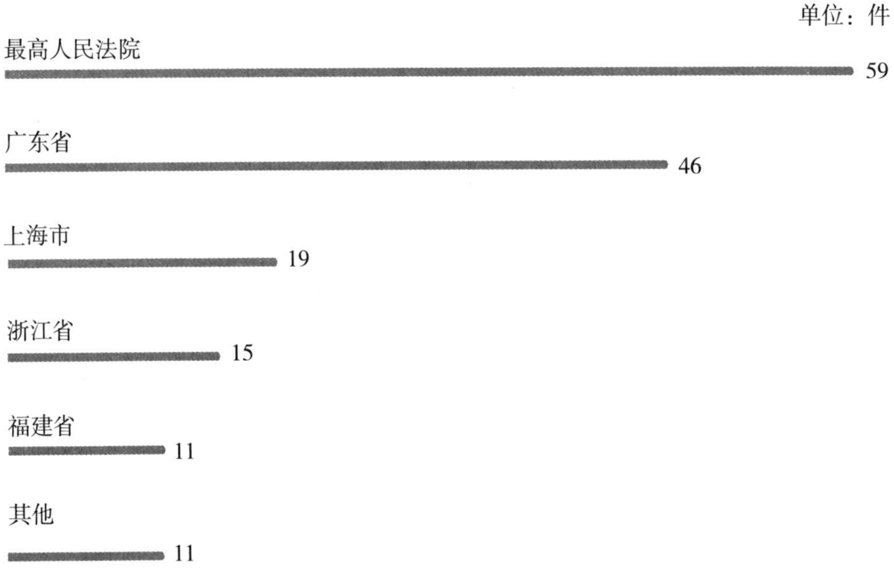

图7-3 实用艺术作品类案件诉讼的主要地域分布

从图7-3的主要地域分布来看,实用艺术作品类纠纷案件主要集中在最高人民法院、广东省、上海市,分别占比约36.64%、28.60%、11.80%。其中最高人民法院的案件量最多,达到59件。

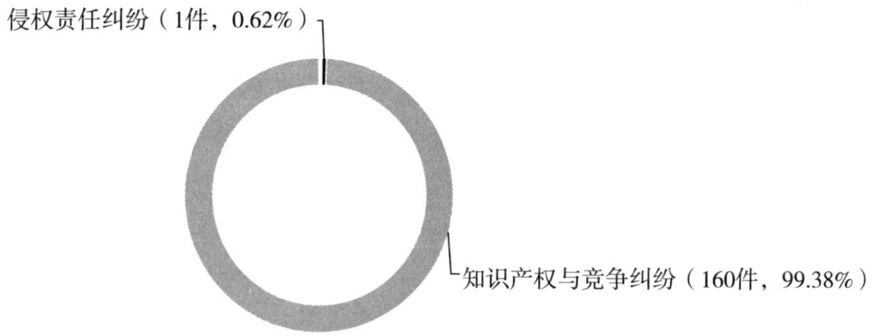

图7－4　实用艺术作品类诉讼案件案由分布

从图7－4的案由分布情况可以看到，实用艺术作品类纠纷的案由分布，由多至少分别是知识产权与竞争纠纷，侵权责任纠纷。

二、可供参考例案索引

例案一　广州新族化妆品有限公司与广州冠以美贸易有限公司著作权权属、侵权纠纷案

【法院】

广州知识产权法院

【案号】

(2017)粤73民终537号

【当事人】

上诉人(原审被告)：广州新族化妆品有限公司

被上诉人(原审原告)：广州冠以美贸易有限公司

【基本案情】

2014年9月26日，广州曼以宝信息科技有限公司(以下简称曼以宝公司)与西睿羿(上海)商贸有限公司(以下简称西睿羿公司)签署《"卡姿兰"全新柜台设计服务协议》，约定基于"卡姿兰"现有的视觉形象和系列元素及客户的具体要求，西睿羿公司将全新设计"卡姿兰"柜台形象，探索至少3个不同风格的创意概念，并将延展设计美妆店渠道/商超渠道一体柜和组合柜台。曼以宝公司出具《情况说明》，记载其与广州冠以美贸易有限公司(以下简称冠以美公司)为关联企业，共同经营"卡姿兰"品牌化妆品。曼以宝公司、西睿羿公司和冠以美公司于2016年5月20

日共同签署《关于知识产权归属的三方协议》，记载《"卡姿兰"全新柜台设计服务协议》中约定的"美妆一体柜"的全部知识产权由冠以美公司享有，冠以美公司有权以自己的名义进行著作权登记，同时署名冠以美公司的工作人员为美妆一体柜的设计人员。2016年6月8日，国家版权局出具国作登字－2016－F－00281990的作品登记证书，记载作品名称为彩妆一体背柜的美术作品的著作权人为冠以美公司，创作完成时间为2015年1月4日，首次发表时间为2015年1月22日。原告发现被告广州新族化妆品有限公司（以下简称新族公司）所有的品牌"诱惑"在一些店铺中所用的一体柜与原告的美术作品十分相似，原告认为被告行为构成对原告作品的抄袭，应当依法承担相应侵权责任。原告冠以美公司向一审法院起诉请求：(1)新族公司停止使用抄袭冠以美公司美妆一体柜的侵权行为。(2)新族公司赔偿冠以美公司20万元；(3)新族公司承担本案诉讼费用。

被告新族公司辩称：(1)冠以美公司提交的著作权登记证书附件仅为九张图片，作品类型为美术作品，故冠以美公司本案主张的保护范围不应超过该登记范围，不应把材质用料、尺寸、功能等内容也作为侵权比对内容。(2)冠以美公司涉案美妆一体柜不具有独创性，不构成作品。根据我方提交的《中国美妆》和《化妆品观察》等杂志，足以证明美妆一体柜主要还是将彩妆产品陈列出来，并根据行业特性，结合品牌与广告宣传画和试用化妆及收储功能，逐渐演变到现在冠以美公司所主张的样式。冠以美公司涉案美妆一体柜根本不具有独创性，这也是冠以美公司不通过申请外观专利或者实用新型提起诉讼的原因。

一审法院判决：(1)新族公司于判决生效之日起，立即停止抄袭涉案美妆一体柜的侵权行为；(2)新族公司于判决生效之日起5日内，赔偿冠以美公司经济损失80,000元（含合理开支）；(3)驳回冠以美公司的其他诉讼请求。案件受理费4300元，由冠以美公司负担2580元，新族公司负担1720元。

被告新族公司不服上述判决，向广州知识产权法院提起上诉。

二审法院判决：撤销广东省广州市白云区人民法院(2016)粤0111民初6904号民事判决；驳回冠以美公司全部诉讼请求。该判决为终审判决。

【案件争点】

原告冠以美公司涉案美妆一体柜是否构成美术作品范畴的实用艺术作品。

【裁判要旨】

生效裁判认为：

实用艺术作品是有实用功能的艺术品，兼具实用性和艺术性。但著作权法只保护思想的表达，不保护思想本身。实用功能属于思想的范畴。故在对实用艺术作品进行著作权法保护时，需要将其实用性和艺术性分离，只保护其艺术表达，不保护其实用功能。那些在物理或观念上无法分离实用性和艺术性的实用艺术品不能得到著作权法保护，否则无异于保护思想，有违著作权法立法目的。且作为美术作品保护的实用艺术作品除需要满足作品的一般要件外，还需要满足美术作品的特殊要件。具体而言，在独创性要件判断过程中，该实用艺术作品应达到美术作品的创作高度。另外，根据《专利法》第2条，外观设计是指对产品的形状、图案或者其结合以及色彩与形状、图案的结合所作出的富有美感并适用工业应用的新设计。实用艺术品兼具实用性和艺术性，往往也可以申请外观设计专利保护。作为美术作品保护与作为外观设计专利保护是不一样的，两者在权利取得、保护范围、有效期限等方面都存在重要区别：前者自动取得，后者须经国家审核授权才能取得；后者保护范围限于相同或类似产品上相同或近似外观设计，前者无此限制；前者有效期为作者终生加死亡后50年，后者仅为10年。如果我们在实用艺术作品独创性要件判断上过于宽松，将导致无人愿意申请外观设计专利，进而导致专利法相关制度形同虚设。所以，也有必要严格审查作为美术作品保护的实用艺术作品独创性要件。

涉案美妆一体柜无疑是线条、色彩构成的立体造型，具有可复制性，属于文学、艺术和科学领域的人类智力成果。但冠以美公司主张欲成立，还必须证明该美妆一体柜实用性和艺术性可以分离，以及该美妆一体柜满足美术作品的独创高度。

关于涉案美妆一体柜实用性和艺术性是否分离的问题。根据冠以美公司一审陈述，涉案美妆一体柜的独创性体现在整体形状和颜色搭配、各功能区的划分和排列、眉头的文字设计和灯光效果。正如一审判决所言，涉案美妆一体柜是根据化妆品销售行业特性，按照所需功能划分为不同区域，通过对各个区域之间的布局和排列，使之能够突出展示品牌特征和产品亮点，便于消费者选购及试用产品。也就是说，涉案美妆一体柜各功能区的划分和排列，是为实现“突出展示品牌特征和产品亮点，便于消费者选购和试用化妆品”这一功能的。而为实现该功能，不同设计人的选择是有限的。如为突出品牌和便于选购，美妆一体柜上方区域展示品牌和形象、中间区域展示产品、下方区域放置储物柜，恐怕是最优选择。又如为方便试用，必然要有化妆区，而为不影响其他人继续选购，化妆区域最好在一体柜的侧边。由此可见，即便涉案美妆一体柜对于各功能区的划分和排列具有艺术性，其艺术性也与实用性混合，无法分离，不能受到著作权法的保护。至于涉案美妆一体柜整体形状和颜色搭配、眉头的文字设计和灯光效果,并不存在上述实用性和艺术性无法分离的情形,故有必要进一步分析这些设计的独创性问题。

关于涉案美妆一体柜是否满足美术作品独创高度的问题。新族公司为证明涉案美妆一体柜不具独创性,提交了2013年《中国美妆》和2014年2月、3月、10月《化妆品观察》等杂志。经审查,这些杂志均属合法出版物且在涉案美妆一体柜公开亮相之前发行,本院予以采纳。这些杂志所展示的彩妆背柜,整体呈长方体,都采用了上方区域展示品牌和形象、中间区域分格展示产品、下方区域放置储物柜等设计,且眉头都是黑底白字、形象展示区都是颜色亮丽。涉案美妆一体柜与它们的区别主要在于整体颜色搭配、眉头是否采用雕空奶白透光以及产品展示区格状的具体设计。按照美术作品的创作高度和严格审查的原则进行分析,本院认为,涉案美妆一体柜上述区别设计不足以构成艺术上的独特表达,尚未达到美术作品的创作高度。

综上所述,冠以美公司的作品主张不能成立,其相应侵权指控亦不能成立。新族公司关于涉案美妆一体柜不构成美术作品的上诉理由成立,本院予以采纳。一审判决虽认定事实清楚,但适用法律错误,本院予以改判。

例案二 欧可宝贝有限公司与慈溪市佳宝儿童用品有限公司、北京乐友达康科技有限公司侵犯著作权纠纷案

【法院】

北京市第二中级人民法院

【案号】

(2008)二中民初字第12293号

【当事人】

原告:欧可宝贝有限公司

被告:慈溪市佳宝儿童用品有限公司

被告:北京乐友达康科技有限公司

【基本案情】

原告欧可宝贝有限公司(以下简称欧可宝贝公司)系于1976年在意大利登记成立的公司,长期从事儿童用品的设计、生产和销售,其"OKBABY"品牌系列产品在国际市场上享有广泛的知名度。1998年1月,欧可宝贝公司设计完成了Spidy小兔坐便器;2000年2月设计完成了Ducka小鸭坐便器垫;2001年1月设计完成

了 Buddy 小熊洗浴躺椅。上述三个作品具有艺术性，造型独特，富有美感，应当作为实用艺术作品受到著作权法的保护。鉴于意大利和中国同为《伯尔尼公约》的成员国，故欧可宝贝公司的上述作品应受中国著作权法保护。2008 年，原告发现被告慈溪市佳宝儿童用品有限公司（以下简称佳宝公司）在其网址为"http://www.chinajiabao.com"的网站上公开宣传和销售与上述三个作品完全相同的 JBB、JBD、JBR 型号产品。而且，被告佳宝公司的产品还通过被告北京乐友达康科技有限公司（以下简称乐友达康公司）经营的"乐友网"进行销售。原告认为，二被告的上述行为侵犯了原告的著作权。故诉至法院，请求判令二被告停止侵权，判令被告佳宝公司赔偿原告经济损失及诉讼合理支出 50 万元。

被告佳宝公司辩称：原告欧可宝贝公司主张的涉案三款产品并未在中国取得外观设计专利权，且意大利和中国的著作权法均没有保护实用艺术作品的规定，原告在中国请求保护实用艺术作品著作权于法无据；原告主张权利的上述产品中的动物形象，是儿童用品中的惯常设计，不具有独创性，且上述产品不具有审美意义和艺术性，因此不应作为实用艺术作品受到著作权法的保护。

被告乐友达康公司辩称：该公司认可曾销售涉案三款产品，但其销售的涉案产品有合法来源，且其事先并不知道涉案三款产品是否侵犯了原告欧可宝贝公司的著作权。即使涉案产品为侵权产品，乐友达康公司也不应承担赔偿责任。

一审法院判决：(1)自本判决生效之日起，佳宝公司、乐友达康公司停止侵犯欧可宝贝公司涉案 Spidy 小兔坐便器、Ducka 小鸭坐便器垫及 Buddy 小熊沐浴躺椅作品著作权的行为；(2)佳宝公司于本判决生效之日起 10 日内赔偿欧可宝贝公司经济损失人民币 10 万元及因本案诉讼支出的合理费用人民币 2 万元；(3)驳回欧可宝贝公司的其他诉讼请求。

一审宣判后，各方当事人均未上诉，判决已发生法律效力。

【案件争点】

原告欧可宝贝公司的涉案 Spidy 小兔坐便器、Ducka 小鸭坐便器垫及 Buddy 小熊沐浴躺椅是否为我国著作权法所保护的作品。

【裁判要旨】

生效裁判认为：

我国《著作权法》规定，外国人、无国籍人的作品根据其作者所属国或者经常居住地国同中国签订的协议或者共同参加的国际条约享有的著作权，受本法保护。鉴于中国与意大利同为《伯尔尼公约》的成员国，因此原告欧可宝贝公司享有的著作权应受我国著作权法保护。

根据我国《著作权法》的相关规定,美术作品是指绘画、书法、雕塑等以线条、色彩或者其他方式构成的有审美意义的平面或者立体的造型艺术作品。涉案Spidy小兔坐便器、Ducka小鸭坐便器垫及Buddy小熊沐浴躺椅,将动物形象与儿童使用的坐便器、坐便器垫和沐浴躺椅相结合,造型独特,具有审美意义与艺术性、独创性和可复制性,符合我国著作权法规定的作品的构成要件,应当受到我国著作权法的保护。被告佳宝公司主张我国著作权法没有保护实用艺术作品的相关规定,上述三个作品中的动物形象属于儿童用品中的惯常设计,不具有独创性亦不具有艺术性,不应受到我国著作权法的保护,依据不足,北京市第二中级人民法院不予采纳。根据上述三个作品的设计完成人皮埃尔·安格罗·埃利与原告欧可宝贝公司之间的约定,上述三个作品的著作权应归属原告欧可宝贝公司。

经比对,涉案JBB、JBD、JBR产品与原告主张权利的Spidy小兔坐便器、Ducka小鸭坐便器垫及Buddy小熊沐浴躺椅三款产品相比,除个别部位存在细微差异外,二者基本相同。因此,涉案JBB、JBD、JBR产品属于与原告欧可宝贝公司享有著作权的涉案作品相近似的产品。

根据本案查明的事实,被告佳宝公司曾于2005年与原告欧可宝贝公司就包括涉案三款产品在内的相关产品设计签订许可协议,授权使用期限至2008年3月。被告佳宝公司在授权期满后,未经原告欧可宝贝公司的许可,继续制造、销售与涉案Spidy小兔坐便器、Ducka小鸭坐便器垫及Buddy小熊沐浴躺椅相近似的涉案JBB、JBD、JBR产品,侵犯了欧可宝贝公司就上述作品所享有的著作权,应当承担停止侵权和赔偿损失的法律责任。

综上所述,被告佳宝公司在授权期满后制造、销售,被告乐友达康公司销售的涉案三款JBB、JBD、JBR产品侵犯了原告欧可宝贝公司对涉案Spidy小兔坐便器、Ducka小鸭坐便器垫及Buddy小熊沐浴躺椅所享有的著作权,原告欧可宝贝公司请求法院判令被告佳宝公司承担停止侵权、赔偿经济损失的法律责任,请求法院判令被告乐友达康公司承担停止侵权的法律责任的主张,理由正当,北京市第二中级人民法院予以支持。

例案三 英特－宜家系统有限公司与台州市中天塑业有限公司侵犯著作财产权纠纷案

【法院】

上海市第二中级人民法院

【案号】

(2008)沪二中民五(知)初字第187号

【当事人】

原告：英特－宜家系统有限公司(Inter Ikea Systems B. V.)

被告：台州市中天塑业有限公司

【基本案情】

原告英特－宜家系统有限公司创立于1943年，是世界上最大的家具零售公司。玛莫特(Mammut)系列儿童家具是在原告的指导下，由设计师谢尔斯特鲁普(Morten Kjelstrup)和服装设计师厄斯特(Allan Stgaard)代表原告设计完成。1994年，玛莫特童椅获得瑞典"年度家具"的大奖，玛莫特系列商品多年前就在商品目录和多本书籍中刊载。原告发现被告未经原告允许擅自抄袭原告享有著作权的玛莫特系列作品的设计，生产和销售了产品型号为ZTY－522、ZTY－525、ZTY－525A及ZTY525－B等的儿童椅和儿童凳，并在其公司网站上展示侵权商品，侵权行为持续至今。原告早在2004年就委托律师多次致函被告要求其停止侵权行为，但被告不予理睬，反而将侵权设计申请外观设计专利，后被审查机构认定无效。原告请求判令：(1)被告立即停止一切侵犯原告玛莫特系列作品著作权的行为；(2)被告立即收回已投入市场的侵权产品，销毁侵权商品存货和生产模具、印模，销毁带有侵权商品的包装及宣传材料；(3)被告立即删除www. ztpc. cc网页中展示的侵权产品图片；(4)被告赔偿原告包括合理费用在内的经济损失人民币50万元；(5)被告就其侵权行为在《新民晚报》《钱江晚报》上刊登声明，消除影响。

被告台州市中天塑业有限公司辩称：原告没有证据证明其对玛莫特系列产品享有著作权，即使原告享有相关权利，该系列产品也不属于实用艺术作品，仅是实用工业品，因为其不具有实用艺术品应当具有的独创性和艺术性等特征；被告生产的产品是被告的设计人员独立创作完成的，不存在侵犯他人著作权的事实。

一审法院判决：驳回原告英特－宜家系统有限公司的诉讼请求。

【案件争点】

玛莫特(Mammut)儿童椅和儿童凳是否属于受我国著作权法保护的实用艺术作品。

【裁判要旨】

生效裁判认为:

本案的主要争议焦点为:玛莫特(Mammut)儿童椅和儿童凳是否属于受我国著作权法保护的实用艺术作品。实用艺术作品是指具有实用性、艺术性并符合作品构成要件的智力创作成果,即实用艺术作品应当具有实用性、艺术性、独创性和可复制性。根据我国著作权法的相关规定,实用艺术作品归属于美术作品范畴而受到著作权法的保护。美术作品,是指绘画、书法、雕塑等以线条、色彩或者其他方式构成的有审美意义的平面或者立体的造型艺术作品。因此,实用艺术作品的艺术性必须满足美术作品对于作品艺术性的最低要求,才能够获得著作权法的保护。

本案系争的玛莫特(Mammut)儿童椅由椅背、椅垫和椅腿三个部分组成,椅背是由一块梯形的实木和三根矩形木条组成,其中上部的梯形实木占据了整个椅背近1/2的空间,椅垫是一般椅凳的基本结构,椅腿是由四根立椎体组成,呈上窄、下宽的形状。玛莫特(Mammut)儿童凳由凳面和凳腿两部分组成,凳面是上下均等的圆形实体,形状与一般的儿童凳无异,凳腿是四根纺锤状棒体。北京市第二中级人民法院认为,本案系争的玛莫特(Mammut)儿童椅和儿童凳的设计要点主要体现在造型线条上,但从整体上看其与普通的儿童椅和儿童凳在外形上的区别不大,属于造型设计较为简单的儿童椅和儿童凳,在艺术性方面没有满足构成美术作品的最低要求,因此不属于美术作品范畴中的实用艺术作品,不受我国著作权法保护。因而,被告的上述行为不构成对原告著作权的侵犯。

三、裁判规则提要

(一)实用艺术作品可以受到著作权法的保护

我国著作权法至今并未明文将"实用艺术作品"列为受保护的对象,《著作权法实施条例》对"美术作品"的解释,也难以理解为包括实用艺术作品。国务院1992年颁布的《实施国际著作权条约的规定》对实用艺术作品的著作权保护有所涉及,该规定第1条明确仅适用于保护外国作品,其第6条规定,对外国实用艺术作品的保护期,为自该作品完成起25年;美术作品(包括动画形象设计)用于工业制品的,不适用前款规定。综合我国现行法律法规对实用艺术作品的规定来看,首先，实用艺术作品可以成为著作权法保护对象，但仅限于外国实用艺术作品；其次，对实用艺术作品的保护期限不同于一般作品的50年，其保护期仅为25年，但是美术作品用于工业制品的，并不因此而减少保护年限。为使国内法符合国际条约的最低要求，国内法作出了特别规定，给予外国实用艺术作品以特别的超国民待遇的特殊保护，国内的实用艺术品，即使符合作品条件，也不当然享有此保护待遇。根据《伯尔尼公约》，实用艺术作品的保护期限也是25年，与一般作品的期限是不同的，关键就在于它具有艺术性的同时也具有实用性，而著作权法一般只保护艺术性的作品。从实用艺术作品的产生过程来看，既体现创作者的独特艺术考量，又必须兼有同类实用品的共通特点以供日常使用，实用艺术作品具有“实用性”和“艺术性”两个方面，著作权法保护的是其“艺术性”的内容，或作者对该作品的艺术造型、外观设计、色彩装饰等艺术性特征所做的智力投入而产生的成果，该实用艺术作品的实用性功能则不受著作权法保护。

（二）实用艺术作品可作为美术作品受到著作权法的保护

一个作品到底是实用艺术作品，还是一般的美术作品，是要根据实际情况做具体判断的，但一旦认定其属于实用艺术作品，则根据我国现行法律的规定，只有外国实用艺术作品才受保护。国内的实用艺术作品要作为“实用艺术品”受到著作权法保护，只能通过修改法律实现。但是，这并不妨碍实用艺术作品作为著作权法上的美术作品得以保护，即如果国内权利人的实用艺术作品达到了美术作品的高度，仍可以作为美术作品得到著作权法保护。

（三）实用艺术作品仅其艺术性内容可以保护

实用艺术作品虽然可以受到著作权法的保护，但仍然只保护其艺术性方面，并不保护其实用性方面，因为保护实用性，并非著作权法的功能和任务。实用艺术作品受到保护时，其实用性方面也必须剔除出去，否则著作权法的功能将发生错位。也就是说，某一外国作品即使达到了一般作品的高度，但因其具有实用性，其保护年限将减少至25年，且其实用性方面仍会被排除出著作权保护范围。目前国内的学术界和司法实务界，也基本认同著作权法只保护实用艺术品的艺术性方面，不保护实用艺术品的实用性方面，而且实用艺术品的艺术性方面只有在具有一定高度的独创性、构成作品时才能够获得著作权法的保护。从比较法角度来看，美国版权法仅对艺术特征和实用元素可分离的实用物品提供著作权保护。日本法院则认为,对实用美术作品提供著作权保护,可能动摇外观设计制度的法律基础,因此著作权法保护一般不应延及工业化生产的实用物品的设计,除非法律明确规定对于以实用为目的的、规模化生产的、具有一定美学功能和技术特点的产品纳入美术作品予以保护。笔者认为,实用艺术作品必须先具备一般作品的条件,如独创性、可以有形复制等,在其具备实用性的条件下,将其特别认定为实用艺术作品,实际上受到较一般作品弱的著作权保护。如果其达不到作品高度,但又具有一定的美感且具有新颖性,可以寻求外观设计专利的保护,只不过其保护期更短。

(四)实用艺术作品应满足一定的独创性高度

独创性是作品的基本属性,是指作品由作者独立完成并表现了作者独特的个性和思想。美术作品的独创性要求体现作者在美学领域的独特创造性和观念。对于既有欣赏价值又有实用价值的客体而言,其是否可以作为美术作品保护取决于作者在美学方面付出的智力劳动所体现的独特个性和创造力,那些不属于美学领域的智力劳动则与独创性无关。因此,判断的核心是实用艺术品在排除其实用性后是否具有美术作品的独创性。实用艺术作品艺术性的标准不应当低于一般美术作品的艺术性标准,但由于其实用性与艺术性结合在一起难分难解,因此判断主体在分离其实用性和艺术性时,受主观意识所限,确实存在认识上的困难。目前司法实践中一般认为,对于实用成分和艺术成分可以在实体上分离的实用艺术作品,对其中艺术成分的艺术性标准界定可以等同于美术作品,即只需具有一定审美意义即可视为满足艺术性这一要件;对于实用成分和艺术成分难以在实体上分离,但可以在观念上分离的,因为其艺术性成分与造型、色彩等抽象载体以及实用功能相结合,对其艺术性标准的界定可以略高于普通美术作品,即要求必须达到一定高度的独创性、个性才能视为满足了艺术性这一要件。

四、辅助信息

高频词条:

《实施国际著作权条约的规定》

第6条 对外国实用艺术作品的保护期,为自该作品完成起二十五年。

美术作品(包括动画形象设计)用于工业制品的,不适用前款规定。

知识产权案件裁判规则第 8 条:
就古籍点校整理而言,其独创性包括选择最佳底本、改正错字、校补遗缺、撰写校勘记等,但单纯加标点、分段落、改错字一般不具有独创性。仅为加标点、分段落、改错字而形成的古籍点校成果,其本身通常并非著作权法意义上的作品,不能受到著作权法的保护,但可通过反不正当竞争法进行保护,亦可作为民事权益受法律保护

〔**规则描述**〕:就古籍点校整理而言,其独创性包括选择最佳底本、改正错字、校补遗缺、撰写校勘记等。古籍点校者须具备一定的历史、人文、文学等素养,且需要投入人力物力进行调查研究,点校过程属于智力劳动,点校行为可被视为具有独创性思维的表达。点校本的表达方式并非唯一或极为有限。古籍点校还原的成果,只是点校者主观理解上的原著,针对同一文本,不同点校者点校完成的版本通常不会完全一致。点校行为受点校人多种主观因素影响,不可避免地会融入点校者的个性选择。不同点校者的认知水平、史学功底、专业技巧、点校经验存在差别,其对点校素材历史背景、相关事件、前因后果等了解程度亦有不同,最终的点校成果与原本贴近的关联度存在差异。

一、类案检索大数据报告

时间:2019 年 3 月 12 日之前,案例来源:Alpha 案例库,案件数量:39 件,检索关键词:著作权、作品、古籍、点校,数据采集时间:2019 年 3 月 12 日,本次检索获取了 2019 年 3 月 12 日前共 39 篇裁判文书。整体情况如图 8 – 1 所示:

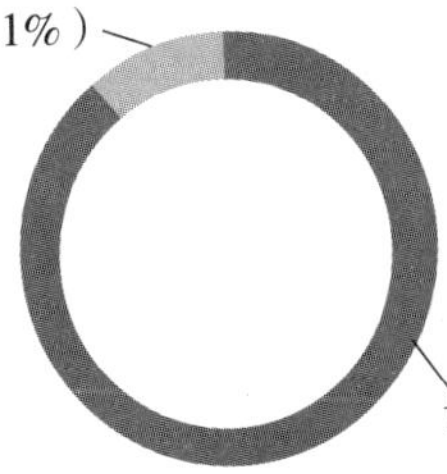

图 8 – 1 古籍点校类诉讼裁判结果

从图 8 -1 显示的结果来看,89% 的法院将古籍点校成果认定为作品,作为著作权法保护的客体。11% 的法院不将其认定为作品。

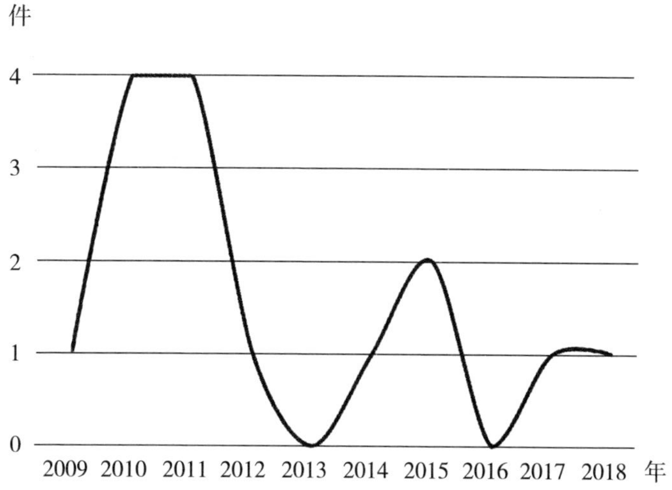

图 8 -2　古籍点校类诉讼案件时间趋势

从图 8 -2 的案件时间趋势,可以看出古籍点校类纠纷案件逐年的数量变化态势。

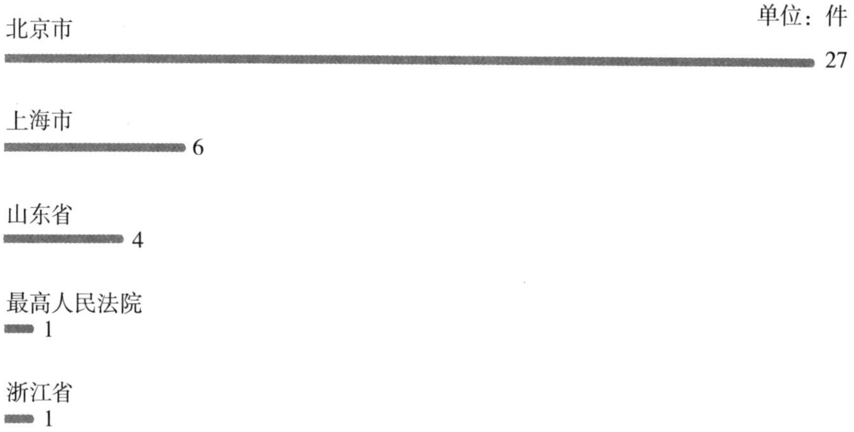

图 8 -3　古籍点校类案件诉讼的主要地域分布

从图 8 -3 的主要地域分布来看,古籍点校类纠纷案件主要集中在北京市、上海市、山东省,分别占比约 69.23%、15.38%、10.26%。其中北京市的案件量最多,达到 27 件。

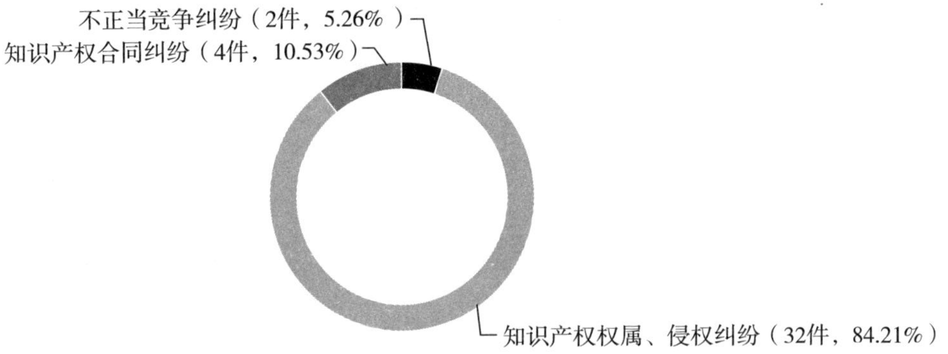

图8-4　古籍点校类诉讼案件案由分布

从图8-4的案由分布情况可以看出，古籍点校类纠纷的案由分布，主要的案由是知识产权权属、侵权纠纷，有32件，占一半以上，其次是知识产权合同纠纷、不正当竞争纠纷。

二、可供参考例案索引

例案一｜葛某圣与李某成著作权权属、侵权纠纷再审案

【法院】

最高人民法院

【案号】

(2016)最高法民再175号

【当事人】

再审申请人(一审被告、二审上诉人)：葛某圣

被申请人(一审原告、二审被上诉人)：李某成

【基本案情】

原告李某成自2008年6月开始整理点校民国版《寿光县志》。2008年10月，葛某圣得知李某成正在点校民国版《寿光县志》，提出与李某成合作，李某成亦同意合作。2009年7月，葛某圣点校的《人物志·一》已打印第三稿，仍错误百出，2009年9月，李某成与葛某圣停止合作。2010年8、9月间，李某成完成民国版《寿光县志》校注本第四稿，准备出版印刷，此时，葛某圣联系李某成可以按成本价要300本书，同时提出看一遍稿子，李某成将《寿光县志》校注本第四稿给了葛某圣。2010

年年底,李某成在王某三的指导下,放弃出版印刷的想法,继续进行点校。2011年5月,葛某圣出版了民国版《寿光县志》点校本,印刷1000册,每册定价450元。原告认为,被告葛某圣的行为侵害了原告李某成的著作权,为维护李某成的合法权益,提起诉讼,请求判令被告葛某圣:赔偿李某成经济损失15万元;向李某成道歉并在报纸上刊登严重错误勘正声明;承担本案的全部诉讼费用。

被告葛某圣辩称:(1)原审法院认定李某成对民国版《寿光县志》点校本享有著作权不当。古籍点校不具有独创性,古籍点校作品不构成著作权法意义上的作品,点校人不享有著作权。(2)由于民国版《寿光县志》点校本不受著作权法保护,葛某圣的行为不侵害李某成的著作权,原审判决葛某圣赔礼道歉、赔偿损失不当。(3)原审判决葛某圣向李某成赔礼道歉并在报纸上刊登错误勘正声明,超出了李某成的诉讼请求。(4)原审法院超审限审理案件,程序违法。

一审判决结果:(1)葛某圣于判决生效后10日内赔偿李某成经济损失及合理费用共计60,000元;(2)葛某圣于判决生效之日起1个月内向李某成赔礼道歉,并在《寿光日报》上刊登声明,以表明李某成是涉案民国版《寿光县志》点校本的共同点校人。

一审宣判后,被告葛某圣不服上述判决,向山东省高级人民法院提起上诉。二审法院驳回上诉,维持原判。二审宣判后,上诉人葛某圣不服上诉判决,申请再审。最高人民法院维持二审判决。

【案件争点】

涉案民国版《寿光县志》点校本是否构成著作权法意义上的作品。

【裁判要旨】

生效裁判认为:

涉案民国版《寿光县志》点校本构成著作权法意义上的作品。

最高人民法院认为,涉案点校本系对民国版《寿光县志》的首次点校,需要点校者具备一定的历史、人文、文学等素养,且需要投入人力物力进行调查研究,该点校过程属于智力劳动。

除此之外,涉案点校行为可被视为具有独创性思维的表达。一方面,对一篇文学作品而言,通过对民国版《寿光县志》进行标点符号添加、段落层次划分,已加入了点校者对民国版《寿光县志》原意的理解;另一方面,对点校者而言,在面对无标点无分段,甚至部分文字残损的原本时,尽管其目的是要探寻原意,但均是依照点校者的理解对原本含义进行推敲,句读、分段等,客观上形成了一种特殊形式的表达。

再者，涉案民国版《寿光县志》点校本的表达方式并非唯一或有限几种。第一，点校者并非民国版《寿光县志》作者本人，其出于还原民国版《寿光县志》的初衷进行点校，但还原的成果也只是其主观理解上的“原著”，针对同一文本，不同点校人点校完成的版本通常不会完全一致；第二，不同点校者的认知水平、史学功底、专业技巧、点校经验存在差别，其对点校素材历史背景、相关事件、前因后果等了解程度亦有不同，最终的点校成果与原本贴近的关联度亦有差异；第三，点校行为受点校人多种主观因素的影响，不可避免地会融入点校者的个性选择。基于上述原因，点校者在对民国版《寿光县志》进行句读、分段的过程中存在一定的选择空间，存在形成不同表达的可能。

最高人民法院查明，涉案民国版《寿光县志》点校本至少有 85% 的部分应由李某成、葛某圣共同享有著作权，根据著作权法的相关规定，葛某圣未经李某成许可，单独将其发表，构成对李某成著作权的侵害。

例案二 | 三民书局股份有限公司与中华书局有限公司等著作权权属、侵权纠纷案

【法院】

北京市高级人民法院

【案号】

(2015)高民(知)终字第 3456 号

【当事人】

上诉人(原审被告)：三民书局股份有限公司

被上诉人(原审原告)：中华书局有限公司

【基本案情】

1959 年至 1978 年，原告中华书局有限公司(以下简称中华书局)从全国调集百余位文史专家，在中华书局主持下，投入巨大成本并克服种种困难，对从《史记》到《明史》的二十四种纪传体正史，即“二十四史”进行全面系统地整理点校，并陆续出版。中华书局的点校版“二十四史”是在古籍作品的基础上经过创造性劳动产生，代表中华书局意志并由中华书局承担责任，属于中华书局享有著作权的演绎作品。2014 年 3 月，中华书局发现三民书局股份有限公司(以下简称三民书局)出版的《新译史记》(一至八册)在大陆地区进行销售。京东公司、圆周公司以及圆周北

京分公司经营的“京东商城”销售三民书局出版的《新译史记》(一至八册)。经过比对,《新译史记》(一至八册)未经许可擅自使用了中华书局点校本《史记》的内容,侵犯了中华书局对点校本《史记》享有的著作权。此外,由于三民书局和中华书局均系专业图书出版者,具有竞争关系,三民书局擅自使用中华书局点校本《史记》的行为,违反了诚实信用的原则,也构成了不正当竞争行为。为此诉至法院,请求依法判令:(1)三民书局立即停止出版,京东公司、圆周公司以及圆周北京分公司立即停止销售涉案的《新译史记》(一至八册);(2)三民书局赔偿经济损失人民币100万元并负担诉讼合理支出人民币51,809.3元;(3)三民书局在《中国新闻出版报》第一版就其侵犯中华书局著作权及实施不正当竞争的行为发表声明消除影响。

被告三民书局辩称:中华书局点校本《史记》的后记中记载该书参照了前人的成果;《新译史记》(一至八册)的原文部分与中华书局点校本的《史记》也是不同的,不构成实质性相似。中华书局点校本的《史记》是1959年出版的,已经超过了著作权的保护期,且中华书局本案起诉超过了诉讼时效。

一审法院判决:三民书局立即停止出版发行侵害中华书局著作权的涉案《新译史记》(一至八册);三民书局赔偿中华书局经济损失人民币80万元及诉讼合理支出费用人民币2万元。

一审宣判后,被告三民书局提出上诉。二审判决:驳回上诉,维持原判。

【案件争点】

涉案古籍点校成果是否构成著作权法意义上的作品;是否应当受到著作权法保护。

【裁判要旨】

生效裁判认为:

《著作权法实施条例》第2条规定,著作权法所称作品,是指文学、艺术和科学领域内具有独创性并能以某种有形形式复制的智力成果。《著作权法》第12条规定,改编、翻译、注释、整理已有作品而产生的作品,其著作权由改编、翻译、注释、整理人享有。第21条第2款规定,法人或者其他组织的作品、著作权(署名权除外)由法人或者其他组织享有的职务作品,其发表权、本法第10条第1款第5项至第17项规定的权利的保护期为50年,截止于作品首次发表后第50年的12月31日,但作品自创作完成后50年内未发表的,本法不再保护。

不同类型作品的独创性体现在不同方面,作品中反映的作者独立构思及创作、作品本身具有的作者个性,或者对已有作品进行的有个性的取舍、选择、安排、设计、整理、注释，均构成作品的独创性。就古籍点校整理而言，其独创性包括选择最佳底本、改正错字、校补遗缺、加标点分段落、撰写校勘记等。对同一古籍作品的点校整理，如果在上述方面存在一定的差异，即可因不同的独创性而形成不同的作品。本案中，中华书局1959年第一版点校本《史记》和1982年第二版点校本《史记》在分段、标点符号及文字等方面存在近700处不同，由此使得二者在取舍、选择、整理等方面形成不同的独创性，故二者构成不同的作品。中华书局在本案中据以主张权利的第二版点校本《史记》的首次出版时间为1982年，距离三民书局首次出版《新译史记》(一至八册)的2008年尚未超过50年。对于尚在著作权保护期内的1982年第二版点校本《史记》而言，他人未经许可均不得使用。

根据北京市高级人民法院生效判决查明的事实，三民书局认可《新译史记》(一至八册)的古籍原文部分与中华书局点校本原文一致，且《新译史记》(一至八册)的"导读"第五部分明确记载该书正文主要参考了目前较为通行的中华书局点校本。同时经北京市高级人民法院对比，《新译史记》(一至八册)中使用的《史记》原文部分与中华书局1982年第二版点校本《史记》内容虽略有差异，但表达基本相同，构成实质性相似。综合上述事实可以认定，《新译史记》(一至八册)使用了中华书局1982年第二版点校本《史记》，且未经中华书局许可，侵犯了中华书局对1982年第二版点校本《史记》享有的著作权，被告应当承担相应侵权责任。

例案三 | 郑某臣与大众文艺出版社、北京时代文瑞文化传播有限公司侵犯著作权纠纷案

【法院】

北京市第二中级人民法院

【案号】

(2011)二中民终字第12056号

【当事人】

原告：郑某臣

被告：大众文艺出版社

被告：北京时代文瑞文化传播有限公司

【基本案情】

原告郑某臣是我国著名的易学学者，笔名郑某。原告以《钦定古今图书集成：

博物汇编·艺术典》(以下简称《艺术典》)中所收录的古代中国术数类部分为底本,经过五年标点校勘,形成了包括《卜筮》《星命》《相术》《堪舆》《选择》《术数》六种图书的《古今图书集成术数丛刊》(以下简称《术数丛刊》)。就《相术》一书而言,原告认为,其对其中的断句、标点和图表的勘误具有独创性,使《术数丛刊》中《相术》一书成为有别于《艺术典》中《相术》部分的演绎作品,据此原告对《相术》一书享有演绎作品的著作权。大众文艺出版社出版发行的《钦定古今图书集成典藏珍本》(以下简称《典藏珍本》)未经其授权,也未为原告署名,剽窃了《术数丛刊》中的《相术》一书,具体表现为抄袭了上述原告所具有独创性的断句、标点和图表的勘误两部分内容,并将《相术》一书中的脚注删除。大众文艺出版社明知原告已经出版了同一题材的作品,仍然出版发行《典藏珍本》,具有严重的过错,侵犯了其对《相术》享有的署名权、保护作品完整权、复制权、发行权和获得报酬权。北京时代文瑞文化传播有限公司(以下简称时代文瑞公司)一直在销售《典藏珍本》,也侵犯了原告的著作权。

被告大众文艺出版社答辩称:其出版《典藏珍本》是由时代文瑞公司提供的稿件。就郑某臣主张的《相术》一书的断句、标点和图表,大众文艺出版社出版的《典藏珍本》与《术数丛刊》确实一致。但在郑某臣《术数丛刊》出版之前,重庆出版社已经出版发行了《中国神秘文化典籍类编》(以下简称《神秘典籍》),台湾联合百科公司也出版了点校过的《古今图书集成》,其中均包含《相术》部分。就《相术》部分的断句和标点而言,《典藏珍本》与《神秘典籍》的相似度为93.6%。《术数丛刊》中《相术》一书中的图表与《艺术典》中的图表是一样的,且《神秘典籍》中也有这些图表。另外,郑某臣提供的其与华龄出版社签订的合同中已经明确约定,其将《相术》一书的专有出版权一次性卖断给了华龄出版社。因此,郑某臣无权主张《相术》一书的著作权,请求法院驳回郑某臣的诉讼请求。

被告时代文瑞公司辩称:大众文艺出版社出版的《典藏珍本》是由时代文瑞公司提供的稿件。郑某臣主张的《相术》一书的断句、标点和图表,与此前重庆出版社出版发行的《神秘典籍》,台湾联合百科公司出版校点过的《古今图书集成》中的断句、标点和图表有93.6%的部分相同,因此原告所主张的《术数丛刊》中的《相术》并不具有独创性,不是著作权法保护的作品。

一审法院判决:(1)大众文艺出版社和时代文瑞公司于本判决生效之日起立即停止出版发行涉案图书《典藏珍本》;(2)大众文艺出版社于本判决生效之日起30日内向郑某臣书面赔礼道歉;(3)大众文艺出版社于本判决生效之日起10日内赔

偿郑某臣合理费用903元。

一审宣判后，原告郑某臣不服上述判决提起上诉，二审法院判决：驳回上诉，维持原判。

【案件争点】

本案中郑某臣点校形成的《术数丛刊》中《相术》一书是否构成著作权法意义上的作品。

【裁判要旨】

生效裁判认为：

《术数丛刊》中《相术》一书不具有独创性，不能构成著作权法意义上的作品。

郑某臣认为经其点校而形成的《术数丛刊》中《相术》一书之所以成为演绎作品，原因在于其对《艺术典》中《相术》部分进行了断句、标点，且对图表进行了勘误，该断句、标点和对图表的勘误具有独创性。

北京市朝阳区人民法院认为，演绎作品是对原作品实施了汇编、改编、翻译、注释、整理等行为，而产生的有别于原作品表达的新的作品。因此，演绎作品是在使用原作品表达的基础上又形成了新的表达的新作品。演绎作品所保护的对象是新的作品中的新的表达。单纯的标点不是对思想内容的表达，故不能成为受著作权法保护的作品。

对内容完整的古籍断句和标点，是在遵循古籍原意的前提下，为方便现代人阅读而在古籍中本应该停顿的地方用现代汉语中的标点加以标识，故在古籍中加入标点并未改变原作品的表达，也未产生新的表达，因此这种标点行为并不是著作权法中规定的汇编、改编、翻译、注释、整理等任何一种演绎行为，也不产生区别于原作品的新的演绎作品；另外，著作权法所保护的是有独创性的表达方式，但如果对某一内容的表达方式只有一种或者有限的几种，则这种表达方式不受著作权法的保护。鉴于对古籍断句是在遵循古籍原意的前提下在本应该停顿的地方进行标点，故对古文知识具有一定水平的人分别对古籍进行标点，所产生的表现形式是极其有限的，因此对内容完整的古籍断句和标点不产生受著作权法保护的表达方式。

综上所述，郑某臣点校形成的《术数丛刊》中《相术》一书不是著作权法保护的作品。但是，尽管郑某臣无权以其断句和标点行为为依据主张《术数丛刊》中《相术》一书的著作权，郑某臣对该书进行断句和标点也投入了大量的智力劳动，该种劳动成果应当作为一种民事权益受法律保护。他人对郑某臣的劳动成果应予尊重，在使用该劳动成果前应当征得许可，并以适当的方式表明劳动者的身份。

三、裁判规则提要

(一)点校成果属于特殊形式的独创性表达

古籍点校,是点校人在某些古籍版本的基础上,运用本人掌握的专业知识,在对古籍分段、标点,特别是对用字修改、补充、删减做出判断的前提下,依据文字规则、标点规范,对照其他版本或史料对相关古籍划分段落、加注标点、校勘错误的过程。点校古籍需要点校者具备一定的历史、人文、文学等素养,需要投入人力物力进行调查研究,古籍点校过程属于智力劳动。对古籍加标点、校对错误,进行段落层次划分,已加入了点校者对古籍原意的理解;对点校者而言,在面对无标点无分段甚至部分文字残损的古籍原本时,尽管其目的是要探寻原意,但均是依照点校者的理解对古籍原本含义进行推敲,句读、分段等,客观上形成了特殊形式的表达。但这种特殊形式的表达是否属于著作权法意义上的独创性表达,值得细究。

(二)点校成果客观上不构成唯一表达

古籍点校成果是点校者主观理解上的古籍原著,针对同一古籍文本,不同点校人点校完成的版本通常不会完全一致;不同点校者的认知水平、史学功底、专业技巧、点校经验存在差别,其对点校素材历史背景、相关事件、前因后果等了解程度亦有不同,最终的点校成果与古籍原本贴近的关联度亦有差异;点校成果受点校人多种主观因素的影响,不可避免地会融入点校者的个性选择。因此点校者在对古籍进行句读、分段的过程中存在一定的选择空间,存在不同形式的表达可能,并非属于唯一表达。值得注意的是,虽然客观上存在多种表达的可能性,但真正与古籍原意一致的表达方式只有一种,而不可能存在多种,因此,从著作权法意义上来看,古籍点校应当认为具有表达的唯一性,不同表达并存仅为特例,并不能一般性地否定表达唯一性。

(三)点校成果应如何保护

目前最高人民法院生效裁判的主流观点认为,古籍点校成果属于著作权法意义上的作品,应给予著作权法保护。但是,相反观点也具有一定道理。关于古籍点校成果的保护问题,目前各地法院判决不一。如有的法院认为,古籍点校工作专业性极强,要求点校者具有渊博的历史、文化知识和深厚的国学功底,并非普通人可以轻易胜任。点校行为并非简单的劳务或技巧,而是需要付出大量创造性的智力劳动。针对同一部古籍，不同的点校者进行点校后形成的点校作品可能并不完全相同，这体现了不同点校者的判断和选择。点校行为最终产生了与古籍有差异的、新的作品形式。对古籍点校作品给予程度适当的保护，不仅能有效保护在先古籍点校者的创造性智力劳动，亦能激励后来者不断以历史的、发展的眼光开展古籍点校工作。因此，对古籍进行分段、加注标点和字句修正校勘工作而产生的点校作品，受著作权法保护。有的法院认为，在研究和理解涉案古籍的基础上，按照现代人的阅读习惯及标点使用规范，对上述古籍加注标点，形成了所谓的涉案古籍的标点版，但是除此之外没有进行任何其他的诸如校勘、加注等整理行为，即使上述加标点的行为都为原告个人独立完成，但未能形成新的作品，该加标点的行为属于有助于理解原作品的非创造性劳动，原告据以主张的书籍，不属于我国著作权法意义上的保护的作品的范畴。也有法院认为，单纯标点不是对思想内容的表达，在古籍中加入标点并未改变原作品的表达，不能成为受著作权法保护的作品，对古籍断句、标点的表现形式极其有限，不受著作权法保护。但是对断句、标点投入了大量智力劳动，该种劳动成果应当作为民事权益受法律保护，他人在使用该劳动成果前应征得许可并以适当方式表明劳动者身份。对于古籍点校成果，司法实践中形成了三种观点：一是认为构成作品予以保护；二是认为不构成作品不予保护；三是认为不构成作品但其属于民事权益并予以保护。

案件争议的是古籍点校成果是否属于作品、是否应予法律保护，那么应当将争议点限于点校，不应及于其他。所谓古籍点校，包括标点和校勘。在古代并不存在点校一说，近代以来，由于西式标点的传入，并且加注标点以后阅读更为方便，才有所谓“点”；“校”指校勘，主要是比较各种版本后勘误。点校之后的古籍，错讹一般较少，更加便于阅读。这就是“点校”存在的价值，但也不能过高评价古籍点校的价值，凡能理解古文者，即使阅读未经点校的文本，也不会有什么问题，凡阅读古文有障碍者，即使阅读的是点校之后的文本，照样不知所云。当古籍点校成果展现在读者面前时，可以从几个层面观察：一是古籍内容本身，它当然属于作品，但已过著作权保护期；二是标点和校勘成果，这正是法院所争议、本文所讨论的；三是点校过程中撰写的校勘记、注释等，这是点校者的原创文字，笔者认为将其理解为具有著作权法上的独创性作品是可行的。

争议之所在恰恰是标点和校勘成果。关于标点，古籍文本看似文字连续编排、难以阅读，但凡对古文有所了解者，都应知道断句是阅读古文的基本功，凡不会断句者，难言有阅读古文之能力。分段分在哪里、断句断在何处，作者的原意其实是清楚且单一的,读者也应当是有共识的。让不同的具有基本且扎实的古文功底的人去标点同一古籍文本,其标点结果理论上应当是相同的,因为同一古籍文本的原意以及正确的理解应当只有一种,那么正确的标点方式应当也只有一种,如果同一古籍文本可以有多种不同的正确理解并且有多种相去甚远的正确标点方式,这是难以想象的,不然中华文明何以延续传承至今?校勘亦是如此。关于校勘,还可以作一类比:出版社的责任编辑对所编辑出版的书籍内容校勘错误,但并不因此成为作者。对同一古籍文本的点校,其成果必然相差不大、无限趋同。正如有论者所言,对于字数有限的古代诗歌,不同的标点可能会带来表达意境的显著改变,但实践中多数的点校对象都是字数数十万的古籍,受到上下文和基本文意的限制,对此类古文的点校可能在个别局部片段上会有不同,但在整体上看必然是趋同的。不同标点有时候确能产生多种不同表达结果,但一旦点校者脱离了复原古文原意的限制而加入了自己的思想和表达,那么此时的点校的确有可能形成新的作品,但是此时的作品,已经偏离了"古文点校"的本义,变成了利用古文材料阐述现代思想的新的创作形式。归根结底,经过点校的古代作品并没有在原作基础上增加新的内容,特别是对于谙熟古文者,仅仅是增加了阅读的方便,所谓的点校不过是一种语言文字上的技术手段。

既然是无限趋同,就古籍点校而言,其表现形式应理解为唯一,因此给予著作权法保护显然并不恰当。从读者阅读的角度看,经过点校的古籍作品,对于读者而言仍然是原作品,读者并不会产生阅读的是一部新作品的感受,只不过阅读时更加方便而已。古籍点校不会产生新作品。如果对古籍点校成果给予著作权法保护,则有可能出现先点校者垄断、后点校者必然侵权的局面,这对于古籍的传播利用反而构成阻碍,显然不应是著作权法所追求的。也有观点认为可对点校成果加以甄别,凡确属唯一点校方式的不予保护,凡点校者可自由发挥之处予以保护,这种观点看似有理,实则难有客观标准、不可操作。古籍点校成果本身并非著作权法意义上的典型的作品,是否能受到著作权法的保护,值得存疑。

有法院认为古籍点校成果应当作为民事权益受法律保护。《侵权责任法》第2条规定,"侵害民事权益,应当依照本法承担侵权责任。本法所称民事权益,包括生命权、健康权、姓名权、名誉权、荣誉权、肖像权、隐私权、婚姻自主权、监护权、所有权、用益物权、担保物权、著作权、专利权、商标专用权、发现权、股权、继承权等人身、财产权益"。该条款为侵权责任法的一般条款,作为侵权法保护客体的"民事权益",包括民事权利和尚不构成民事权利的合法利益。显然,上述法院是运用侵权责任法的一般条款对古籍点校成果给予了法律保护。民事侵权诉讼中，应先由原告明确其权利基础，可归入已经类型化的权利范畴的，当然应依据该类型化权利进行法律保护。在依据一般条款所包含的尚不构成民事权利的利益进行保护时，应当对法律适用结果进行利益衡量，衡量的标准是是否会产生严重不公平的后果。

具体到古籍点校成果的保护，可从正反两方面考量。若加以保护，可能产生先点校者垄断市场、阻碍古籍传播的后果；若不加以保护，则后点校者可能（几乎是必然）会"搭便车"，在后推向市场的产品将对先点校者产品构成有力的市场竞争。不保护模式虽然可能影响先点校者的利益，但其基于先推向市场的产品，本已先发制人先行一步占领市场，后来者的产品因与其高度相似，大概唯有通过价格战才能分市场一杯羹。先点校者已经通过市场先占得到利益补偿，权衡利弊，特别是就对社会利益的影响而言，对古籍点校成果一般应采不保护模式。当然，这是就当前已经出现的被控侵权行为形态而言的，如果将来又出现了不同的形态并且从结果上看对先点校者严重不公平，那么采保护模式亦未尝不可。另有一种思路是反不正当竞争法上的保护。《反不正当竞争法》第2条规定，"经营者在生产经营活动中，应当遵循自愿、平等、公平、诚信的原则，遵守法律和商业道德。本法所称的不正当竞争行为，是指经营者在生产经营活动中，违反本法规定，扰乱市场竞争秩序，损害其他经营者或者消费者的合法权益的行为。……"这一思路实质上与以民事权益保护的思路是一致的。

古籍点校，与其说是一种创作，不如说是一种发现，也是点校者具有的类似于古画修复的一种技能。古籍点校的成果，可以认为是学术成果，但不能构成著作权法上的作品。无论是否进行点校，古籍还是那部古籍，不会因为点校而产生一部新作品。经过点校的古籍作品并没有在原作基础上增加新的内容，特别是对于谙熟古文者，仅仅是增加了阅读的方便，所谓的点校不过是一种语言文字上的技术手段。从读者阅读的角度来看，经过点校的古籍作品，对于读者而言仍然是原作品，读者并不会产生阅读的是一部新作品的感受，只不过阅读时更加方便而已。对同一部古籍的点校，其成果必然是趋同的，之所以不同点校者的点校成果还是会有所区别，那是由于点校者学识有所区别而导致的观点差别，但区别点相对于整部古籍而言其比例非常低。后点校者的产品或成果，通过学术评价和市场选择，会得到应得的待遇。先点校者尽管在点校古籍时投入大量人力物力，但并不是所有的劳动或利益都要通过法律或诉讼予以保护。总而言之，我们应该相信学术共同体的评价、读者的判断和市场的选择。如果对古籍点校成果给予著作权法保护，则有可能出现先点校者垄断、后点校者必然侵权的局面,这对于古籍的传播利用反而构成阻碍,显然不应是著作权法所追求的。当然,目前对古籍点校成果给予保护是没有争议的,争议在于采用何种方式加以保护,对于采用竞争法保护或民事权益保护的方式进行保护的观点,亦不无道理,值得在今后的案件中继续探索法律适用规则。

四、辅助信息

高频词条:

《著作权法实施条例》

第2条 著作权法所称作品,是指文学、艺术和科学领域内具有独创性并能以某种有形形式复制的智力成果。

第3条 著作权法所称创作,是指直接产生文学、艺术和科学作品的智力活动。

为他人创作进行组织工作,提供咨询意见、物质条件,或者进行其他辅助工作,均不视为创作。

知识产权案件裁判规则第 9 条:

技术标准中的方法、程序、参数等属于技术方案,不是著作权法保护的客体。技术标准的表达可以受著作权法保护,但并非所有技术标准的表达均受到著作权法保护。强制性标准具有立法或行政性质,其表达不宜受著作权法保护

〔**规则描述**〕:技术方案意义上的技术标准,不同于独创性表达意义上的技术标准的文本,技术标准的表达作为一种科学领域的主要以文字形式表达的智力成果,具有独创性符合作品标准的,可以成为著作权法意义上的作品。

一、类案检索大数据报告

时间:2019 年 3 月 15 日之前,案例来源:Alpha 案例库,案件数量:99 件,检索关键词:著作权、技术标准、作品、知识产权权属、侵权纠纷(案由),数据采集时间:2019 年 3 月 15 日,本次检索获取了 2019 年 3 月 15 日前共 99 篇裁判文书。整体情况如图 9 - 1 所示:

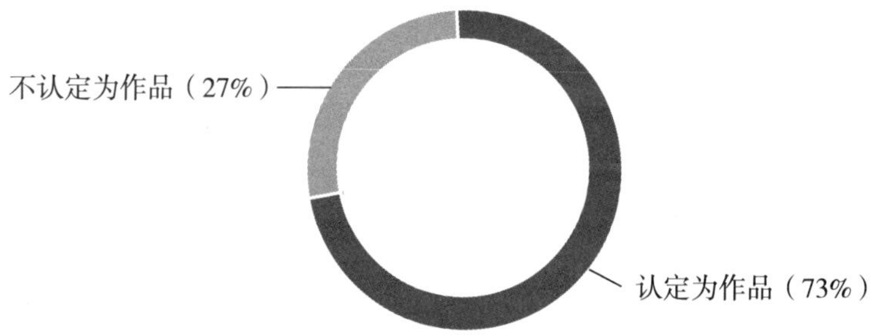

图 9 - 1　技术标准类诉讼裁判结果

从图 9 - 1 显示的结果来看,73% 的法院将包含技术标准的成果认定为作品,作为著作权法保护的客体。27% 的法院不将其认定为作品。

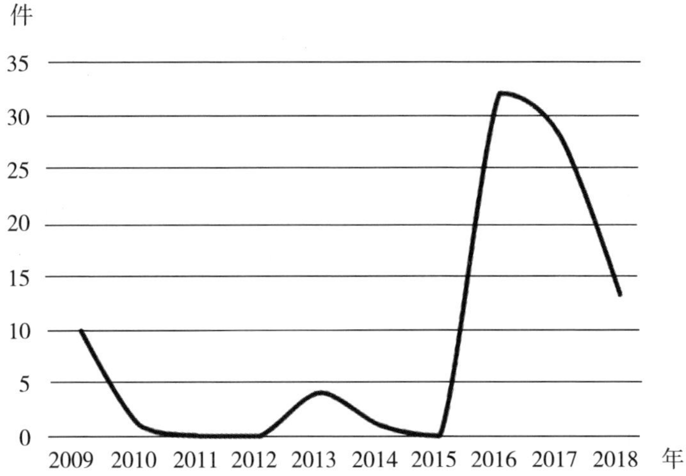

图 9－2　技术标准类诉讼案件时间趋势

从图 9－2 的案件时间趋势,可以看出技术标准类纠纷案件逐年的数量变化态势。

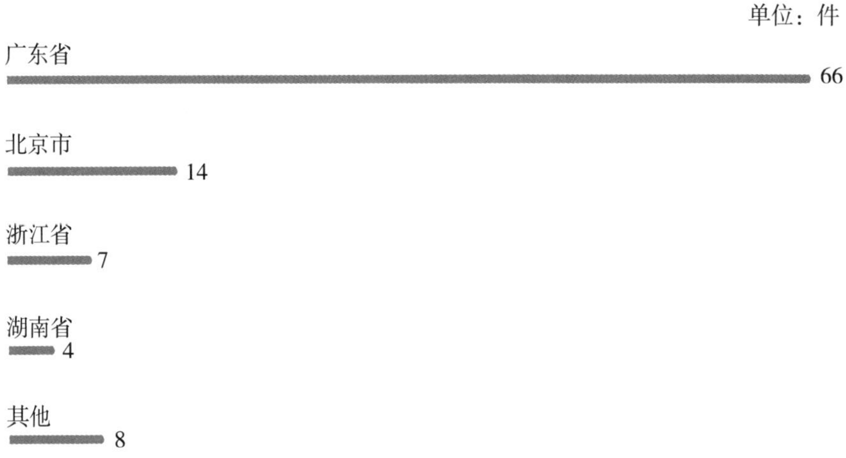

图 9－3　技术标准类案件诉讼的主要地域分布

从图 9－3 的主要地域分布来看,技术标准类纠纷案件主要集中在广东省、北京市、浙江省,分别占比约 66.67%、14.14%、7.076%。其中广东省的案件量最多,达到 66 件。

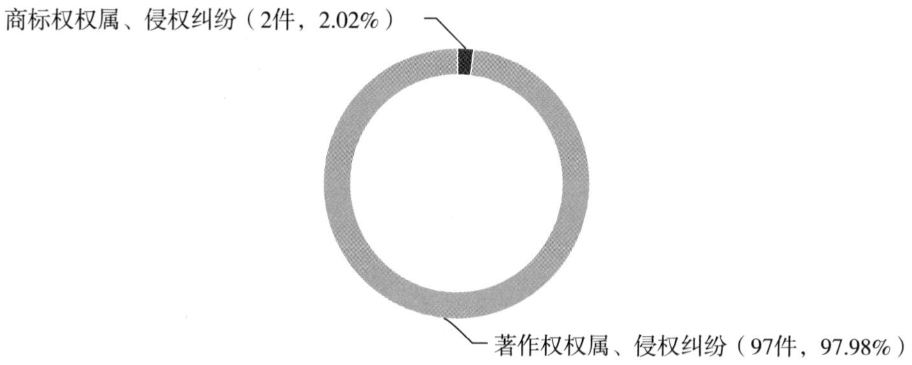

图 9－4　技术标准类诉讼案件案由分布

从图 9－4 的案由分布情况可以看出，技术标准类纠纷的案由分布由多至少分别是著作权权属、侵权纠纷和商标权权属、侵权纠纷。

二、可供参考例案索引

例案一　中国建筑工业出版社与北京万方数据股份有限公司、北京工业大学、北京交通大学、同济大学侵犯著作权纠纷案

【法院】

北京市朝阳区人民法院

北京市第二中级人民法院

【案号】

一审：(2009)朝民初字第 31153 号

二审：(2009)二中民终字第 20810 号

【当事人】

上诉人(原审原告)：中国建筑工业出版社

上诉人(原审被告)：北京万方数据股份有限公司

原审被告：北京工业大学

原审被告：北京交通大学

原审被告：同济大学

【基本案情】

经建设部和建设部标准定额研究所的专有授权，原告中国建筑工业出版社(以

下简称建工出版社)对所出版的《住宅性能评定技术标准》享有专有出版权,专有的复制、汇编、信息网络传播的权利,以及因出版而获得的版式设计权。原告认为,被告万方公司在未经许可的情况下,擅自将该标准以扫描录入的方式制作成电子书籍,收录在其制作的“万方数据库”内,并出售给原审被告北京工业大学(以下简称北工大)、北京交通大学(以下简称北京交大)和同济大学。该三所学校在其局域网内为公众提供该标准的浏览、下载服务。万方公司非法复制、汇编、传播该标准,北工大、北京交大和同济大学非法传播该标准,均侵犯了建工出版社对该标准享有的专有出版权,专有的复制权、汇编权、信息网络传播权及版式设计权。为此,原告建工出版社起诉要求万方公司、北工大、北京交大、同济大学停止侵权,销毁侵权制品;要求万方公司在《法制日报》及其网站(www. wanfangdata. com. cn)首页公开赔礼道歉;要求万方公司赔偿经济损失 11,200 元,律师费、公证费、交通费等共计 131 元。

被告万方公司、北工大、北京交大、同济大学共同辩称:标准不是著作权法保护的范围,建设部和建设部标准定额研究所也无权授予建工出版社标准的专有出版权等权利。万方公司使用国家颁布的标准是合法的,并未侵犯建工出版社的著作权及版式设计权。

一审判决结果:万方公司、北工大、北京交大、同济大学停止使用《住宅性能评定技术标准》;万方公司赔偿建工出版社经济损失 1020 元;万方公司赔偿建工出版社合理费用 100 元。

一审宣判后,原告建工出版社和被告万方公司均不服上述判决,向北京市第二中级人民法院提起上诉。二审法院:驳回上诉,维持原判。

【案件争点】

涉案技术标准《住宅性能评定技术标准》是否应当受到著作权法保护。

【裁判要旨】

生效裁判认为:

根据著作权法的有关规定,著作权法不适用于法律、法规,国家机关的决议、决定、命令和其他具有立法、行政、司法性质的文件,及其官方正式译文。国家标准分为强制性标准和推荐性标准。其中,推荐性标准和强制性标准中的推荐性条文属于自愿采用的技术内容,并不具有法规性质。涉案标准为推荐性标准,属于自愿采用的技术性规范,不具有法规性质。由于涉案推荐性标准在制定过程中需要付出创造性劳动,具有创造性智力成果的属性;且涉案标准符合作品的可复制性要求,故应当确认涉案推荐性标准属于著作权法保护的范围，对其应当依据著作权法的相关规定予以保护。建工出版社根据建设部和建设部标准定额研究所的授权，对涉案标准享有专有出版权，以及专有的复制、汇编、信息网络传播的权利，任何人未经建工出版社许可不得复制、出版、汇编和通过信息网络传播该标准。现万方公司未经建工出版社许可，亦未支付报酬，将建工出版社出版的该标准扫描录入其制作的《中国标准全文数据库》，侵犯了建工出版社对该标准享有的专有的汇编权，应当承担停止侵害、赔偿损失的民事责任。鉴于原审被告北工大、北京交大、同济大学局域网内的《中国标准全文数据库》中含有涉案标准，故应当承担停止侵害的民事责任。

信息网络传播权是指以有线或者无线方式向公众提供作品，使公众可以在其个人选定的时间和地点获得作品的权利。根据本案查明的事实，万方公司仅仅制作了含有涉案标准的数据库，并未实施上传该数据库并在网络上传播的行为，万方公司的涉案行为并未侵犯建工出版社对涉案标准所享有的信息网络传播权，因此，万方公司未侵犯建工出版社专有的信息网络传播权。

建设部于1996年组织制定并印发的《工程建设标准编写规定》和《工程建设标准出版印刷规定》对于相关标准编写和出版的文本格式、标准的排列格式、幅图尺寸、字号、字体、封面及扉页格式等内容均有明确规定，所有相关标准均应依据该规范进行编写。即使涉案标准在细节方面与上述规定载明的文本格式存在差别，该变化也是基于使用规定文本格式前提下的变化，并非新的版式设计。因此，建工出版社主张涉案标准的版式系其自行设计，并据此主张万方公司侵犯其版式设计权的上诉请求，依据不足，北京市第二中级人民法院不予支持。

例案二 | 中国建筑工业出版社与北京万方数据股份有限公司、北京工业大学、北京交通大学、同济大学侵犯著作权纠纷案

【法院】

北京市第二中级人民法院

【案号】

(2009)二中民终字第20682号

【当事人】

上诉人(原审原告)：中国建筑工业出版社

上诉人(原审被告):北京万方数据股份有限公司

原审被告:北京工业大学

原审被告:北京交通大学

原审被告:同济大学

【基本案情】

建设部批准《建筑工程地质钻探技术标准》为行业标准,编号为JGJ87－92,该标准为强制性标准。由建设部标准定额研究所组织中国建筑工业出版社(以下简称建工出版社)出版发行。建工出版社据此出版了《建筑工程地质钻探技术标准》单行本。原告建工出版社认为,其对所出版的《建筑工程地质钻探技术标准》享有专有出版的权利。原告认为,北京万方数据股份有限公司(以下简称万方公司)在未经许可的情况下,擅自将该标准以扫描录入的方式制作成电子书籍,收录在其制作的"万方数据库"内,并出售给北京工业大学(以下简称北工大)、北京交通大学(以下简称北京交大)和同济大学;万方公司非法复制、汇编、传播该标准,北工大、北京交大和同济大学非法传播该标准,均侵犯了原告对该标准享有的专有出版权利。

被告万方公司、北工大、北京交大、同济大学共同辩称:标准不是著作权法保护的范围,建设部和建设部标准定额研究所也无权授予建工出版社该标准的专有出版权等权利。万方公司使用国家颁布的标准是合法的,并未侵犯建工出版社的著作权。

一审法院判决:万方公司、北工大、北京交大、同济大学停止使用《建筑工程地质钻探技术标准》;万方公司赔偿建工出版社经济损失68元;万方公司赔偿建工出版社合理费用100元。

一审宣判后,原告建工出版社和被告万方公司均不服上述判决,向北京市第二中级人民法院提起上诉。二审法院:驳回上诉,维持原判。

【案件争点】

涉案技术标准《建筑工程地质钻探技术标准》是否属于我国《著作权法》保护的作品,应否受到著作权法的保护。

【裁判要旨】

生效裁判认为:

国家标准分为强制性标准和推荐性标准。涉案标准为强制性标准,是具有法规性质的技术性规范,由建设部依法发布并监督实施。为保证标准的正确发布实施，建设部依职权将强制性标准的出版权授予建工出版社，这既是一种出版资格的确认，排除了其他出版单位的出版资格；同时也应认定是出版经营权利的独占许可。万方公司未经建工出版社许可，亦未支付报酬，将涉案标准扫描录入其制作的《中国标准全文数据库》的行为，客观上损害了建工出版社的民事权益，应当承担停止侵害、赔偿损失的民事责任。鉴于原审被告北工大、北京交大、同济大学局域网内的《中国标准全文数据库》中含有涉案标准，故应当承担停止侵害的民事责任。万方公司关于建工出版社无权根据建设部和建设部标准定额研究所的授权取得任何民事权利或权益及万方公司使用涉案标准无须经过许可，也不侵犯建工出版社的权益的上诉主张，依据不足，北京市第二中级人民法院不予支持。

综上所述，上诉人建工出版社和万方公司所提上诉理由均不能成立。原审判决认定事实清楚，适用法律正确，应予维持。

例案三 海恩斯坦研究院尤根·米歇尔教授博士有限公司及两合公司与上海天祥质量技术服务有限公司著作权纠纷案

【法院】

上海市第一中级人民法院

【案号】

(2007)沪一中民五(知)初字第 198 号

【当事人】

原告：海恩斯坦研究院尤根·米歇尔教授博士有限公司及两合公司

被告：上海天祥质量技术服务有限公司

【基本案情】

国际纺织品生态学研究与检测协会(Oeko – Tex Association，OEKO – TEX)是依瑞士法律成立的、国际著名的专门从事生态纺织品认证检测研究的组织。《生态纺织品标准 100》(Oeko – Tex Standard 100)是 OEKO – TEX 及其发起创立者在总结多年研究成果的基础上发布的一种进行生态纺织品测试的技术要求标准，其诞生可追溯到 1992 年。其后，OEKO – TEX 每年均根据最新研究成果对该标准进行更新和修改，并因此产生标准的不同版本(如 2001 版、2002 版、2006 版)。2005 年 12 月 12 日，OEKO – TEX 作出决议，签订《版权转让协议》，将《生态纺织品标准 100》在中华人民共和国司法管辖区内(香港、澳门、台湾除外)的著作权和与之相关的所有权利和利益(包括针对任何侵权行为提起诉讼的权利)转让给了原告。原告继而向中国版权登记中心申请对《生态纺织品标准100》进行著作权登记,并于2007年3月27日获得版权登记证书。被告上海天祥质量技术服务有限公司是一家在中国上海成立的消费品测试、检验及认证公司。2005年,OEKO－TEX发现被告推出的Intertek生态产品认证服务的宣传资料在版式以及测试项目和限量表等核心内容方面抄袭了《生态纺织品标准100》中的附件及注释内容。原告认为,被告这一行为侵犯了原告的著作权。请求判令:(1)被告停止复制、发行该等宣传资料;(2)被告在《纺织导报》上刊登公告消除影响、赔礼道歉;(3)被告赔偿原告因被告的侵权行为而产生的损失人民币50万元。

被告上海天祥质量技术服务有限公司辩称:《生态纺织品标准100》的著作权人到底是谁原告没有明确说明。2005年12月12日OEKO－TEX作出的决议的主体是谁原告没有明确,也没有证明其主体的合法性。原告是在决议的基础上做的申请,但是原告提供的证据不是这样的内容。被控侵权的宣传资料是被告内部的宣传资料,不存在公开发行的行为。被告的宣传资料是文字加表格,原告主张侵权的版式到底指的是什么;《生态纺织品标准100》有7个版本,被告到底侵犯了哪个版本中的什么内容,原告没有明确。OEKO－TEX聘请律师指控被告侵权行为实际指的是复制和模仿的行为,并未提到抄袭。被告给原告的回函中明确否认了自己的侵权行为。关于被告的复制行为原告没有提供事实依据。原告主张的赔偿数额也没有事实和法律依据。

一审法院判决:驳回原告海恩斯坦研究院尤根·米歇尔教授博士有限公司及两合公司全部诉讼请求。一审宣判后,原告不服上述判决,提起上诉。

二审期间,经上海市高级人民法院调解,双方达成调解协议。

【案件争点】

本案中原告主张权利的技术标准的附件内容是否属于受著作权法保护的独创性表达,是否构成著作权法意义上的作品。

【裁判要旨】

生效裁判认为:

根据著作权法的规定,受法律保护的作品必须是以一定形式创作的作品,即必须是具有独创性的思想表达。根据该规定,受著作权法保护的作品必须满足独创性的要求,且对作品的保护只及于思想的表达,而不延及思想、工艺、过程或者数学概念等。由该原则引申,没有独创性或者表达形式具有唯一性的作品,不受著作权法的保护；作品的独创程度越低，或者表达形式虽然不具有唯一性，但可选择性极其有限，在判断抄袭的标准上就越严格。本案中，《生态纺织品标准 100》(2002 年版)系国际纺织品生态学研究与检测协会发布的规范性文件，旨在阐述授权使用生态纺织品标准 100 标志的各种条件，该文件属于著作权法意义上的作品，受著作权法保护自无疑义。本案涉及的《生态纺织品标准 100》(2002 年版)中的附件 5《极限值和牢度》及其注释，所表达的是对纺织品进行检测时所需遵循的分类、禁限项目及限量值的标准，但是必须要通读《生态纺织品标准 100》(2002 年版)的全文，将其置于《生态纺织品标准 100》(2002 年版)完整文本中，才能准确理解其所要表达的思想内容。因此，该附件及注释仅为《生态纺织品标准 100》(2002 年版)中的组成部分，不能独立地成为一个作品。当然，作品的组成部分只要符合独创性的要求，仍然受著作权法保护，原告依然有权制止他人的抄袭行为。但该附件采用的是通用表格的形式，其内容为化学元素和数值，具有表达的唯一性，而其注释也属于简单的惯常表达，因而仅就该附件和注释而言，尚不能认为具有独创性，不能受著作权法的保护。据此，上海市第一中级人民法院认为：原告的诉讼请求并无法律依据，判决驳回原告全部诉讼请求。

原告不服判决提起上诉，经上海市高级人民法院调解，双方达成调解协议。

三、裁判规则提要

(一)技术标准的表达可以成为著作权法保护的客体

标准是为了在一定范围内获得最佳秩序，经协商一致制定并由公认机构批准，共同使用的和重复使用的一种规范性文件。标准是对重复性事物概念所作的统一规定，它以科学技术和实践经验的综合成果为基础，经有关方面协商一致，由主管机构批准，以特定形式发布，以作为共同遵守的准则和依据。技术标准作为标准的一种而受到法律规制。根据约束力的大小不同，标准可分为强制性标准和推荐性标准。根据发布主体的不同，标准又可分为国家标准、行业标准、地方标准、企业标准等。一般所称的技术标准，可从两个层次观之，一是技术方案意义上的技术标准；二是独创性表达意义上的技术标准的文本。探讨技术标准是否受著作权法保护，当然是从后者角度观察。关于技术标准是否可以成为著作权法保护的客体，目前存在不同的观点。有观点认为，不论是推荐性标准还是强制性标准，都应该属于法人作品，有关行政主管部门是标准的权利人，其著作权归属于有关行政主管部门(企业标准的权利人除外)。也有观点认为，标准可以构成著作权法上的作品，但并不一定受到著作权法的保护,国家标准、行业标准和地方标准,都是国家机关制定发布的具有立法、行政性质的文件,属于正式的官方文件,不应该受到著作权法的保护;企业标准,是企业自己制定并只适用于企业自身的标准,不具有官方文件的性质,可以受到著作权法的保护;强制性标准、推荐性标准均不应该纳入著作权法保护的范围。

一般所说的技术标准,作为一种科学领域的主要以文字形式表达的智力成果,无疑具有独创性,符合作品的标准。从法律明文规定看,并未明确排除技术标准作为著作权客体。因此,标准的表达至少是可以受到著作权法保护的,标准表达作为著作权的客体是适格的。但是,基于著作权法的例外规定,又并非所有的标准表达均受到著作权法的保护。

(二)强制性标准与推荐性标准应区别对待

根据《著作权法》第 5 条规定,该法不适用于法律、法规,国家机关的决议、决定、命令和其他具有立法、行政、司法性质的文件,及其官方正式译文。标准是否具有立法、行政或是司法的性质,对其是否能够受到著作权法保护,具有关键影响。因此,技术标准的表达能否作为著作权保护客体,主要是甄别其是否具有立法、行政或是司法的性质。所谓具有立法、行政、司法的性质,主要是指一项文件是否属于法律、法规、部门规章、规范性文件以及司法机关的裁定、判决等,究其本质,主要看两个因素:一是行使公权力;二是具有强制力。著作权法的整个制度体系是赋予权利人一定的权利以控制作品的传播,包括复制、发行、网络传播等,让权利人在法定期间之内享有独占的权利以获得经济回报。具有立法、行政、司法的性质的文件,撰写者无疑是付出相当的独创性劳动的,之所以法律明文规定此类文件不受到著作权法保护,其目的即在于不想限制此类文件的传播,因为这些文件的广泛传播是进行公共管理、维护公共利益的需要,限制其著作权具有正当性。

在旧《标准化法》时期,政府主导制定的标准无论是数量上还是功能上都起主导地位,这使得学界在讨论标准可版权性问题时,主要是讨论政府主导制定的标准的可版权性,企业标准很少进入讨论范畴。而对于曾经政府主导制定的标准,我们也可以较为清晰的通过《著作权法》第 5 条来判断其是否可以被予以保护。但是,新《标准化法》的颁布和实施,使得我国的标准体系发生了巨大变化,各级标准功能也更为明确。

具体而言,新《标准化法》第 2 条第 2 款规定:“标准包括国家标准、行业标准、地方标准和团体标准、企业标准。国家标准分为强制性标准、推荐性标准，行业标准、地方标准是推荐性标准。”以标准化主体的社会功能为基础，可以将标准划分为政府主导制定的标准和市场自主制定的标准两大类，前者包括国家标准（推荐性和强制性两类标准）、行业标准、地方标准，而后者包括团体标准和企业标准，这与国家标准化工作的改革部署保持了一致。标准构成《著作权法》规定的“作品”，这一点毋庸置疑，即使是强制性国家标准（GB）亦是，只是其作用和性质更倾向于法律、法规，而不受《著作权法》的保护。对于政府主导制定的推荐性标准的著作权问题，我们可以通过《著作权法》的一般规定去判断。一般政府主导制定的推荐性标准（国家标准、行业标准与地方标准），具体是由通过成立技术委员会（专家组等形式）来制定完成，而技术委员会则由众多利益相关方所派出的专家代表组成，即有关政府部门通过成立标准化技术委员会，委托具体的参与者制定标准。

《标准化法实施条例》第 23 条规定，从事科研、生产、经营的单位和个人，必须严格执行强制性标准。不符合强制性标准的产品，禁止生产、销售和进口。该条例第 33 条对生产、销售、进口不符合强制性标准产品的行为作出了相应的行政处罚的规定。从上述法律法规规定可见，强制性标准是国家行使公权力强制推行的，从违背后果看等同于违法，就某具体强制性标准而言，其与强制推行该标准的法律、法规或部门规章等具有同等的法律效力，当然具有立法或行政的性质，因此符合《著作权法》第 5 条的规定，其上不存在著作权。

对于推荐性标准，有观点认为推荐性标准同样是国家机关履行法定职责、按照法定程序而制定、审批和颁布，如同合同法中的任意性规范，也具有法规或规章的性质，因而也不应享有著作权法保护。也有观点认为，推荐性国家标准属于自愿采取的技术规范，不具有法规性质，由于推荐性标准在制定过程中需要付出创造性劳动，具有创造性智力成果的属性，如果符合作品的其他条件，应当属于著作权法保护的范围。对于推荐性标准不可一概而论。推荐性标准虽然属于国家标准、行业标准的一种，但并非完全是有关行政部门制定的，有的情况下行政部门仅是作推荐，标准本身可能是一项企业标准，企业标准并不因行政部门将其作为推荐性标准而转为具有强制力或者成为法规或规章。但是对于立法或行政部门主持制定的推荐性标准，不宜规定其应受到著作权法保护，因为制定推荐性标准的目的在于鼓励企业采用该标准，如其上存在著作权则传播受限，会出现一种“既鼓励又限制”的目的紊乱的奇特场景。对于企业标准，属企业自行制定、内部适用，一般没有理由将其排除于著作权法保护范围之外。目前有些涉诉标准的源权利人是国外非政府组织,因此从国内法上看该标准实际上是企业标准,虽然行政部门将其作为推荐性标准发布,但同时已明确表示其参考了该企业标准,实质内容也是相同的,因此该标准并没有转化为推荐行政部门的作品,仍然是一种企业标准,可以受到著作权法的保护。

(三)技术标准中的技术方案不应受著作权法保护

技术标准文本是以文字、图表等形式表达出来的作品,如上文所述,企业对其自行制定的标准享有著作权。著作权最基本的权利如复制权、发行权、信息网络传播权,体现在技术标准的保护方面,则他人未经许可,不得复制、发行、在信息网络上传播该技术标准。在现实的市场社会中,有不少企业通过制定标准并认证产品而营利,这种企业标准具有一定的权威性,受到社会和生产企业的认可,甚至有的时候因为企业标准高于国家强制性标准而具有更高的权威性和社会认可度,这种经营方式客观上有利于产品或服务标准的统一和质量的提升,应该是法律所鼓励的,至少不应是法律所禁止的。在这种经营模式之下,企业标准的著作权保护显得尤为重要。但是在运用和保护技术标准的时候,应当分清思想和表达的界限。思想和表达的区分,是著作权法的基本原理之一,只有思想的独创性表达才能受到著作权法的保护。就技术标准而言,其中有相当多的操作方法、程序、参数、步骤等,属于技术方案或技术方案的一部分,从著作权法角度看属于思想范畴,因此根据他人享有著作权的技术标准进行产品生产或提供服务,并不侵害他人的著作权。如果权利人想就技术方案寻求法律保护,那么应该去申请专利,并接受专利授权条件的检验。比如,被告宣传册中的检测项目名称和限量值,有许多是与原告技术标准相同的,但这些内容术语属于技术方案,也就是思想范畴,显然不应享有著作权。原告虽然一再表示其术语表述具有独创性,其数值是经过科学实验得出,应当得到著作权保护,但是研究成果实际上是技术方案,应当寻求专利权保护或是作为商业秘密保护,如果给予著作权法保护,显然不符合著作权法的立法目的,亦不符合著作权法的功能。

(四)技术标准是否具有表达唯一性应个案分析

作品是思想观念的表达,但如果该思想观念只有一种或极为有限的表达方式,那么对此种表达方式的著作权法保护,将危及思想观念的传播,并继而损害基本的言论自由。因此,著作权法对作品的传播加以限制时,基于公共利益不应限制思想传播，对于具有表达唯一性的作品，不予以保护。这是著作权法的基本原理。对于技术标准而言，是否存在表达唯一性的情况，应该就具体案情具体分析。技术标准表格所传达的仍然是技术标准的内容，即使是采用通用表格的形式，并不妨碍该份表格可受著作权法保护，对该表格要做整体解读，不能以形式否定内容；就表格这种表达方式而言，是将技术标准中的检验项目和相关数值以表格形式呈现，使读者阅读时更加直观、使用时更加方便，但表格方式表达的特点是略去了形容词、动词、副词等，技术标准文本中的主谓宾等结构的语句以表格的对应关系体现，从表达一定思想观念的角度来看，表格方式确实存在一定的限制，其可选择的表达方式极为有限。技术标准中的技术方案是不能成为著作权法保护客体的，表格所体现的检验项目、数值，即使确实是原告投入大量人力物力研究所得，也不受著作权法的保护。

四、辅助信息

高频词条：

《著作权法》

第 3 条　本法所称的作品，包括以下列形式创作的文学、艺术和自然科学、社会科学、工程技术等作品：

（一）文字作品；

……

第 5 条　本法不适用于：

（一）法律、法规，国家机关的决议、决定、命令和其他具有立法、行政、司法性质的文件，及其官方正式译文；

（二）时事新闻；

（三）历法、通用数表、通用表格和公式。

《著作权法实施条例》

第 4 条　著作权法和本条例中下列作品的含义：

（一）文字作品，是指小说、诗词、散文、论文等以文字形式表现的作品。

……

知识产权案件裁判规则第10条:

表达上具有一定的创作空间并具有个性化特色的专利说明书,具备可著作权性

〔**规则描述**〕:表达上具有一定的创作空间,具有个性化特色的专利说明书,具有独创性,符合作品的构成要件,属于著作权法保护的客体,受著作权法保护。但是,表达方式有限、属于思想和表达的结合的专利说明书,则不属于作品,不受著作权法保护。专利说明书不属于官方性质的文件。为了实现专利说明书的功能,必须对专利说明书的著作权予以合理限制,允许出于获取或传播技术信息的目的,对专利说明书进行复制、发行或传播。

一、类案检索大数据报告

时间:2019年2月26日之前,案例来源:Alpha案例库,案件数量:41件,检索关键词:专利说明书、著作权(法院认为包含)、著作权权属、侵权纠纷(案由),数据采集时间:2019年2月26日,本次检索获取了2019年2月26日前共41篇裁判文书。整体情况如图10-1所示:

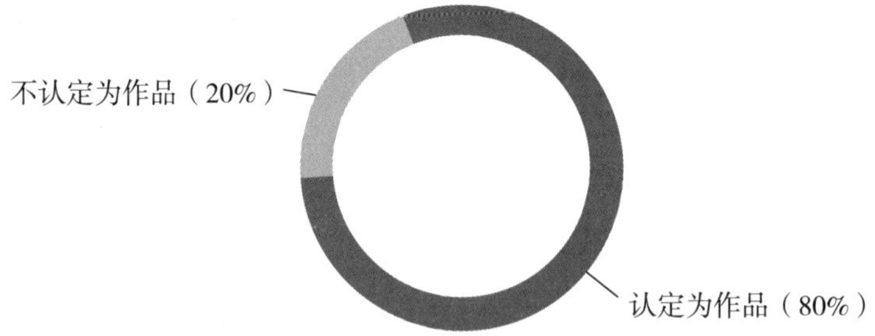

图10-1 专利说明书类诉讼裁判结果

从图10-1显示的结果来看,80%的法院将专利说明书认定为作品,作为著作权法保护的客体。20%的法院不将其认定为作品。

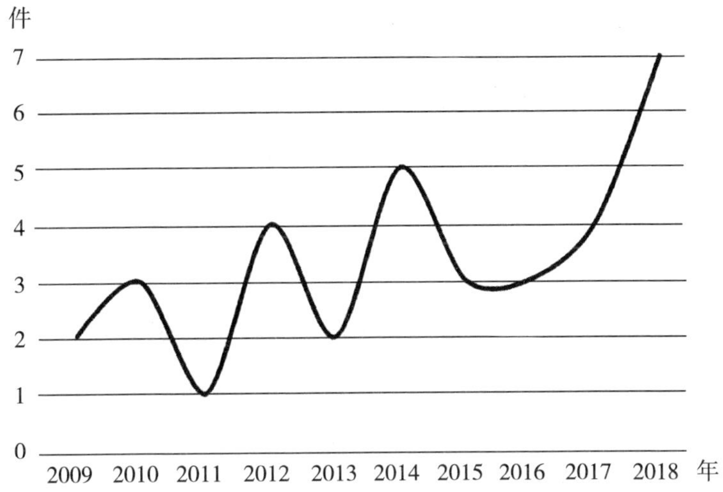

图 10－2　专利说明书类诉讼案件时间趋势

从图 10－2 的案件时间趋势，可以看出涉及专利说明书的著作权纠纷案件逐年的数量变化态势。

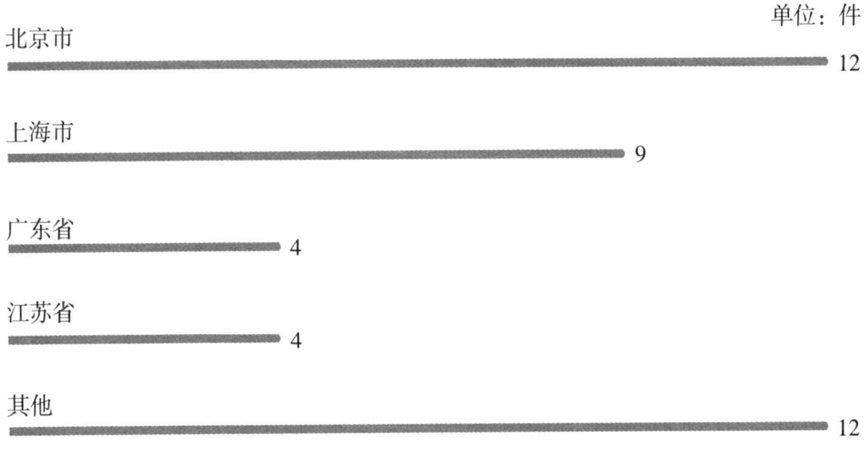

图 10－3　专利说明书类案件诉讼的主要地域分布

从图 10－3 的主要地域分布来看，涉及专利说明书的著作权纠纷案件主要集中在北京市、上海市、广东省，分别占比约 29%、22%、10%。

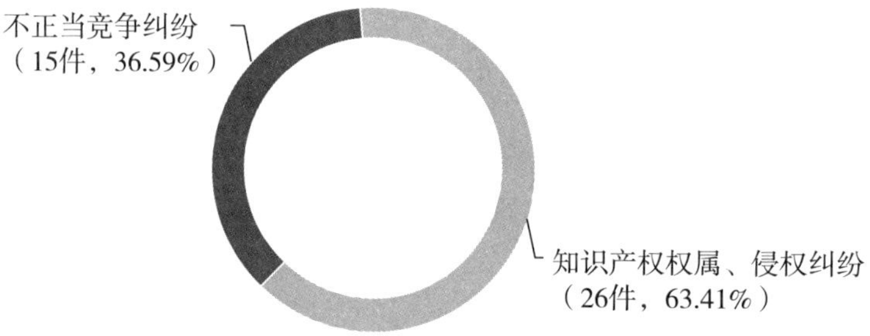

图 10－4　专利说明书类诉讼案件案由分布

从图 10－4 的案由分布情况可以看出,涉及专利说明书的著作权纠纷案件的案由分布,由多至少分别是知识产权权属、侵权纠纷,不正当竞争纠纷。

二、可供参考例案索引

例案一 | 徐某、吴某辉、周某与张某侵害作品署名权纠纷案

【法院】

北京市丰台区人民法院

【案号】

(2012)丰民初字第 05381 号

【当事人】

原告:吴某辉

原告:周某

原告:徐某

被告:张某

【基本案情】

原告徐某、吴某辉、周某诉称:其是实用新型专利"异形截面轻质材料填充预应力现浇板"(ZL03236988.3)的设计人,该专利申请日为 2003 年 1 月 30 日,公开及授权日为 2004 年 7 月 7 日。其专利说明书在语言风格及表达上均具有独创性,是著作权法所保护的作品。被告公然抄袭其作品,主观恶意明显,给其造成了很大损失,应承担相应的侵权责任。为维护其合法权益,特提起诉讼,请求法院判令:(1)被告立即停止侵犯"异形截面轻质材料填充预应力现浇板"(ZL03236988.3)专利说明书著作权的侵权行为,公开赔礼道歉并消除影响;(2)被告赔偿因侵权行

为造成的经济损失19,000元；(3)诉讼费由被告承担。

被告张某未答辩。

审理查明：清华大学土建工程承包总公司为实用新型专利"异形截面轻质材料填充预应力现浇板"(ZL03236988.3)的专利权人，该专利的申请日为2003年1月30日，授权公告日为2004年7月7日。该专利设计人为徐某、吴某辉和周某。张某为实用新型专利"预应力轻质异型截面填充内模"的专利权人，专利号为ZL200820004297.9，该专利的申请日为2008年1月29日，授权公告日为2008年11月19日。该专利的发明人及专利权人为张某。张某专利说明书的文字部分包括标点符号在内共1599字，其中有1491字与三原告的专利说明书文字部分相同。本次诉讼三原告只主张其专利说明书文字部分的著作权。庭审中，三原告明确了其只要求张某不再对外散发和宣传侵权的专利说明书，不涉及相关行政机关的文件。

法院判决：(1)被告张某于本判决生效之日起，立即停止侵犯原告徐某、吴某辉、周某实用新型专利"异形截面轻质材料填充预应力现浇板"(ZL03236988.3)专利说明书文字部分著作权的侵权行为；(2)被告张某于本判决生效之日起15日内向原告徐某、吴某辉、周某书面致歉(致歉内容须经本院审核，逾期不执行，本院将在一家全国发行的报纸上依法公开本判决的主要内容，登报所需费用由被告张某负担)；(3)驳回原告徐某、吴某辉、周某的其他诉讼请求。

【案件争点】

涉案专利说明书是否属于著作权法意义上的作品。

【裁判要旨】

生效裁判认为：

根据我国相关法律规定，受到著作权法保护的作品是具有独创性并能以某种有形形式复制的智力成果。是否具有独创性，是判断涉案专利说明书是否属于著作权法保护的作品的关键。专利说明书一般由摘要、权利要求书、说明书、说明书附图几部分组成。本案三原告仅就说明书附图以外的文字部分主张权利。从涉案专利说明书的表达来看，至少有两部分内容具有独创性，一是具有新颖性的技术方案的表达；二是对专利中技术效果、背景技术等的介绍和描述，涉及用词的选择，语句的排列，描写的润色等。涉案专利说明书在表达上具有一定的创作空间，不同撰写人撰写而成的专利说明书具有个性化特色。因此，涉案专利说明书具有独创性，属于我国著作权法保护的作品，应当受到著作权法的保护。三原告作为专利的设计人,撰写了专利说明书,对该说明书享有相应的著作权。根据我国相关法律的规定,著作权法不适用于具有行政性质的文件。具有行政性质的文件一般是指由行政机关做出,由行政机关公布,并由行政机关承担相应后果的文件。专利说明书作为专利申请文献,经过专利行政机关审查,并由专利行政机关以公告的形式予以公开。但是,非公告形式的专利说明书并非属于具有行政性质的文件。

本案中,张某在申请涉案实用新型专利的专利说明书中,使用了与原告涉案专利说明书相同的内容,相同内容的比例高达93%以上,并获取了对其实用新型专利的授权。这种使用方式,超出了合理的范围,侵害了原告对其专利说明书所享有的著作权中的署名权,张某应当就此承担相应的法律责任。

例案二 赵某利与张某、山东省口腔医院(山东大学口腔医院)著作权权属、侵权纠纷案

【法院】

山东省济南市中级人民法院

【案号】

(2016)鲁01民终2416号

【当事人】

上诉人(原审原告):赵某利

被上诉人(原审被告):张某

被上诉人(原审被告):山东省口腔医院(山东大学口腔医院)

【基本案情】

原告诉称:赵某利于2009年8月1日研发了《多功能口腔诊疗仪》并获得实用新型专利,专利号为2009200305767,同时付出科研经费10余万元,赵某利对该产品的文字作品和产品设计图享有完全的著作权。近期,赵某利发现张某于2010年9月1日也就该项产品申请并获得了专利。但张某在申请专利时,对赵某利享有的《多功能口腔诊疗仪》的专利说明书以及产品设计图进行了抄袭、剽窃,甚至歪曲篡改,剽窃重复率近100%。张某获得专利证书后,涉嫌主观恶意没有续缴年费,张某的专利权于2011年9月1日终止。对于张某的专利侵权,赵某利将另行主张权利。张某事先并未取得赵某利的授权同意,侵犯了赵某利对《多功能口腔诊疗仪》的文字作品部分和产品设计图享有的著作权。山东省口腔医院作为张某的工

作单位，对张某没有履行监管职责，对赵某利停止侵权的要求置之不理，亦应承担赔偿责任。请求依法判令：(1)张某、山东省口腔医院立即停止使用赵某利享有实用新型专利权《多功能口腔诊疗仪》的专利说明书文字和产品设计图；(2)张某、山东省口腔医院在国家知识产权官方网站上向赵某利公开赔礼道歉，消除影响；(3)张某、山东省口腔医院赔偿赵某利前期研发经济损失7.5万元，精神损失费2万元；(4)本案诉讼费用由张某、山东省口腔医院承担。

被告辩称：首先赵某利所述作品不具独创性，该专利有人申请在先，且文字内容已进入公众领域，专利说明书是对专利的客观描述，没有体现创作人的创作思想及表达的情感，不具备作品特征。专利说明书是国家知识产权局要求专利发明人或专利代理人按照文书样式填写的格式性文件，属于官方文件范畴，作为专利的固有附属说明而无单独存在的价值，离开专利，撰写人无法将专利说明书作为著作权作品予以发表。由于该实用新型专利早已在国外存在，故赵某利是专利权人，但不必然为著作权人，赵某利应提交证据证明其是专利说明书的著作权人。

法院审理查明：2009年8月1日，赵某利申请并获得《多功能口腔诊疗仪》实用新型专利，《实用新型专利证书》登记发明人为：赵某利，专利权人为赵某利，专利号ZL200920030576.7。授权公告日为2010年6月9日。该专利有权利要求书1页，说明书2页，附图1页，专利说明书约1700字，赵某利按规定交纳专利年费至今。2010年9月1日，张某也申请了《多功能口腔诊疗仪》实用新型专利，发明人张某，专利权人张某，专利号申请号为201020512146.1，授权公告日为2011年4月20日。该专利说明书约2800字。张某为山东省口腔医院医生。该专利因未续缴年费，专利权于2011年9月1日终止。赵某利向法院提起诉讼称张某在申请专利时，对赵某利享有的《多功能口腔诊疗仪》的专利说明书以及产品设计图进行了抄袭、剽窃，甚至歪曲篡改，剽窃重复率近100%。

经对比上述两份专利说明书，张某的专利说明书将赵某利专利说明书90%的内容全部引用，主要包括赵某利专利说明书中的技术领域、背景技术、发明内容、具体实施方式部分，并在赵某利专利说明书以及专利附图基础上增加了部分新内容。

一审法院判决：(1)张某于判决生效之日起10日内向赵某利书面赔礼道歉(内容应经过本院审核)，逾期不履行，法院将在山东省公开发行的报刊登载相关裁判内容，所需费用由张某负担；(2)驳回赵某利的其他诉讼请求。

赵某利不服原审判决，提起上诉。

二审法院对一审法院查明的事实予以确认。

二审法院判决:(1)维持济南市历下区人民法院(2015)历知民初字第16号民事判决书;(2)被上诉人(原审被告)张某立即停止侵害上诉人(原审原告)赵某利专利号为ZL200920030576.7、名称为《多功能口腔诊疗仪》实用新型专利说明书文字部分著作权的行为;(3)被上诉人(原审被告)张某于本判决生效之日起10日内赔偿上诉人(原审原告)赵某利经济损失及维权支出的合理费用共计5000元。

【案件争点】

涉案专利说明书及附图是否属于著作权法保护的作品。

【裁判要旨】

生效裁判认为:

著作权法保护的作品应具有独创性,涉案的专利说明书具备该特征,故属于我国《著作权法》保护的范围。但涉案作品作为实用新型专利的重要组成部分,与专利产品具有不可分性,是依附专利技术的特殊作品,其创作空间受到技术方案的限制较大。为鼓励专利制度传播,减少重复研发,促进科技进步,专利说明书及附图中的部分内容应允许他人合理使用,即使用他人的专利说明书应限定在合同范围内。

例案三 | 张某铎与杨某侵犯著作权纠纷案

【法院】

最高人民法院

【案号】

(2011)民提字第40号

【当事人】

申请再审人(一审原告、二审上诉人):张某铎

被申请人(一审被告、二审被上诉人):杨某

【基本案情】

张某铎于1999年11月5日以"一种肉鸡的饲养方法"向国家知识产权局申请专利,2003年5月28日被授予专利权,专利号:ZL99121286.X,国家专利主分类号A01K67/02,证书号:111358。发明专利说明书中载明了"一种肉鸡的饲养方法"的摘要,内容为:本发明公开了一种肉鸡的饲养方法,其方案为:在鸡孵化后进食的第三天晚上,喂鸡掺水的青霉素及掺腐植酸钠的饲料,待鸡进入后期,在鸡饲料中掺

腐植酸钠、丹参片适量。该方案可提高鸡的存活率，缩短生长期，降低成本。2005年以后，由于张某铎没有按规定缴纳年费，2007年7月6日被通知专利权终止。

2008年10月7日，张某铎到安徽省蚌埠市禹会区公安局报案，公安机关找到杨某核实情况。杨某陈述，其购买了一个盗版软件，用来在网上发布信息，但网络注册的名字是张某明，发布信息时填写的电话号码等信息是杨某本人的，曾经在百度网首页发布前述"一种肉鸡的饲养方法"的内容，已删除。之后，张某铎以杨某未经许可通过网络或其他途径发表、使用张某铎的"一种肉鸡的饲养方法"专利说明书盈利，给其造成经济损失为由诉至法院，请求判令杨某赔偿其损失2万元。杨某辩称，现有证据不能证明杨某侵犯张某铎的著作权。

蚌埠市中级人民法院一审认为，张某铎对其创作的作品"一种肉鸡的饲养方法"享有著作权，杨某未经许可，在网络上复制并发布上述文字作品，侵犯了张某铎的著作权。鉴于上述作品是张某铎对其专利技术的文字说明，同时该项专利技术因失权而进入了公共领域，故著作权财产权利保护不能比照专利技术的经济价值予以认定。因张某铎未能证明其实际损失和杨某因侵权产生的违法所得，考虑张某铎作品的独创性程度，参照根据相关稿酬支付标准，并考虑杨某已主动删除该网页内容等过错程度、侵权情节和范围等因素，酌定杨某赔偿张某铎损失500元，驳回张某铎的其他诉讼请求。案件受理费300元，由杨某负担。

张某铎不服一审判决，向安徽省高级人民法院提起上诉。

安徽省高级人民法院经二审审理，驳回上诉，维持原判。

张某铎申请再审称，一审、二审法院判赔数额未考虑其为制止侵权行为的交通费、食宿费、律师费、诉讼费等，请求改判杨某赔偿张某铎经济损失2万元，本案诉讼费由杨某负担。

再审法院查明，本院经庭审查明，张某铎主张著作权的作品，即一审法院判决中所述"一种肉鸡的饲养方法"说明书摘要。经对比张某铎的专利"权利要求书"与该"说明书摘要"，不同之处在于，前者有药物用量的要求，后者没有。

再审法院判决：(1)撤销安徽省高级人民法院(2010)皖民三终字第0032号民事判决及蚌埠市中级人民法院(2009)蚌民三初字第0002号民事判决；(2)驳回张某铎的诉讼请求。

【案件争点】

涉案发明专利说明书中载明的"一种肉鸡的饲养方法"摘要，能否构成著作权法意义上的作品，应否受著作权法保护问题。

【裁判要旨】

生效裁判认为:

《著作权法》第3条规定了作品应具备的条件和具体表现形式。《著作权法实施条例》第2条规定:"著作权法所称作品,是指文学、艺术和科学领域内具有独创性并能以某种有形形式复制的智力成果。"据此,受著作权法保护的作品不仅必须具备独创性,还应符合能够以某种形式表达且能加以复制的特征。著作权法保护的是思想的表达,不保护思想本身,亦即对于独创性作品的保护不延及思想、工艺、过程或者数学概念之类的内容。然而,涉及科学技术类的文字作品,往往存在"思想"与"表达"密不可分的情形,所以,当某种思想只有一种或者表达形式有限时,则著作权法不仅不保护该思想,也不保护对该思想的表达。

本案中,张某铎主张杨某侵犯其撰写的"一种肉鸡的饲养方法"说明书摘要的著作权,但该"说明书摘要"受著作权法保护的前提是其构成著作权法意义上的作品。本案张某铎撰写的"一种肉鸡的饲养方法"说明书摘要仅涉及对其专利技术实施方法的表述,其表达形式有限,属于思想与表达的"合并",故不属于著作权法意义上具有独创性的作品,不应受著作权法保护,一审、二审法院将其作为作品予以保护属于适用法律不当,本院对此予以纠正。

三、裁判规则提要

(一)具有独创性的专利说明书属于著作权法保护的客体

专利说明书是由申请人向专利审查部门提交并由其公开出版,介绍有关专利技术信息的基础性技术文献,是专利文献的主体。依照我国《著作权法》第3条及《著作权法实施条例》第2条之规定,审查一件客体是否具备我国著作权法规定的可著作权性,应当主要审查三个方面:一是能否以有形形式复制(形式要件);二是是否具有独创性(实质要件);三是是否属于《著作权法》第5条所规定的不适用著作权法保护的客体。专利说明书可著作权性的判断也概莫能外。作为文字或电子文档,专利说明书的可复制性并无疑问,其中的关键在于是否具备独创性及是否属于《著作权法》第5条规定的情形。

著作权法的基本原则是只保护思想观念的表达而不保护思想观念本身,专利说明书作为按照法律要求对新的发明设计进行介绍的文件,其所介绍的技术本身属于思想观念,是专利法所保护的技术方案、方法或装置,而对技术所做的表达则属于著作权创作性判断的对象。因此,决定专利说明书是否具有创作性,关键在于其对技术的表达是否具备创作性。对于“创作性”，现行法律司法解释并无量的规定性，只要作品是作者独立完成而非抄袭或模仿他人作品完成并能体现某些个性化的特点，即应当认定其具备独创性。如果专利说明书所介绍的一种思想可以有多种表达，则每一种表达都可能成为著作权的客体。专利说明书的撰写是一项技巧性极高的工作，其撰写方式以及撰写人水平的高低，在很大程度上甚至能决定一个发明创造能否获得专利授权，以及授权后的保护范围的大小。尽管相关专利法律法规对专利说明书的撰写规定了较为具体明确的要求，一项发明、实用新型的专利说明书由不同的人撰写，仍然可能会有不同的版本。一般情况下，越是简单的技术，表达的空间可能越小；越是复杂的技术，表达的空间可能越大。因此，专利说明书有可能因表达的有限性而不具备独创性，也有可能因技术的复杂而具有极高的创作性。

（二）专利说明书不属于具有官方性质的文件

专利说明书不属于具有官方性质的文件。具有官方性质的文件一般是指由官方机构代表国家意志做出，由官方机构公布，并由官方机构承担相应后果的文件。专利说明书作为专利申请文献，虽然其撰写、修改均有严格的格式要求，最后还须由国家专利审查部门审查后作为专利文献予以公开。但是，其本身不属于著作权法所规定的“具有立法、行政、司法性质的文件”，其与官方文件存在如下区别：一是产生主体不同。官方文件一般由官方机构按照法定的程序做出，专利说明书则由发明人、申请人或其委托的人撰写、修改，其撰写和产生程序并无特定的要求。二是反映的意志不同。官方文件由官方机构代表国家做出，反映的一般是国家意志，其目的是通过颁发文件，落实完成一定时期的政策任务，或者制定一定的行为规范，在全社会形成一定的规则和秩序；专利说明书作为专利申请文献，其内容是对发明或者实用新型技术或方法的客观描述。三是通过后的后果不同。官方文件颁发与实施的后果均由国家承担，不具有任何私权的性质；专利说明书经专利行政部门审查后，其后果是授予或不授予申请人专利，即产生或不产生作为私权的专利权，无论哪种结果，均由申请人承担，与国家或公共利益无关。因此，专利说明书不属于官方性质的文件。即使专利说明书因申请人被授予专利权而被行政机关公开后，其产生主体、程序、目的和后果也未改变，并未因此而使其具有了官方文件所具有的上述属性。因此，被行政机关公开的专利说明书仍不属于官方性质的文件。专利权的本质在于以公开换垄断，专利说明书随着专利权的授予而被公开，其公开的是申请人被授予专利权的发明或实用新型技术方案，即专利说明书所表达的思想，而这种思想的表达并不会因此进入公有领域。按照著作权制度创设的初衷则是借由给予作者一定时期的专有权利以鼓励作者的创作。对于具有独创性的作品，如果其专有权保护期间没有届满，或者现行法律没有将该类作品的保护排除在著作权法保护之外，则其就不属于公有领域的作品。就专利说明书而言，国家从专利制度中所欲收获的是发明人通过专利说明书所公开的技术信息，不是发明人对其发明创造的文字表达所形成的文字作品，即不是为了获取专利说明书的著作权。专利制度的设计已足以实现公开技术信息换取专利权的目的。因此，法律并没有规定也无必要将专利说明书排除在著作权保护之外。

（三）专利说明书著作权的限制

作为公开发明或实用新型专利技术信息的载体，传播技术信息，促进新技术的转化、推广和应用是专利说明书的重要使命。在肯定专利说明书可著作权性的同时，如果对专利说明书的著作权不予合理限制，不允许人们通过复制、发行、信息网络传播等方式对专利说明书进行利用，则势必阻碍新技术的传播和推广。正是基于获取或传播新技术的目的，世界上承认专利说明书可著作权性的国家，都设置了相应的合理使用制度。例如，在承认专利说明书版权的美国、英国等国，专利法或版权法均规定，以获取或传播技术信息为目的对专利说明书的利用不视为对版权的侵犯，而且没有限定利用目的上的非商业性。

四、辅助信息

高频词条：

《著作权法》

第3条 本法所称的作品，包括以下列形式创作的文学、艺术和自然科学、社会科学、工程技术等作品：

（一）文字作品；

（二）口述作品；

（三）音乐、戏剧、曲艺、舞蹈、杂技艺术作品；

（四）美术、建筑作品；

（五）摄影作品；

（六）电影作品和以类似摄制电影的方法创作的作品；

（七）工程设计图、产品设计图、地图、示意图等图形作品和模型作品；

（八）计算机软件；

（九）法律、行政法规规定的其他作品。

第5条 本法不适用于：

（一）法律、法规，国家机关的决议、决定、命令和其他具有立法、行政、司法性质的文件，及其官方正式译文；

（二）时事新闻；

（三）历法、通用数表、通用表格和公式。

《著作权法实施条例》

第2条 著作权法所称作品，是指文学、艺术和科学领域内具有独创性并能以某种有形形式复制的智力成果。

第4条 著作权法和本条例中下列作品的含义：

（一）文字作品，是指小说、诗词、散文、论文等以文字形式表现的作品。

……

知识产权案件裁判规则第 11 条:

电视节目的规则、模式、策划本身并不是电视节目的构成部分,属于创意、构思的思想范畴,不受著作权法保护,但可以通过反不正当竞争法或作为民事权益加以保护

〔**规则描述**〕:电视节目、商业活动等基于一定的规则、模式运行、制作,但规则、模式、策划本身并不是电视节目、商业活动的构成部分,属于创意、构思的范畴,不受著作权法保护。所谓电视节目的“克隆”,实质是采用了相同或相似的规则,一般不宜认定为侵权。但是,策划文案作为创意、构思的表达,如果具备作品的独创性、可复制性,应当受著作权法保护。

一、类案检索大数据报告

时间:2019 年 2 月 10 日之前,案例来源:Alpha 案例库,案件数量:14 件,检索关键词:电视节目规则、电视节目模式、电视节目策划、著作权、著作权权属、侵权纠纷(案由),数据采集时间:2019 年 2 月 10 日,本次检索获取了 2019 年 2 月 10 日前共 14 篇裁判文书。整体情况如图 11 -1 所示:

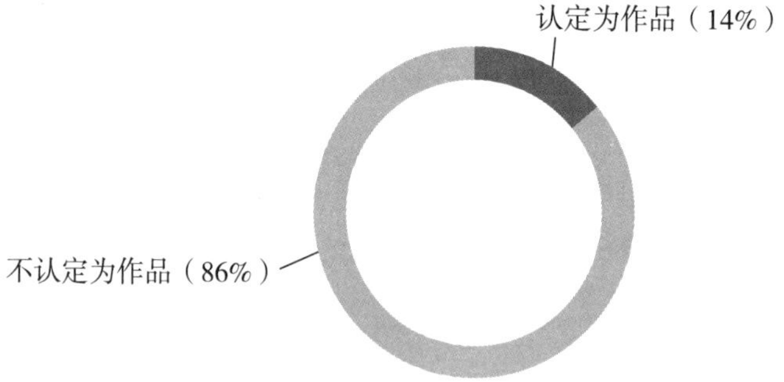

图 11 -1 电视节目规则类诉讼裁判结果

从图 11 -1 电视节目规则类诉讼裁判结果来看,14% 的受诉法院认定电视节目模式的表达可以作为文字作品受著作权法保护,86% 的受诉法院认为电视节目模式属于思想范畴,不是思想的表达,不属于著作权保护的客体。

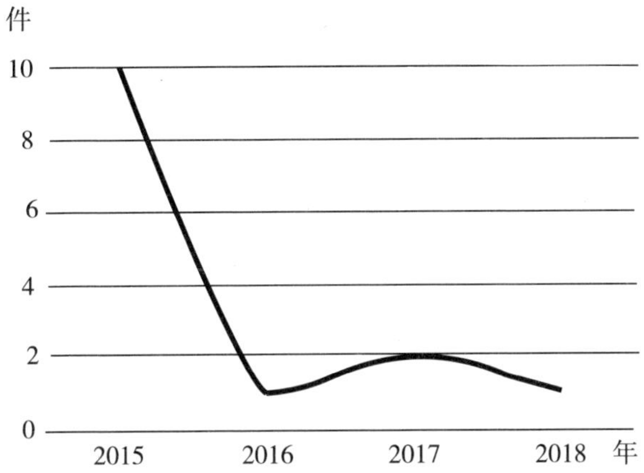

图 11－2　电视节目规则类诉讼案件时间趋势

从图 11－2 可以看出电视节目规则类案例数量在时间分布上的变化趋势。

图 11－3　电视节目规则类案件诉讼的主要地域分布

从图 11－3 的主要地域分布来看，电视节目规则类案例主要集中在上海市、北京市，分别占比约 85%、15%。其中上海市的案件量最多，达到 12 件。

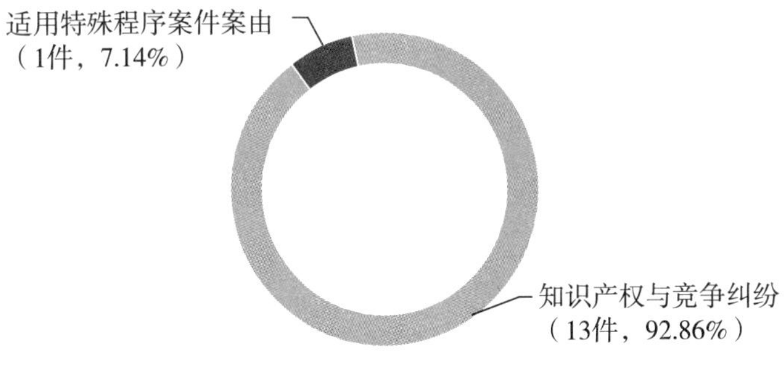

图 11－4　电视节目规则类诉讼案件案由分布

从图 11－4 的案由分布情况可以看出，当前的案由分布由多至少分别是知识产权与竞争纠纷、适用特殊程序案件案由。

二、可供参考的例案索引

例案一 | 乾清国际文化传媒(北京)有限公司与中央电视台著作权权属、侵权纠纷案

【法院】

北京市海淀区人民法院

【案号】

(2017)京0108民初5708号

【当事人】

原告:乾清国际文化传媒(北京)有限公司

被告:中央电视台

第三人:中视前卫影视传媒有限公司

【基本案情】

乾清国际文化传媒(北京)有限公司(以下简称乾清公司)经授权享有在中国境内"30人31足"作品的独家版权。2015年11月10日,朝日电视台委托株式会社中国电视授权第三方在中国境内使用"30人31足"作品的相关业务。同日,株式会社中国电视出具《版权证明书及授权书》,授权原告于2016年1月1日至2019年12月31日在中国境内享有"31人31足"作品活动举办权、节目制作权、公众传输权。原告在2016年1月1日至2019年12月31日享有该节目在我国境内的独家版权,其中包括节目制作权(摄制权)、公众传输权(广播权、信息网络传播权)的权利。原告认为被告在未经其许可情况下拍摄的《极速少年第二季》节目与原告享有独家版权的"31人31足"构成实质性相似。首先,根据授权,原告在中国境内享有"31人31足"作品的独家版权,包括摄制权。其次,通过被告对《极速少年第二季》节目拍摄过程的长时间网络媒体报道及其于2016年12月7日于多网平台直播的总决赛节目来看,该节目在环节设置、背景装饰、镜头转换及节目表达上与原告享有独家版权的"30人31足"作品已经构成实质性相似。最后,被告曾与原告基于上述版权创作《极速少年第一季》节目,并通过播出在校园群体、社会公众及业内引起较大反响,获得高度认可。所以,被告对于原告享有在国内"30人31足"作品的独家版权事实是明知的,但其却在明知情形下仍擅自拍摄制作并命名为《极速少年第二季》节目并已经通过多网直播方式进行播出,其侵权行为明显,应承担相应侵权责任。

请求判令被告:(1)停止侵权行为,包括因侵权行为所拍摄的《极速少年第二季》节目通过电视台、互联网或其他渠道在内的播出行为;(2)承担原告经济损失50万元及维权的合理支出3200元,共计503,200元。

被告中央电视台答辩称:乾清公司不具备著作权权利基础;乾清公司起诉的侵权作品为中央电视台《极速少年第二季》决赛直播视频,经我台调查了解,此视频为中视前卫影视传媒有限公司(以下简称中视公司)自行摄制、制作并在爱奇艺上传发布的直播视频,并非我台拍摄、制作或发布。并且,约2小时58分的视频节目仅为介绍和预告相关节目,系中视公司独立制作完成,该节目更不可能与他人类电作品或节目模式构成著作权法层面的实质性近似。根据相关法律规定,著作权法保护的是独创性表达而非思想,乾清公司主张"30人31足"节目构思、创意等节目模式并非著作权法意义上的作品。我国著作权法实行的是"权利法定主义"。依据北京市高级人民法院《关于审理涉及综艺节目著作权纠纷案件若干问题的解答》第10条规定,节目模式属于思想的,不属于我国著作权法保护的客体。本案授权书没有"节目模式"的记载,乾清公司也没有举证"30人31足"是否属于节目模式及其保护的具体要素,更没有节目模式的合同约定,在国内"搜狐面具"司法案例未给予节目模式著作权法保护的审判实践下,乾清公司提出节目模式的保护既无事实依据,也没有法律依据。依据我台举证,本案绑腿跑比赛实质为体育竞技项目,源自公知的"2人3足""绑腿跑"竞技比赛,任何民事主体均无权垄断该项体育比赛、体育活动的举办权,更无权限制他方享有活动举办权、摄制权和传播权。乾清公司以授权书提出本案诉求涉嫌垄断"30人31足"竞技体育项目,更涉嫌垄断"2人3足"竞技比赛规则,若其诉求获得支持,势必损及该等竞技项目的健康发展,进而损害公共利益,乾清公司的本案主张违反了著作权法相关规定。"30人31足"节目模式在日本尚未获得立法和司法裁判的版权保护,根据《伯尔尼公约》关于国民待遇的规定,乾清公司作为中国公司,即使其向日本法院主张"30人31足"节目模式也不会获得司法支持。

法院判决:驳回其全部诉讼请求。

【案件争点】

原告乾清公司是否享有涉案的"30人31足"的节目模式版权。

【裁判要旨】

生效裁判认为:

本案原告乾清公司自2015年从日本引进了"30人31足"的电视节目模式,并与中央电视台合作拍摄了《极速少年》节目,现乾清公司主张其对该节目的模式享有著作权,中央电视台未经其许可使用该模式拍摄《极速少年第二季》构成侵权,但中央电视台及第三人中视公司均不认可原告享有该节目模式的版权。

"30人31足"节目模式主要是通过30人绑腿的形式,让参与人员进入场地后开始竞速比赛,以先到达终点者为胜,这种模式体现的是一种思想和方法的范畴,并不属于著作权法所要保护的表达方式。另外,"30人31足"与"2人3足"等类似的绑腿比赛,区别仅仅在参与人员数量上,并无本质不同,且涉案节目表达方式是有限的,如果将涉案节目模式视为一种作品,势必会损害到其他类似的比赛,对社会公共利益形成不良影响,故乾清公司自日本引进的"30人31足"节目模式并非著作权法所应保护的客体。原告还诉称,通过被告对《极速少年第二季》节目拍摄过程的长时间网络媒体报道及其于2016年12月7日于多网平台直播的总决赛节目来看,认为该节目在环节设置、背景装饰、镜头转换及节目表达上与原告享有独家版权的"30人31足"构成实质性相似,从原告提交的现有证据来看,也未见其基于节目模式的相应作品或者作品载体,因此原告认为《极速少年第二季》该节目构成侵权于法无据。

从株式会社中国电视授权内容来看,其授权给乾清公司的权利仅包含活动举办权、节目制作权、公众传输权;但其随后发布的声明中称,其从未授权乾清公司以自己的名义代为行使上述作品版权(著作权)保护方面的诉权和损害赔偿的权利,乾清公司超出许可范围活动举办权、节目制作权、公众传输权以外实施的行为无效。

例案二 | 中山千羽文化传播有限公司与中山市华鸿房地产开发有限公司、中山市大红广告有限公司侵害著作权纠纷案

【法院】

广东省中山市中级人民法院

【案号】

(2006)中中法民三初字第26号

【当事人】

原告:中山千羽文化传播有限公司

被告:中山市华鸿房地产开发有限公司

被告:中山市大红广告有限公司

【基本案情】

原告中山千羽文化传播有限公司（以下简称千羽公司）诉称：被告中山市华鸿房地产开发有限公司（以下简称华鸿公司）委托千羽公司策划其 2006 年 5 月 14 日举办的“华鸿·水云轩”开盘演出方案并组织演出，约定报酬为人民币 380,000 元。千羽公司积极地进行市场调查，并与华鸿公司对策划方案进行了多次商讨。2006 年 4 月 28 日，千羽公司向被告华鸿公司提交了“TVB 新剧《潮爆大状》剧组相约‘华鸿·水云轩’演出制作方案”。但被告华鸿公司收取方案后，没有让千羽公司执行，也没有向千羽公司支付任何策划费用，却私自将上述策划方案交由被告中山市大红广告有限公司（以下简称大红公司）执行。被告大红公司在明知千羽公司是上述策划方案著作权人的情况下，擅自使用并于 2006 年 5 月 14 日公开执行该方案。千羽公司创作的知识成果得到了极高的评价，也给被告华鸿公司带来非常高的经济收益。上述两被告未经千羽公司同意，私自无偿利用千羽公司的知识成果谋利的行为，严重侵犯了千羽公司的著作权，给千羽公司带来了巨大的经济损失。请求：(1) 判令两被告连带赔偿千羽公司经济损失 100,000 元，工商查询费 120 元，律师费 2000 元，总计 102,120 元。(2) 判令两被告通过媒体发表声明，消除侵权影响。具体方式为，在中山电视台和《中山日报》刊登声明，①华鸿公司于 2006 年 5 月 14 日开盘盛典上演出制作方案《潮爆大状》的著作权属千羽公司享有；②两被告因擅自使用千羽公司的《潮爆大状》策划方案，给千羽公司造成经济损失，向千羽公司郑重表示道歉。(3) 判令两被告承担本案的诉讼费用。

被告华鸿公司答辩称：千羽公司诉称与事实不符。华鸿公司为举办“华鸿水云轩·上东”开盘演出活动，邀请各有关公司自行提供策划方案，被采纳后我公司便与其确定策划方案、签订合同。千羽公司虽提供方案但未被采纳，其与华鸿公司没有签订任何合同，华鸿公司不应支付相关费用。大红公司向华鸿公司提供了策划方案并被采纳，双方签订了合同，最后开盘演出活动采用的是大红公司策划方案，并非使用了千羽公司的策划方案。

被告大红公司答辩称：大红公司受华鸿公司的邀请对演出方案进行了策划。邀请《潮爆大状》剧组的演员参加活动，与千羽公司的方案没有任何关系。大红公司没有侵犯千羽公司的著作权，千羽公司的诉讼请求没有依据。

法院审理查明，华鸿公司为举办 2006 年 5 月 14 日的“华鸿·水云轩”楼盘开盘演出活动，邀请有关公司提供有香格里拉风情和香港明星参与的演出策划方案。2006 年 4 月 20 日，大红公司向华鸿公司提供了“水云轩－上东·荣耀开盘活动策划方案(二)”,该策划方案的内容包括:概述,特别邀请香港无线电视台《潮爆大状》剧组中三名主要演员陈某锋、陈某邦、汤某盈及香港港姐冠军向某岚加盟演出;香港明星,介绍陈某锋、陈某邦、汤某盈等情况;费用预算;现场布置费用预算等。以上三、四项预算费用总计为326,531元。2006年4月28日,千羽公司向华鸿公司提供了“TVB新剧《潮爆大状》剧组相约‘华鸿·水云轩’演出制作方案”。该方案内容包括演出时间、演出地点、演出风格、演出内容、剧组演员编制及简介、其他演员编制及简介、演出设备、音响工程等,费用预算合计人民币361,566元。2006年5月10日,华鸿公司与大红公司签订合同,约定大红公司为2006年5月14日华鸿公司举办“华鸿·水云轩第五期开盘活动”的策划与执行单位,执行内容及项目以“文艺节目策划方案”“现场布置策划方案”所列为准。协议金额总价为人民币310,000元。2006年5月14日,大红公司具体策划执行了华鸿公司“华鸿·水云轩”开盘演出活动。根据庭审中各方均无异议的现场录像显示,演出内容按照舞狮表演、《潮爆大状》剧组演员陈某锋、汤某盈唱歌及游戏、魔术、现代舞、踢踏舞表演、《潮爆大状》剧组演员陈某邦、向某岚游戏及唱歌,最后香港演员为观众签名活动结束的顺序进行。

法院判决:驳回原告全部诉讼请求。

【案件争点】

演出策划方案是否受著作权法保护。

【裁判要旨】

生效裁判认为:

千羽公司认为其演出方案中最关键和重要的核心创意是《潮爆大状》剧组演员出席,其创造性在于演员的组成、节目的编排、剧组成员参加活动,要求保护该核心创意。由此看来千羽公司首先要求保护的是创意,即《潮爆大状》剧组演员出席“华鸿·水云轩”楼盘开盘演出活动的思想观念。因思想观念属于主观范畴,是对事实和方法的主观认识,是无形的,同样的思想观念,其他人有权以自己的方式加以表现和利用,否则将阻碍科学技术和文化的发展,所以著作权法的基本原则是只保护思想观念的表述而不保护思想观念本身。由此千羽公司提出的《潮爆大状》剧组演员出席“华鸿·水云轩”楼盘开盘演出活动的创意本身是不受著作权法保护的,其他人均有权对此创意加以理解和利用,形成新的创意或将该创意用各种形式、方式表述出来得到著作权法的保护。千羽公司提出大红公司的演出方案核心与其创意有很大的相似性,两个方案核心一致,只要其先提交,大红公司即是抄袭,侵犯著作权的主张，实际是混淆了思想观念和思想观念表述的概念。所以千羽公司提供的该创意形成方面的证据本院不予审查认定，其请求保护的创意属思想意识，不是著作权法保护客体，本院不予支持。综上所述，千羽公司的诉讼请求没有事实和法律依据，本院不予支持，其诉讼请求应予驳回。

例案三 | 王某蓉与南京广播电视集团有限责任公司著作权侵权纠纷案

【法院】

南京铁路运输法院

【案号】

(2017)苏 8602 民初 558 号

【当事人】

原告：王某蓉

被告：南京广播电视集团有限责任公司

【基本案情】

原告诉称：于 2016 年 8 月策划了一档打造网红明星的直播节目方案，其中《选角真人秀》（又名《快乐瘦身》）是第一版策划方案，《电影你来演》是第二版策划方案，《造星大舞台》（又名《我是大明星》）是第三版策划方案。原告的策划方案有三个创新点：(1) 对于火爆全国的网络直播，从纯粹直播吃喝拉撒打造网红提升为内容直播网红；(2) 把电视、网络视频、直播融为一体，即三屏互动的内容；(3) 原告的策划方案在海选结束后，给优胜者真实的角色，参演相关的网络大电影、网剧或院线电影，而不是简单的给予优胜者奖金就结束。2016 年 9 月，被告南京广播电视集团有限责任公司（以下简称南京广电）向员工征集项目方案时，原告把《电影你来演》策划方案通过指定邮箱提交给被告。2016 年 10 月被告组织项目评审时，由原告的搭档韩某（又名韩某毅）进行了宣讲。2017 年 3 月，未经原告同意，被告推出《梦想星计划》节目，该节目虽在文字表述上与原告方案不同，但实质上全盘采用了原告的策划方案，抄袭了原告作品中的所有实质性内容，侵犯了原告的署名权、修改权、复制权、发行权、出租权、放映权、信息网络传播权、摄制权、改编权、汇编权。原告曾多次向被告反映节目侵权问题，但未获解决，遂诉至法院。(1) 判令被告停止一切有关《梦想星计划》的侵权行为；(2) 判令被告赔偿原告 199 万元；(3) 判令被告承担本案的诉讼费。审理中，鉴于被告已经停止播放《梦想星计划》，原告撤回第1项诉讼请求。

被告南京广电辩称:原告诉称与事实不符,(1)在原告享有著作权的策划方案中,并不具有任何IP内容直播、三屏互动、网红养成营等内容,这些概念均由被告提出;(2)原告关于影视作品海选角色的策划方案,与之前多种节目极其类似,不具有任何独创性;(3)被告制作的《梦想星计划》影视作品与原告创作的策划方案文字作品,无论节目主题、播放宣传方式、营销方案、项目运营实施等方面均不相同,被告没有任何引用其文字作品的行为,不存在侵犯原告著作权的行为,请求法院驳回原告的诉讼请求。

法院审理查明:经比对,《让你快乐让你瘦》策划方案与原告著作权登记的《选角真人秀》策划方案的内容基本一致。被告确已收到原告的《电影你来演》策划方案。经比对,《我是大明星》策划方案与原告著作权登记的《造星大舞台》策划方案的内容基本一致。

法院判决:驳回原告的全部诉讼请求。

【案件争点】

策划方案是否受著作权保护以及被告的策划方案是否构成侵权。

【裁判要旨】

生效裁判认为:

著作权法所称作品,是指文学、艺术和科学领域内具有独创性并能以某种有形形式复制的智力成果。本案中,原告取得作品登记证书的《电影你来演》《选角真人秀》《造星大舞台》三个节目策划方案以文字的形式,根据节目类型设置描述了相应栏目架构、宣传推广、播出周期和形态、晋级流程、市场分析、发展空间,并提出营销策略和运营计划,属于我国著作权法意义上的文字作品,具有独创性的部分应受著作权法保护。

判断著作权侵权的基本原则是接触加实质性相似,即被告接触了原告的作品,且其作品与原告的作品实质性相似,则构成侵权。本案中原告举证的电子邮件可以证明被告收到原告的《电影你来演》策划方案,并通知原告进行现场陈述和答辩,符合"接触"这一构成要件。原告的其他两个策划方案分别发送给东某、李某强,而东某为被告科教频道副总监、节目主持人,李某强为被告聘任的项目导师,并非被告指定的《梦想星计划》负责人或参与制作人,原告也未能举证证明其投稿行为符合被告的相关规定,更何况,原告自己陈述其投稿给东某是希望寻求陈某标的投资合作,拍摄一档减肥节目,并没有明确要求东某报送给被告,所以原告主张被告收到《让你快乐让你瘦》《造星大舞台》策划方案缺乏依据，故不予采信。

在被告接触了原告的《电影你来演》策划方案的情况下，若此后被告制作的《梦想星计划》与原告的《电影你来演》策划方案内容相同或实质性相似，则被告的行为构成侵权。原告未能举证证明其提交给被告的策划方案具体内容，仅提交了著作权登记的《电影你来演》策划方案，鉴于被告认可收到该策划方案，故以该策划方案内容作为判断依据，将原告的《电影你来演》策划方案与被告的《梦想星计划》策划方案进行比对，判断两者是否构成相同或实质性相似。经比对，原、被告的策划方案无论在结构上，还是在内容上，均不构成相同或实质性相似。同时，原告的策划方案中并没有其主张的“三屏互动”“网红养成营”“IP 内容直播”的文字描述或近似描述，原告也未能举证证明上述内容为其独创。虽然原、被告的作品确有部分相似元素，如海选、直播等，但这些元素在众多晋级类综艺作品中均有体现，并非原告的独创，不能获得著作权法保护。

三、裁判规则提要

（一）电视节目是以类似摄制电影的方法创作的作品

电视节目，其创作过程近似于电影摄制。一台节目的制作，大体上要经过以下程序：确立节目主题，草拟节目脚本，拟定拍摄计划；选定导演、主持人，邀请嘉宾，配备制作团队，选择拍摄场地，准备服装、化妆、布景、道具、舞美、灯光；节目参与人员还要在导演指挥下练习走位、动作、表情，有时还需要排练数次；正式拍摄也并非一气呵成，而是在拍摄多段画面后进行剪辑，调整结构层次，后期将解说词、效果声、音乐进行混录并进行音调音量处理等。最终在电视台播放的节目，是经过多次剪辑修改后的劳动成果。因此，观众所看到的电视节目，由一系列画面和伴音组成，其凝聚了制作方的资金投入、导演的协调指挥、主持人和嘉宾的即兴创作、摄影师的拍摄以及后期的技术加工等劳动，具有独创性并能以有形形式复制，是一种以类似摄制电影的方法创作的作品。电视节目著作权属于制片者，一般就是由制作该节目的电视台或独立制作公司享有。举例而言，某电视台举办节目，创设一定的游戏规则，其中有专家评分、比赛决胜负、著名主持人现场主持等环节，邀请了多位演艺明星进行拉丁舞比赛，电视台拍摄剪辑制作后播出，那么这个节目就是一个独立的作品，享有著作权。节目中采用的其他类型的可以单独使用的作品，如文字作品、舞蹈作品、音乐作品、美术作品等，仍各自享有著作权。

(二)作品的构成和侵权与否的判断

电影作品和以类似摄制电影的方法创作的作品,其构成是十分丰富复杂的。展现给观众的带有伴音的画面,基本可以分为叙事元素和视听元素,前者如时间、地点、人物、过程、结果等,后者如画面、字幕、音响、同期声、解说、音乐等。要判断两个作品之间是否侵权,并不是以观众的直观感觉、大致感受为判断基准,而要对作品的各元素进行具体的比较判断,对作品的构成进行分解具有重要的意义,最基本的方法是将作品中含有的公有领域元素和显而易见的思想元素排除以后,对比两者之间是否还有实质相同之处。对比时,作品各主要构成元素的重要性并无高低之别,以电影为例,故事情节并非最重要的元素,主角、配角的姓名,形象塑造,台词的运用,时代背景等都要予以考虑,故事大致情节的类似并不构成实质相似。

具体到某一个电视节目,主持人、嘉宾、游戏活动、言辞、肢体动作、音乐等,都是观众可以直接感知的元素。以《我爱记歌词》和《莫忘歌词》为例,这两个节目在主持人、语言运用、参与嘉宾、演唱的歌曲、现场互动过程、游戏结果等方面存在的区别是显而易见的,其叙事元素和视听元素可以说是完全相异,观众可以显而易见地识别出这是两个不同的电视节目。此两节目的相同点仅在于所采用的游戏规则:参与嘉宾选定歌曲后,不给字幕提示,要求其在音乐的伴奏下唱出歌词,然后看其演唱是否准确。两个节目之间的游戏过程、游戏结果都是不同的,其不同之处正体现了独创性,因此各自构成独立的作品,但其游戏规则、环节设置却是相同或相似的,目前业界所称的节目"克隆",其实就是指电视节目中的游戏规则、环节设置存在模仿。判断侵权与否,取决于游戏规则的法律地位以及根据该规则开展的游戏活动如何定性。如果认为游戏规则以及根据该规则开展的游戏活动是著作权法的保护对象,那么在这一点上相同或相似,后制作节目对先前节目就可能构成侵权。如否,则不侵权。

(三)游戏规则与游戏活动的相互分离

著作权法上被普遍接受的一条基本原则是,思想和表达可以相互分离,著作权只保护思想的表现形式,而不保护思想本身。各国对于作品的保护,都不会延及作品所基于的思想、观念、理念、程序、方法、概念、原理,因为如果对这些基础性的元素进行著作权保护的话,将迫使作品的创作完全脱离前人已有的智力成果,使创作几乎不可能完成,从而危及人类文化的传承。法律赋予作者以著作权这一近似垄断的权利，并不是没有边界的，而是严格限定在只有独创性的表达才享有著作权。思想和表达的分界，是著作权法上最为模糊、最难处理的问题之一。

在分析电视节目采用相同游戏规则是否侵权的问题时，有必要先厘清两者的关系。其一，根据游戏规则开展的游戏活动并不是该规则的表达。假设某人奇思妙想，创制了许多游戏活动规则，并诉诸文字进行出版，那么该文字作品是对游戏规则的外在表达，如他人也出版同样文字内容的游戏指南，则侵权无疑，但游戏规则本身属思想范畴，根据该书开展游戏活动，则不能认为侵犯作者的著作权，因为开展游戏活动根本算不上是一种表达。根据菜谱做菜，根据美容指南美容，根据管理书籍载明的方法管理企业，并不侵犯原作品的著作权，就是这个道理。其二，游戏规则不等同于游戏规则的表达。游戏规则属于抽象的、观念的范畴，规则的表达属于具体的、实在的范畴。电视节目一般都根据脚本或策划书进行摄制，如果节目脚本对游戏的规则、环节设置进行了具体的文字表述，就属于规则的表达，笔者认为其可以构成文字作品，如果其他节目的脚本直接抄袭该节目脚本内容，即构成侵权，但这属于两个节目脚本间的权利争议。抽象的游戏规则是允许任何人根据具体情境进行运用的，节目中即使采用了相同的游戏规则，也完全可以采用不同的表达方式。

从观众的角度来看，电视节目是视觉和听觉的综合艺术，是感官的欢愉享受，节目形式仅是节目内容的运行载体，游戏规则不具有观赏价值，游戏活动才具有观赏性，观众有时甚至不关注游戏活动，哪位明星来参加、哪位主持人在主持、哪位专家在点评才是关注的真正焦点，游戏规则并不是观众欢愉感、满足感的实际来源，因而也不是电视节目的核心构成。两个同类型电视节目，尽管其规则、环节设置充满相似性，但由于参加人员、即兴发挥、游戏过程的不同，其节目制作固定后播出的画面和伴音是完全不同的，观众观赏感受是完全不同的，市场影响力也是完全不同的，两个节目之间可以被客观识别却无法互相取代，这给了观众更多的选择，节目收视率被稀释，不是侵权的后果，而恰恰是竞争的结果。

游戏规则与游戏活动的可分离，表明游戏规则属于思想范畴，电视节目基于一定的游戏规则运行、制作，但游戏规则本身并不是电视游戏节目的构成部分。游戏规则相对于节目而言，是隐于具体内容之后的抽象观念，是隐于客观表达之后的主观思想。

（四）对创意不予保护无碍创新

在电视游戏类娱乐节目中运用游戏规则、设置游戏环节，于首创者确实是一个优秀的创意,但并不是每一项创新、每一项智力成果都应该得到著作权法保护,创意属于思想范畴,不是著作权的客体。作为一项创意的游戏规则,不仅得不到著作权保护,其他知识产权保护路径也是行不通的。曾有电视节目制作者尝试申请专利,但专利法明文规定智力活动的规则和方法不授予专利权。也有观点认为,“克隆”者无须花费原创者付出的成本即可以取得巨大的好处,而原创者却因节目形式被剽窃而丧失竞争优势,收视率下降,广告收入减少,这种不正当利用他人成果、搭他人便车的行为违反了市场竞争中的诚实信用原则,应采用反不正当竞争法予以保护。笔者认为,司法实践中反不正当竞争法的适用应具有克制性,在作为特别法的著作权法可以得出结论的情形下并无反不正当竞争法的适用空间,况且同类型的不同节目,仅因其采用的游戏规则的相同或相似,并不足以导致观众的混淆误认,不应适用反不正当竞争法规则进行保护,当然,在符合运用反不正当竞争法进行保护的情况下,也不是绝对不可给予反不正当竞争法上的保护。以诚实信用原则进行保护则过于牵强随意,不符合知识产权保护一般应具有法定性的特点。市场实践中,也确实存在所谓的电视节目模式授权,有的国内电视台甚至花高价从境外引进,但是这种所谓的授权,并不是著作权的许可,而是提供一种综合性的服务,并不能据此认为电视节目模式获得了高额的著作权许可对价。

不保护创意,并不会遏制创新。电视游戏类娱乐节目吸引观众主要靠情感冲击力和视觉冲击力,求新、求变、求异是基本的受众心理。电视节目具有商品属性,投入产出的经济效应是其天然的驱动力和调节器,节目首创者一般可以或已经获得良好的市场回报,如果节目的后来模仿者没有在原先基础上进行创新,其节目自然得不到观众的欣赏,模仿者的效益预期必然落空。创意由社会共享,反而会鼓励创作,促进节目之间的竞争,从而提高节目制作的整体水平。从利益衡量的角度看,节目首创者、模仿者、观众之间的利益关系,不会因为节目创意或游戏规则不受著作权保护而失衡,而如果予以保护,则利益之天平过于倾向节目创意者,反而可能阻碍文艺创作、文化市场的竞争和繁荣。作为公共政策的著作权法规则,不应也不会设定如此之高的保护标准。

综上所述,游戏规则是一种创意,属于思想范畴,不应受著作权法保护。所谓电视游戏类娱乐节目的“克隆”,实质是采用了相同或相似的游戏规则,不宜认定为侵权。商业活动的创意,亦同此理。

四、辅助信息

高频词条：

《著作权法实施条例》

第 2 条 著作权法所称作品，是指文学、艺术和科学领域内具有独创性并能以某种有形形式复制的智力成果。

第 4 条 著作权法和本条例中下列作品的含义：

（一）文字作品，是指小说、诗词、散文、论文等以文字形式表现的作品；

……

（十一）电影作品和以类似摄制电影的方法创作的作品，是指摄制在一定介质上，由一系列有伴音或者无伴音的画面组成，并且借助适当装置放映或者以其他方式传播的作品；

……

知识产权案件裁判规则第 12 条:

游戏的规则、玩法属于思想的范畴,并且游戏规则、玩法的文字表达方式有限,难以体现独创性,不构成著作权法意义上的作品

〔**规则描述**〕:游戏规则的规则和玩法属于思想,并且游戏的规则和玩法的表达方式可选择空间极其有限,过于简单,难以体现著作权要求的独创性,因此游戏的规则和玩法不属于著作权法保护的作品。

一、类案检索大数据报告

时间:2019 年 2 月 18 日之前,案例来源:Alpha 案例库,案件数量:43 件,检索关键词:游戏规则、游戏玩法、著作权、著作权权属、侵权纠纷(案由),数据采集时间:2019 年 2 月 18 日,本次检索获取了 2019 年 2 月 18 日前,共 43 篇裁判文书。整体情况如图 12 - 1 所示:

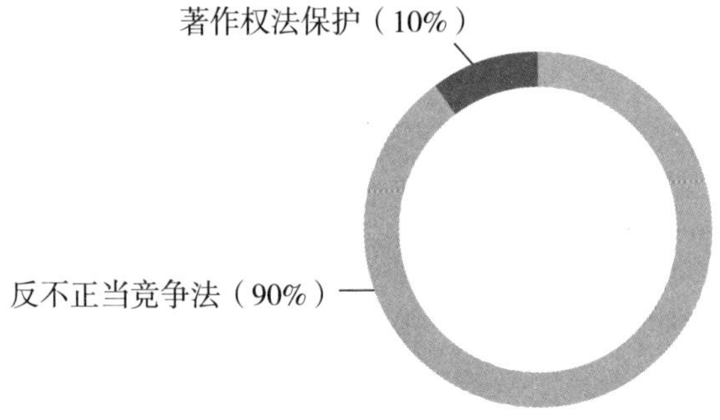

图 12 - 1　游戏规则类案件诉讼裁判结果

从图 12 - 1 可以看出,对于游戏规则、玩法,90% 的案件中游戏规则、玩法作为付出大量智力劳动的创意被纳入反不正当竞争法保护,10% 的案件中游戏规则、玩法作为独创性表达受著作权法保护。

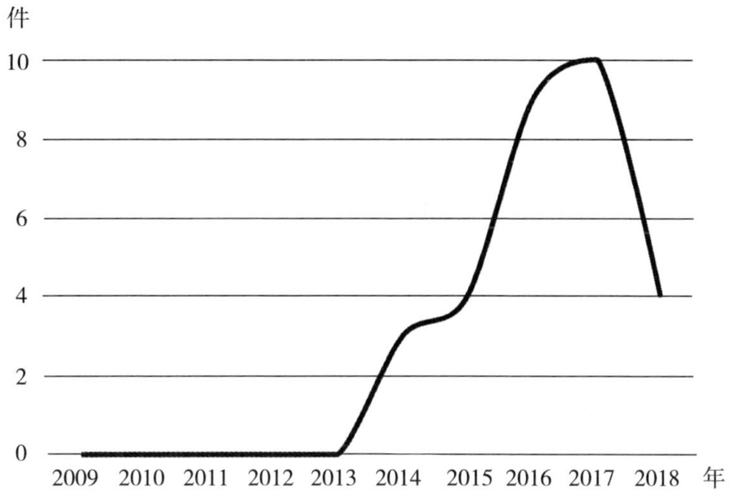

图 12－2　游戏规则类案件诉讼时间分布

从图 12－2 的诉讼时间分布图可以看出游戏规则类案件的逐年变化趋势。

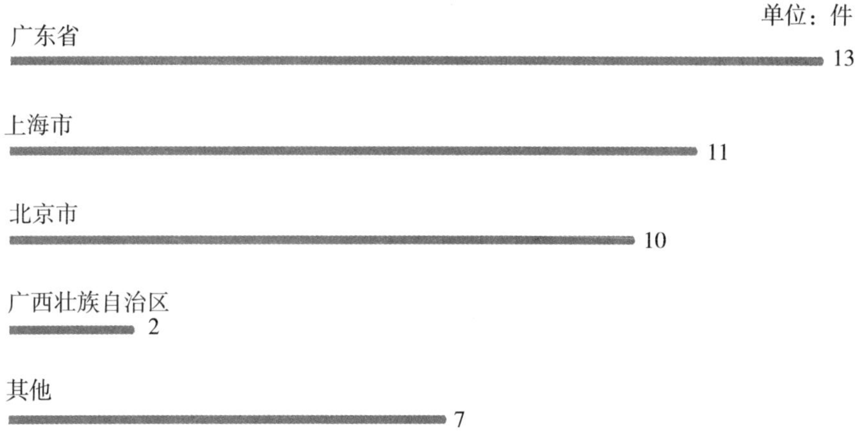

图 12－3　游戏规则类案件诉讼的主要地域分布

从图 12－3 主要地域分布来看，当前案例主要集中在广东省、上海市、北京市，分别占比约 30%、26%、23%。其中广东省的案件量最多，达到 13 件。

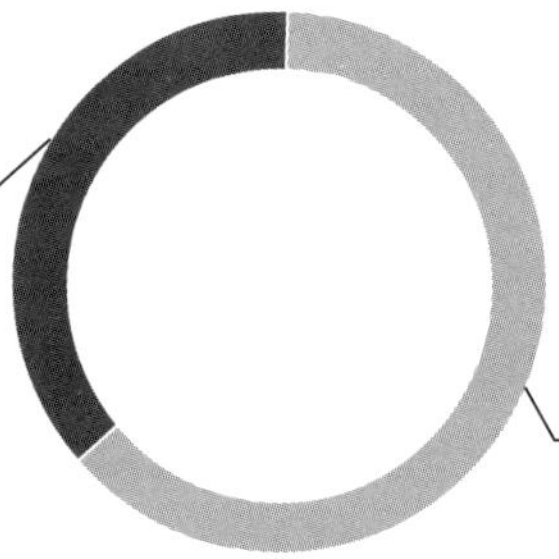

图12-4 游戏规则类诉讼案件案由分布

从图12-4的案由分布情况可以看出,当前的案由分布由多至少分别是不正当竞争纠纷,知识产权权属、侵权纠纷。

二、可供参考例案索引

例案一 | 暴雪娱乐有限公司、上海网之易网络科技发展有限公司与成都七游科技有限公司、北京分播时代网络科技有限公司等侵害著作权纠纷案

【法院】

上海市第一中级人民法院

【案号】

(2014)沪一中民五(知)初字第23号

【当事人】

原告:暴雪娱乐有限公司

原告:上海网之易网络科技发展有限公司

被告:上海游易网络科技有限公司

【基本案情】

两原告诉称:原告暴雪娱乐有限公司已经成为全球最受瞩目和业界尊敬的计算机游戏开发商,《炉石传说:魔兽英雄传》(Hearthstone:HeroesofWarcraft)(以下简称《炉石传说》)是其推出的一款以魔兽世界为故事背景的电子卡牌游戏。该游戏以魔兽世界为故事背景,玩家可以选用以魔兽系列中的不同英雄为主题的套牌进行对战游戏,不同的英雄主题也分别对应了《魔兽世界》中的九大经典职业。原告暴雪娱乐有限公司已授权原告上海网之易网络科技发展有限公司在中华人民共和国内地市场运营原告暴雪娱乐有限公司《炉石传说》网络游戏,并授权原告上海

网之易网络科技发展有限公司以运营《炉石传说》为目的使用与该游戏相关的知识产权，包括《炉石传说》及本地化版本的相关著作权。

被告未经两原告的授权，擅自在《卧龙游戏》中使用、复制并抄袭了《炉石传说》游戏中的标识、界面、牌面、特效、文字作品、美术作品、视听作品和其他游戏元素方面的设计，及体现出游戏规则和算法的各游戏卡牌及套牌整体组合，其行为已构成著作权法所禁止的著作权侵权行为，使两原告蒙受了巨额的经济损失。为此两原告请求本院判令：(1)被告立即停止侵犯第一原告著作权的行为，停止面向公众测试、公布、出版或以任何其他形式传播《卧龙传说》游戏；(2)被告赔偿两原告包括为制止被告著作权侵权行为而支付的合理开支在内的经济损失共计人民币500万元；(3)被告承担本案全部的诉讼费用。

被告答辩称，不同意原告全部诉讼请求。其主要答辩理由为：(1)原告请求保护的客体多数并不属于著作权法所保护的作品。对于炉石标识，未达到著作权独创性的要求，且原告与被告的标识也不相似。对于游戏界面，文字部分短短几个字，是通常的表述，不是文字作品，不能受到著作权法的保护。美术作品整体布局不属于著作权保护范围，很多界面都是计算机常用的界面，不具有独创性且不享有著作权。对于单张的卡牌布局，是通用的布局，且原告和被告的图案完全不同。对于整套卡牌的玩法、功能，在卡牌中是常有的，不具有独创性，功能的设计不属于著作权保护的客体。对于游戏特效，独创性过低，且不属于著作权法所规定的任何一类作品。(2)《卧龙传说》和《炉石传说》不构成实质性相似，不构成侵权。(3)被告的游戏几乎没有经营收入，向公众发放激活码数量是很少的，不存在原告所说的巨额损失。

法院审理查明：原告暴雪娱乐有限公司设立于1994年，《炉石传说》是其推出的一款电子卡牌游戏。该游戏以《魔兽世界》游戏为故事背景，玩家可以选用以魔兽系列中的不同英雄为主题的套牌进行对战游戏，不同的英雄主题也分别对应了《魔兽世界》游戏中的九大职业。其中，卡牌和套牌的组合，即游戏的规则和玩法，包括其中的文字说明，共计382张卡牌。

将原告请求保护的作品和被控侵权游戏中的相关内容进行比对的情况如下：卡牌和套牌的组合。被控侵权游戏中至少320张卡牌上的数字与原告卡牌相同，文字说明在表达上略有不同，但文义无实质差别，可以认定被告游戏抄袭了原告游戏的规则和玩法。

判决结果：(1)被告上海游易网络科技有限公司应在本判决生效之日立即停止

对原告暴雪娱乐有限公司著作权的侵害,并移除或修改侵权作品;(2)被告上海游易网络科技有限公司应在本判决生效之日起10日内赔偿原告暴雪娱乐有限公司、原告上海网之易网络科技发展有限公司经济损失人民币50,000元、为制止侵权所支出的合理开支人民币25,710元;(3)驳回原告暴雪娱乐有限公司、原告上海网之易网络科技发展有限公司其他诉讼请求。

【案件争点】

原告请求保护的对象是否属于著作权法所称作品以及被告是否侵害了应受著作权法保护的作品的著作权。

【裁判要旨】

生效裁判认为:

原告所主张的卡牌和套牌的组合,其实质是游戏的规则和玩法,包括其中的文字说明,共计382张卡牌。鉴于著作权法仅保护思想的表达,而不延及思想本身,因此本院对被告的抗辩予以采纳。对于卡牌上的文字说明,就单个卡牌或者每一句或每一段而言,由于其表达过于简单,难以达到著作权法所要求的独创性的高度,从而获得著作权法的保护。但是卡牌上的文字说明是用以说明卡牌在游戏中所具备的技能或功能,将其组合成一个整体,可以视为游戏说明书而作为著作权法所规定的文字作品予以保护。

虽然本院认为原告卡牌的文字说明作为一个整体,可以作为游戏说明书获得保护,但是需要指出的是,由于这些文字说明都是由游戏的玩法和规则所决定,其表达的可选择空间极其有限,而且原告的游戏说明就单个卡牌来看,并不具备著作权法的独创性,因此其作为一个整体独创性较低。由于被告抄袭了原告的游戏玩法和规则,为了要对游戏进行说明,不可避免地会使用与原告游戏说明较为接近的表达,这种相近源于思想的相同,实质上是对游戏规则和玩法的抄袭。从前面两方面来考虑,只有被告完全或者几乎完全抄袭了原告的游戏说明,才应认定为侵害了原告的游戏说明书的著作权。而根据本院查明的事实,被告在对游戏进行说明时,还是在可能的范围内对个别文字作了替换,考虑到游戏玩法和规则对表达的限制,这种差异已经足以认为两者不构成复制关系。因此,本院对原告指控被告侵害其游戏说明文字作品著作权的主张不予支持。当然,被告抄袭原告游戏的规则和玩法,其行为具有不正当性,但并非著作权法调整的对象。

例案二　暴雪娱乐有限公司、上海网之易网络科技发展有限公司与上海游易网络科技有限公司不正当竞争纠纷案

【法院】

上海市第一中级人民法院

【案号】

(2014)沪一中民五(知)初字第22号

【当事人】

原告：暴雪娱乐有限公司

原告：上海网之易网络科技发展有限公司

被告：上海游易网络科技有限公司

【基本案情】

两原告诉称：暴雪娱乐有限公司(以下简称暴雪公司)是全球最具影响力的娱乐游戏软件开发商和出版商。自1994年成立以来已推出多款畅销游戏软件，包括但不限于《魔兽世界》系列游戏。其推出的游戏因广受中国玩家好评而获得了"暴雪出品，必属精品"的评价。上海网之易网络科技发展有限公司(以下简称网之易公司)是暴雪公司在中国的合作伙伴，自2008年成立以来已成功地将暴雪公司多款游戏产品引入中国内地市场。暴雪公司于2013年3月22日在美国游戏展上首次公布其最新开发的一款电子卡牌游戏《炉石传说：魔兽英雄传》(以下简称《炉石传说》)，该游戏以魔兽世界为故事背景，玩家可以选用《魔兽世界》系列中的不同英雄为主题的套牌进行对战游戏，不同的英雄主题也分别对应了《魔兽世界》系列中的九大经典职业。后网之易公司经暴雪公司授权将《炉石传说》引入中国内地市场并于2013年10月23日开始向公众开放测试。该款游戏在测试中出现了一号难求的情况，且经国内外媒体广泛报道，获得了极高的知名度。两原告发现，被告上海游易网络科技有限公司(以下简称游易公司)于2013年10月25日向公众展示了一款名为《卧龙传说：三国名将传》(以下简称《卧龙传说》)的网络游戏，该游戏全面抄袭和使用了与原告暴雪公司知名商品《炉石传说》特有游戏界面极其近似的装潢设计及其他游戏元素(包括但不限于《炉石传说》核心元素即游戏规则)。两原告还发现被告于2013年10月26日在其公司网站上发表题为《惊现中国版，是暴雪太慢？还是中国公司太快?》(以下简称《惊现中国版》)的文章，文章称《卧龙传说》是中国版的《炉石传说》，并称《卧龙传说》几乎完美的换皮复制了《炉石传

说》。此外,被告已于2013年11月5日正式向公众开放《卧龙传说》游戏测试,并在其公司网站上公告已对外发放了30,000个游戏测试账号激活码。两原告认为,被告的上述行为已分别构成了《反不正当竞争法》第2条、第3条第2项、第9条所禁止的不正当竞争行为,依法应当承担相应的民事责任。

据以上之事实理由,两原告请求判令:(1)被告立即停止侵犯两原告知名商品特有装潢的不正当竞争行为;(2)被告立即停止虚假宣传的不正当竞争行为;(3)被告立即停止面向公众测试、发布、出版或以任何形式传播《卧龙传说》游戏的不正当竞争行为;(4)被告在其网站上发布由法院审核过的公开道歉和声明,以消除其因不正当竞争行为对两原告造成的不利市场影响;(5)被告赔偿两原告经济损失和合理开支共计人民币500万元;(6)被告承担本案诉讼费用。

被告请求判决驳回两原告的诉讼请求。其主要答辩理由为:(1)《炉石传说》不是商品,两原告就本案提起诉讼时《炉石传说》尚在测试阶段,未实际投入流通环节,《炉石传说》与暴雪公司《魔兽世界》系列游戏没有关联性,《魔兽世界》的知名度不应延伸至《炉石传说》,《炉石传说》不是知名商品;(2)《炉石传说》游戏界面等多个要素是游戏中的通用方式,不构成特有装潢,游戏引用的背景元素和人物角色均区别于《卧龙传说》,两款游戏完全不同;(3)《惊现中国版》一文系转载,文章绝大部分内容所涉系两款游戏的区别,不可能引起混淆;(4)游戏规则无法落入知识产权保护范围;(5)两款游戏平台不同,《卧龙传说》系在被告平台上独立开发的体现自身平衡性和竞技性的一款游戏,不存在抄袭;(6)被告已于两原告起诉后更改了系争部分的游戏内容,若存在不正当竞争行为也已经停止;(7)两原告主张的经济损失和合理费用缺乏事实和法律依据。

法院审理查明:法院结合《炉石传说》游戏公证画面、网易网关于《炉石传说》游戏规则的介绍文章及庭审中两原告主张,确认《炉石传说》游戏规则如下。(1)卡牌及套牌组合规则。每个职业有25张专属卡牌,157张中立牌,任何一方从九种职业中选择一个职业,在382张卡牌中选取30张的套牌组合,玩家在组建套牌时只能从本职业专属卡牌和中立牌中选择,上述规则由原告运用数学逻辑组合计算得出。(2)《炉石传说》战斗规则,不会有任何一方玩家轻易占取优势位置。具体体现为:(1)出牌顺序,每个玩家先手抽出3张牌,后手4张牌,双方轮流出牌;(2)回合制竞赛,第一回合每人有一点法力值,根据法力值每个玩家可以驱使和法力值匹配的牌,法力值增加为2、3、4、5的时候,玩家可以驱使对应法力值的牌,卡牌呈现一定变化,至第十回合时法力值达到上限;(3)场上随从数和手牌数量,最多七个随从和10张手牌；(4)疲劳伤害制度，30张套牌抽完游戏未结束触发一个掉血效果；(5)其他规则，攻击值消耗生命值，最先将对手生命值攻击到0点的玩家取得比赛胜利。

结合《卧龙传说》游戏公证画面及庭审中被告陈述，法院确认《卧龙传说》使用了与《炉石传说》基本相同的游戏规则，包括卡牌数量及构成、卡牌数值、卡牌使用方法等卡牌规则及回合制竞赛模式、疲劳伤害制度、场上随从数和手牌数量限制、出牌顺序等战斗规则。

判决结果：(1)被告游易公司应于本判决生效之日起立即停止不正当竞争行为，停止通过信息网络向公众传播或以任何其他形式传播抄袭《炉石传说》游戏的《卧龙传说》游戏；(2)被告游易公司应于本判决生效之日起7日内，连续10日在其网站http://unicogame.cn首页发布由本院审核过的公开声明，以消除其因不正当竞争行为对两原告造成的不利市场影响；(3)被告游易公司应于本判决生效之日起10日内赔偿原告暴雪公司、网之易公司经济损失及合理开支共计人民币335,000元；(4)驳回原告暴雪公司、网之易公司的其他诉讼请求。

【案件争点】

涉诉游戏规则是否可以获得著作权法和反不正当竞争法保护。

【裁判要旨】

生效裁判认为：

电子游戏远不只仅为大众娱乐而存在，而是具有极大的商业价值，游戏行业作为新兴行业，已经成为经营者投资获利的重要市场。为了规范游戏行业的健康发展，中国软件行业协会还组织制定了《中国游戏行业自律公约》，鼓励游戏行业从业者开展合法、公平、有序的竞争。本案原被告均为游戏产品的同行业竞争者，理应恪守反不正当竞争法及游戏行业自律公约的相关规定，开展公平竞争。本案中，原告游戏作为一种特殊的智力创作成果，需要开发者投入大量的人力、物力、财力，凝聚了很高的商业价值。被告并未通过自己合法的智力劳动参与游戏行业竞争，而是通过不正当的抄袭手段将原告的智力成果占为己有，并且以此为推广游戏的卖点，其行为背离了平等、公平、诚实信用的原则和公认的商业道德，超出了游戏行业竞争者之间正当的借鉴和模仿，具备了不正当竞争的性质。

被告辩称游戏规则不属于著作权保护范畴，《炉石传说》游戏规则没有独创性，仅是抽象的思想，没有具体的表达形式。本院认为，游戏规则尚不能获得著作权法的保护，并不表示这种智力创作成果法律不应给予保护。游戏的开发和设计要满足娱乐性并获得市场竞争的优势,其实现方式并不是众所周知的事实,而需要极大的创造性劳动。同时,现代的大型网络游戏,通常需要投入大量的人力、物力、财力进行研发,如果将游戏规则作为抽象思想一概不予保护,将不利于激励创新,为游戏产业营造公平合理的竞争环境。因此,本院对被告的辩称不予采纳。

被告虽更改部分游戏元素,包括《卧龙传说》游戏标识、战斗场面、部分卡牌外观,但未能充分举证证明所有模仿之处均作了修改,更没有证明更改后游戏未使用《炉石传说》游戏规则,故关于被告认为其已经停止不正当竞争行为的辩解理由,本院不予采纳。

例案三 广州火舞软件开发股份有限公司与广州动享网络科技有限公司商业贿赂不正当竞争纠纷案

【法院】

广州知识产权法院

【案号】

(2017)粤73民终1843号

【当事人】

上诉人(原审被告):广州火舞软件开发股份有限公司

被上诉人(原审原告):广州动享网络科技有限公司

【基本案情】

广州动享网络科技有限公司(以下简称广州动享公司)主张其《夺宝捕鱼》游戏整体构成以类似摄制电影的方法创作的作品,游戏的运行步骤、游戏规则、功能说明、文字介绍等构成文字作品,广州动享公司就以上作品享有著作权。广州动享公司发现广州火舞软件开发股份有限公司(以下简称广州火舞公司)的游戏《捕鱼大乐透》的游戏首页、游戏引导页、游戏核心功能页、玩转夺宝渔场、游戏规则等游戏元素与原告的游戏类似。

广州火舞公司辩称,案涉游戏并非广州动享公司独创,游戏的故事题材、玩法、机制、建筑物、武器及科技名称甚至文字描述等方面均复制、抄袭自其他捕鱼或夺宝类游戏,其行为不构成侵权。

一审法院审理查明:广州动享公司主张其《夺宝捕鱼》游戏整体构成以类似摄

制电影的方法创作的作品，游戏中独立存在的界面以及元素布局构成美术作品，游戏的运行步骤、游戏规则、功能说明、文字介绍等构成文字作品，广州动享公司就以上作品享有著作权。判决：(1)广州火舞公司于本判决发生法律效力之日起 15 日内，在腾讯应用宝官网首页连续 48 小时发布声明以消除影响(内容需经一审法院审核，逾期不履行，一审法院将在相关媒体公布判决书主要内容，费用由广州火舞公司承担)；(2)广州火舞公司于本判决发生法律效力之日起 10 日内赔偿广州动享公司经济损失及为制止侵权行为所支付的合理开支共计人民币 120,000 元；(3)驳回广州动享公司的其他诉讼请求。

广州火舞公司不服，提起上诉。广州火舞公司上诉请求判令：(1)撤销(2016)粤 0106 民初 9074 号民事判决，改判驳回广州动享公司的全部诉讼请求；(2)案件受理费由广州动享公司负担。主要上诉理由：(1)一审法院认定事实错误。①广州动享公司不具备起诉的权利基础，无法证明其对案涉游戏界面享有在先的著作权，起诉主体不适格。计算机软件登记证书不能证明其主张的美术作品、汇编作品，广州动享公司也无证据证实其涉案游戏界面的形成时间早于广州火舞公司。同时，案涉游戏并非广州火舞公司独创，游戏的故事题材、玩法、机制、建筑物、武器及科技名称甚至文字描述等方面均复制、抄袭自其他捕鱼或夺宝类游戏。②广州火舞公司游戏界面与广州动享公司游戏界面不构成相同或实质近似。③即使广州火舞公司游戏构成侵权，广州火舞公司早于上线后 2 个月内已停止运营，且由于运营周期较短和运营成本过高，广州火舞公司在运营期间几乎未产生任何利润，一审判决金额明显不合理。(2)一审判决适用法律错误。本案审理对象是广州动享公司在起诉时明确的“两款游戏在整体和大部分细节方面构成实质性相似”，而这一行为不属于我国《反不正当竞争法》第二章规定的任何一种不正当竞争行为。一审法院适用《反不正当竞争法》第 2 条，属于适用法律错误，应当优先适用《计算机软件保护条例》及《著作权法》的相关规定。同时，不应当将此前在著作权纠纷中的行为再次纳入审理范围。

广州动享公司答辩称：一审判决事实认定及法律适用准确，广州火舞公司的事实理由不能成立。(1)广州火舞公司在上诉状中称一审法院认定事实错误，认为广州动享公司不存在起诉基础，广州动享公司在一审中提交了权利证据，一审法院也对此查明，一审法院没有支持广州动享公司对著作权方面的请求支持了不正当竞争方面的请求，对著作权权属事实的认定没有否定，所以广州动享公司存在权利基础。(2)是否构成不正当竞争，一审判决适用《反不正当竞争法》第 2 条是正确的，是广州火舞公司对反不正当竞争法存在错误理解,对竞争法中明确界定的行为及没有明确界定的行为适用第2条处理,一审基于双方当事人存在竞争关系,存在接触过软件相关信息,广州火舞公司经营的软件与广州动享公司的游戏产品存在一定的雷同所以做出了诚信原则认定,该事实本身清楚,基于广州火舞公司不正当竞争行为做出构成不正当竞争的认定是正确的。基于广州火舞公司在上诉状中的事实理由是不存在或存在理解错误,请求维持原判。

二审法院对一审查明的事实予以确认。

二审法院判决:驳回上诉,维持原判。

【案件争点】

广州动享公司《捕鱼大乐透》游戏中的运行步骤、游戏规则、功能说明、文字介绍等文字说明是否构成受著作权法保护的作品。

【裁判要旨】

生效裁判认为:

广州动享公司在本案一审期间除了主张对其《夺宝捕鱼》游戏以类似摄制电影的方法创作的作品予以保护外,同时还主张对涉嫌侵权的《夺宝捕鱼》游戏中的游戏规则、运行界面及游戏相关文字说明分别主张著作权,并请求予以保护。对于《夺宝捕鱼》游戏的整体请求能否以类似摄制电影的方法创作的作品予以保护,还是对于具体游戏中的游戏规则、运行界面及游戏相关文字说明是否可以构成著作权法意义上的作品并予以保护,一方面属于当事人保护途径选择的问题;另一方面亦是法院在实体审理中的审查判断问题,并不影响广州动享公司对于其自行开发的《夺宝捕鱼》游戏整体享有相应的著作权,并基于该基本事实,根据法律规定主张权利。至于广州火舞公司称案涉游戏并非广州动享公司所独创,游戏的故事题材、玩法、机制、建筑物、武器及科技名称甚至文字描述等方面均复制、抄袭自其他捕鱼或夺宝类游戏,没有提供相应的证据证实,本院不予采信。广州火舞公司称广州动享公司不具备起诉的权利基础,依据不足,本院不予支持。

根据《著作权法实施条例》第2条规定,著作权法所称作品,是指文学、艺术和科学领域内具有独创性并能以某种有形形式复制的智力成果。广州动享公司游戏中的运行步骤、游戏规则、功能说明、文字介绍等文字说明系对游戏运行步骤、游戏规则、功能等方面的简单直接的客观描述,缺乏表现作者主观情感或意义的独创性表述,不符合著作权法中作品的法定条件,不构成受著作权法保护的作品,广州动享公司就其游戏中的运行步骤、游戏规则、功能说明、文字介绍等文字说明以文字作品主张权利缺乏依据，本院不予支持。

综上所述，广州动享公司主张权利的《夺宝捕鱼》游戏不构成以类似摄制电影的方法创作的作品，游戏中的运行步骤、游戏规则、功能说明、文字介绍等文字说明不构成著作权法中的作品，广州动享公司主张广州火舞公司侵害其游戏著作权不能成立，本院依法予以驳回。

三、裁判规则提要

（一）游戏的规则、玩法不构成作品，与文学作品的故事情节有着本质区别

游戏规则、玩法是游戏能否吸引玩家的关键因素，对于游戏能否获得成功发挥着决定性的作用，是体现游戏商业价值的“核心元素”。游戏规则、玩法构成作品是其受著作权法保护的前提。我国《著作权法》第 3 条规定：“本法所称的作品，包括以下列形式创作的文学、艺术和自然科学、社会科学、工程技术等作品：（一）文字作品；（二）口述作品；（三）音乐、戏剧、曲艺、舞蹈、杂技艺术作品；（四）美术、建筑作品；（五）摄影作品；（六）电影作品和以类似摄制电影的方法创作的作品；（七）工程设计图、产品设计图、地图、示意图等图形作品和模型作品；（八）计算机软件；（九）法律、行政法规规定的其他作品。”按照上述法律规定，我国著作权法保护的作品具有法定性的特点，《著作权法》第 3 条规定的“法律、行政法规规定的其他作品”并不是任意的“其他作品”，而是法律、行政法规明文规定予以保护的作品。由此可见，文学作品的故事情节无论是作为文字作品还是其他类型的作品，显然应当受到著作权法的保护，但是，游戏规则、玩法并不是法律规定的任何一种类型的作品，因此，游戏规则、玩法与文学作品的故事情节有着本质区别，游戏规则、玩法受我国著作权法保护存在法律上的障碍。

（二）游戏的规则、玩法属于思想，不属于著作权法保护的范畴

在知识产权法学理论界，有观点认为，以游戏规则的抽象程度为标准，可以将游戏规则划分为具体规则、一般规则、基础规则三种类型，其中，具体规则是指直接以文字、声音或图像等方式告知玩家的游戏规则，一般规则是指涉及战斗体系、对战模式和其他游戏特色的规则，基础规则是指关于游戏的类型和游戏的取胜条件的规则。因此，简单、抽象的游戏规则、玩法属于思想，不受著作权法保护，而复杂、

具体的游戏规则、玩法设计可能构成表达，属于著作权法保护的范畴。[①] 与上述观点类似的是，在司法实践中，有意见认为：网络游戏中对于玩法规则的具有独创性的表达，可以在一定程度上受到著作权法的保护。区分游戏作品中相应的玩法规则属于思想还是表达，应当要看这些玩法规则是属于概括的、一般性的描述，还是具体到了一定程度足以产生感知特定作品来源的特有玩赏体验，如果具体到了这一程度，足以到达思想与表达的临界点之下，可作为表达。具体而言，游戏设计师通过游戏连续动态图像中的游戏界面，将单个游戏系统的具体玩法规则或通过界面内直白的文字形式或通过连续游戏操作界面对外叙述表达，使玩家在操作游戏过程中清晰感知并据此开展交互操作，具有表达性。在 ARPG（Action Role Playing Game）[②]类电子游戏中，角色的选择、成长、战斗等玩法设置本身具有叙事性，依托游戏界面呈现的详尽的游戏玩法规则，类似于详细的电影剧情情节，游戏开发过程中通过绘制、设计游戏界面落实游戏规则的表达，与电影创作过程中依据文字剧本绘制分镜头剧本摄制、传达剧情具有一定相似性，可以说，以游戏界面设计体现的详细游戏规则，构成了对游戏玩法规则的特定呈现方式，是一种被充分描述的结构，构成作品的表达。申言之，游戏玩法规则的特定呈现方式具有独创性，人民法院可以认定这些游戏玩法规则为权利人独创，产生著作权。

对于上述观点，有的法院在司法实践中作出了否定的回答。例如，在例案一（2014）沪一中民五（知）初字第 23 号案件的民事判决书中，上海市第一中级人民法院认为："原告所主张的卡牌和套牌的组合，其实质是游戏的规则和玩法。鉴于著作权法仅保护思想的表达，而不延及思想本身，因此，本院对被告的抗辩予以采纳。"被告抄袭原告游戏玩法和规则，为了要对游戏进行说明，不可避免地会使用与原告游戏说明较为接近的表达，这种相近源于思想的相同，实质上是对游戏规则和玩法的抄袭，但游戏规则尚不能获得我国著作权法的保护。具体来说，直接以文字、声音或图像等方式告知游戏玩家的具体规则，其本质保护的是文字作品、音乐作品、美术作品等著作权法明文规定予以保护的作品类型，并非保护的是规则本身。至于涉及战斗体系、对战模式和其它游戏特色的一般规则与关于游戏的类型和游戏的取胜条件的基础规则，属于创作思想的范畴，而不是某种具体表达，均不能受到著作权法的保护。换言之，游戏的规则、玩法属于思想，并且游戏的规则和

---

① 参见朱艺浩：《论网络游戏规则的著作权法保护》，载《知识产权审判》2018 年第 2 期。

② ARPG（Action Role Playing Game），游戏术语，意思是动作角色扮演类游戏中，角色的动作（特别是攻击动作）与操作（如点击鼠标）相关的动作。

玩法的表达方式可选择空间极其有限，过于简单，难以达到著作权要求的独创性高度，因此游戏的规则和玩法不属于著作权法保护的范畴，而游戏的规则和玩法由于表达方式单一、有限，难以具有独创性，游戏的规则和玩法的文字表达也不是著作权法保护的客体。

（三）游戏的规则、玩法可以受到反不正当竞争法保护

游戏规则、玩法不受著作权法保护，并不意味着游戏规则、玩法完全不受我国法律保护。正如例案二上海市第一中级人民法院在（2014）沪一中民五（知）初字第 22 号案件的民事判决书中指出的那样："游戏规则尚不能获得著作权法的保护，并不表示这种智力创作成果法律不应给予保护。如果将游戏规则作为抽象思想一概不予保护，将不利于激励创新，为游戏产业营造公平合理的竞争环境。"例如，《卧龙传说》使用了与《炉石传说》基本相同的游戏规则，包括卡牌数量及构成、卡牌数值、卡牌使用方法等卡牌规则及回合制竞赛模式、疲劳伤害制度、场上随从数和手牌数量限制、出牌顺序等战斗规则。被告并未通过自己合法的智力劳动参与游戏行业竞争，而是通过不正当的抄袭手段将原告的智力成果占为己有，并且以此为推广游戏的卖点，其行为背离了平等、公平、诚实信用的原则和公认的商业道德，超出了游戏行业竞争者之间正当的借鉴和模仿，具备了不正当竞争的性质。在游戏开发者投入大量的人力、物力、财力研发游戏规则、玩法的情况下，如果被告没有通过自己合法的研发参与游戏行业竞争，而是通过不正当的模仿手段将原告享有权益的游戏规则、玩法占为已有，那么，被告的行为就违背了诚实信用的原则和公认的商业道德，超出了游戏行业竞争者之间正当的借鉴，属于不正当竞争的行为，应当受到反不正当竞争法的规制。

四、辅助信息

高频词条：

《著作权法实施条例》

第 2 条　著作权法所称作品，是指文学、艺术和科学领域内具有独创性并能以某种有形形式复制的智力成果。

知识产权案件裁判规则第 13 条:

动漫、游戏角色形象具有独创性的,应当认定为独立于动漫、游戏作品之外的美术作品而受著作权法保护

〔**规则描述**〕:动漫、游戏角色形象具有独创性的,应当认定为独立于动漫、游戏作品之外的美术作品而受著作权法保护。其著作权并不当然归属动漫、游戏作品的著作权人,而应根据当事人的举证情况予以认定。

一、类案检索大数据报告

时间:2019 年 1 月 25 日之前,案例来源:Alpha 案例库,案件数量:1001 件,检索关键词:动漫或者游戏角色形象(法院认为包含)、著作权、著作权权属、侵权纠纷(案由),数据采集时间:2019 年 1 月 25 日,本次检索获取了 2019 年 1 月 25 日前共 1001 篇裁判文书。整体情况如图 13 - 1 所示:

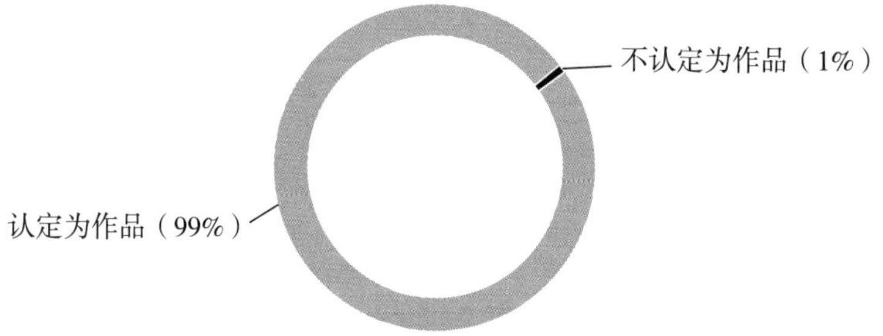

图 13 - 1 游戏、动漫角色形象类诉讼裁判结果

从图 13 - 1 显示的结果来看,99% 的受诉法院将游戏、动漫中角色形象作为著作权法的保护对象,给予其著作权保护。1% 的受诉法院认为涉案作品没有独创性,未认定为作品。

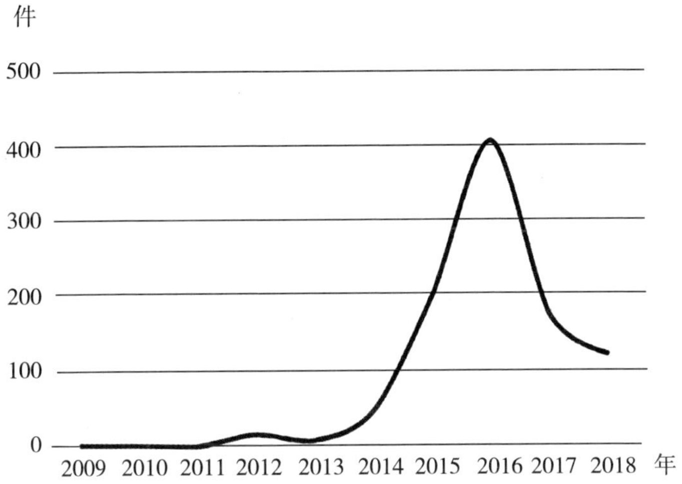

图 13－2　游戏、动漫角色形象类诉讼案件时间趋势

从图 13－2 显示的结果可以看出，涉及游戏、动漫角色形象类著作权相关纠纷的案件数量的变化趋势。自 2009 年至 2014 年，该类案件呈稳定增长趋势；2014 年至 2016 年，该类案件迅猛增长；2016 年至 2018 年，该类案件数量骤然下降，但是数量仍然比 2015 年的案件数量多。

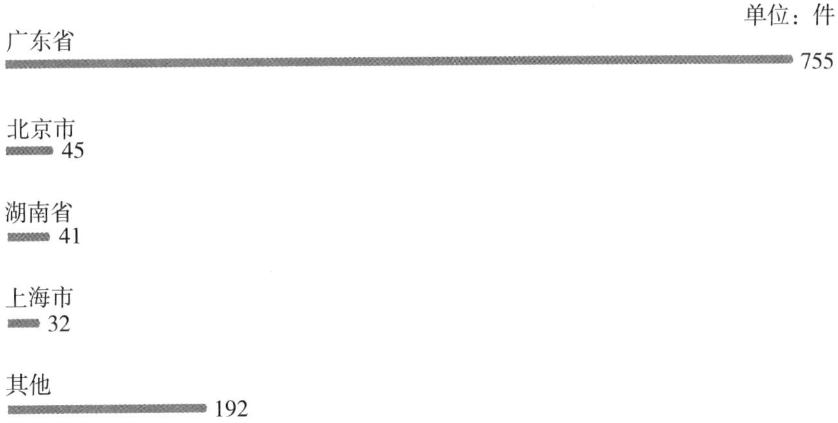

图 13－3　游戏、动漫角色形象类案件诉讼的主要地域分布

从图 13－3 主要地域分布来看，游戏、动漫、动画角色形象类案件的诉讼多发生在广东省，其次是北京市、湖南省、上海市。75% 以上该类案件的诉讼发生在广东省，4.4% 左右该类案件的诉讼发生在北京市，4% 左右该类案件的诉讼发生在湖南省,3.1%左右该类案件的诉讼发生在上海市。

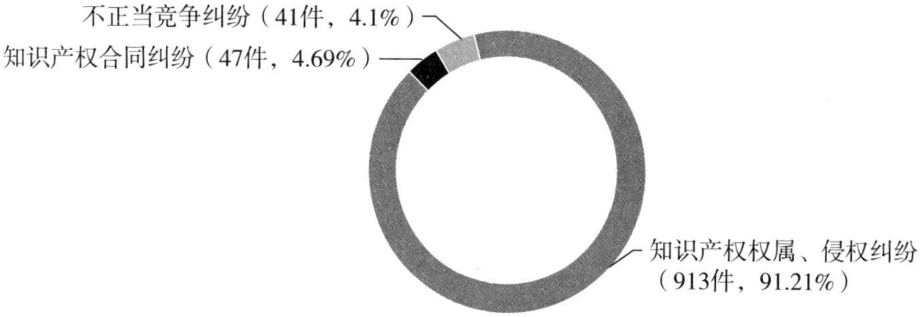

图 13-4 游戏、动漫角色形象类诉讼案件案由分布

图13-4表明,游戏、动漫角色形象类案件的案由主要是知识产权权属、侵权纠纷,占案件总量的91%以上。知识产权合同纠纷案件次之,占总案件量的4.6%左右。不正当竞争纠纷案件占案件总量的4%左右。

二、可供参考例案索引

例案一 上海世纪华创文化形象管理有限公司与武汉百佳超级市场有限公司侵害著作权纠纷案

【法院】

最高人民法院

【案号】

(2013)民申字第368号

【当事人】

再审申请人(一审原告、二审上诉人):上海世纪华创文化形象管理有限公司

被申请人(一审被告、二审被上诉人):武汉百佳超级市场有限公司

【基本案情】

上海世纪华创文化形象管理有限公司(以下简称上海华创)诉至一审法院称:其从《迪迦奥特曼ULTRAMANTIGA》(1~52集)等系列影视作品的著作权人圆谷制作株式会社(日本)(以下简称日本圆谷)处,依法获得该影视作品在中国大陆地区独占性的复制权、发行权、放映权以及该作品中角色形象的商品化权,并进行了著作权登记。在该影视片中,日本圆谷塑造了威猛有型、维护和平的科幻英雄人

物“宇宙战士迪迦奥特曼”形象，其主要特征是头部为头盔形，眼睛凸起呈椭圆形，两眼中间延至头顶部有凸出物，两耳呈长方形，无眉、无发。不法生产商为扩大自身商品的影响，迎合儿童的爱好和兴趣，未经上海华创授权，擅自将上海华创享有的该作品及其人物形象，在其生产的童装上作为商品装潢多处复制使用。武汉百佳超级市场有限公司（以下简称武汉百佳超市）应知上海华创对该作品享有著作权，仍然销售涉案侵权的“亿宇”童装，在主观上具有过错，应承担侵权的民事责任。上海华创请求：（1）判令武汉百佳超市立即停止销售侵犯上海华创对“迪迦奥特曼”形象享有著作权的“亿宇”童装；（2）判令武汉百佳超市立即销毁涉案尚未售出的侵权样品、半成品、产成品及相关标识等；（3）判令武汉百佳超市赔偿上海华创直接经济损失30,000元（人民币，下同）；（4）判令武汉百佳超市向上海华创公开赔礼道歉；（5）判令武汉百佳超市承担本案诉讼费用。

一审法院审理查明：1996年4月7日，日本圆谷摄制完成《迪迦奥特曼》（1～52集）系列影视片，于1996年9月7日在日本首次公映。该影视作品中塑造的科幻角色“迪迦奥特曼”具有以下主要视觉特征：头部呈头盔形，眼睛凸起呈椭圆形，两眼中间延至头顶部有凸出物，两耳呈长方形，无眉、无发。

2010年7月9日，上海华创委托的代理人黄某在公证员喻某、张某宏的监督下，到位于湖北省武汉市江岸区黄孝河路49号的武汉百佳超市，由黄某以普通消费者身份购买了带有“亿宇”标牌的红色儿童长棉裤等商品。武汉百佳超市出具了加盖公章的税务局监制发票一张。湖北省武汉市楚信公证处于2010年7月19日出具（2010）鄂楚信证字第17460号公证书。

一审法院判决驳回原告的诉讼请求。

上海华创不服一审判决，提起上诉。

二审法院对一审法院查明事实予以确认。另查明，“迪迦奥特曼”是《迪迦奥特曼》系列影视作品中的主要角色，其外部形象特征为头部为头盔形，眼睛凸起呈椭圆形，两眼中间延至头顶部有凸出物，两耳呈长方形，无眉、无发，全身分布红色、蓝色相间的条纹，人物胸前有一圆形蓝色图案。影片中，当怪兽突然来临，为了阻止怪兽破坏人类居住的星球，“迪迦奥特曼”会迅速从一名普通的公民变身为一名科幻英雄，勇敢地与怪兽进行搏斗。影片的每一集均讲述了“迪迦奥特曼”与不同的怪兽进行搏斗的故事情节。

二审中，上海华创陈述“奥特曼”形象由日本圆谷的圆谷英二在六十年代创作，“迪迦奥特曼”系日本圆谷的圆谷一夫九十年代在“奥特曼”基础上进行的再创作，但上海华创未对其陈述提交证据证实。《迪迦奥特曼》系列影视片中截图显示"制作圆谷一夫""制作圆谷制作株式会社每日放送"。

二审法院判决:驳回上诉,维持原判。

上海华创不服二审判决,向最高人民法院申请再审。

再审法院查明:上海华创申请再审期间提交了国家版权局于2012年12月31日颁发的第00078178号《著作权登记证书》。该证书颁发时间系在2012年3月16日二审判决作出之后,其内容显示:圆谷制作对美术作品《"奥特曼"系列作品图(1~6)》以法人作品著作权人身份依法享有著作权。

最高人民法院再审裁定:驳回上海华创的再审申请。

【案件争点】

影视作品《迪迦奥特曼》中"迪迦奥特曼"角色形象是否属于《著作权法》保护的作品,其著作权是否归影视作品著作权人上海华创享有。

【裁判要旨】

生效裁判认为:

本案中,日本圆谷系《迪迦奥特曼》影视作品的著作权人,上海华创经日本圆谷授权取得了《迪迦奥特曼》等影视作品在中国大陆地区的复制、发行、出租、展览、表演、放映、广播、信息网络传播、翻译、汇编等著作财产权,当事人对此均无异议。上海华创主张武汉百佳超市销售的"亿宇"童装侵害其享有的"迪迦奥特曼"形象的著作权,而判断上海华创是否构成侵权,需审查上海华创是否享有"迪迦奥特曼"形象的著作权。

关于"迪迦奥特曼"角色形象是否属于《著作权法》保护的作品。《著作权法实施条例》第4条第8项规定,"美术作品,是指绘画、书法、雕塑等以线条、色彩或者其他方式构成的有审美意义的平面或者立体的造型艺术作品"。"迪迦奥特曼"系虚拟人物形象,其表现形式既借鉴了真人的体格形态,又采用了虚拟夸张的手法,对头、脸、眼、鼻、耳等部位创作出不同真人的特点,具有独创性,属于利用线条、色彩、图案等表现方式构成的具有审美意义的具有人物造型艺术的作品,符合《著作权法》及其实施条例规定的美术作品的特征,属于受《著作权法》保护的美术作品。

关于"迪迦奥特曼"角色形象是否能独立于《迪迦奥特曼》影视作品之外受到保护。《著作权法》第15条规定:"电影作品和以类似摄制电影的方法创作的作品的著作权由制片者享有,但编剧、导演、摄影、作词、作曲等作者享有署名权,并有权按照与制片者签订的合同获得报酬。电影作品和以类似摄制电影的方法创作的作品中的剧本、音乐等可以单独使用的作品的作者有权单独行使其著作权。”影视作品是利用技术手段将众多相关作者和表演者及其创作活动凝结在一起的复合体，相关作者的创作成果被融为影视作品之中，故《著作权法》规定制片者享有影视作品著作权，同时规定相关作者享有署名权。除剧本、音乐外，美术作品也属于能独立于影视作品之外的作品，其作者有权单独行使著作权。本案中，“迪迦奥特曼”角色形象与影视作品是整体与部分的关系，二者可以分离，即“迪迦奥特曼”角色形象的作者可以依法单独行使美术作品的著作权。在没有约定的情况下，影视作品《迪迦奥特曼》的著作权人并不当然享有“迪迦奥特曼”角色形象美术作品的著作权。因此，二审法院认定上海华创只是从日本圆谷取得了《迪迦奥特曼》影视作品在中国大陆地区使用的相关著作财产权，但对其是否同时取得了“迪迦奥特曼”角色形象美术作品的著作权仍应承担举证责任，并无不当。

关于上海华创是否享有“迪迦奥特曼”角色形象美术作品的著作权。因上海华创在一审、二审期间均未提交其有权行使“迪迦奥特曼”角色形象美术作品著作权的证据，一审、二审法院据此认为上海华创应承担举证不能的法律后果并无不妥。上海华创申请再审期间提交的《著作权登记证书》系二审判决之后颁发，况且，该证书仅能证明日本圆谷对美术作品《“奥特曼”系列作品图(1～6)》享有著作权，不能证明上海华创享有该美术作品的著作权。结合上海华创在一审、二审期间提交的日本圆谷出具的《著作权授权证明》与上海市版权局颁发的《著作权合同备案证书》的内容：2009年2月13日，日本圆谷在其出具的《著作权授权证明》中，将《迪迦奥特曼》影视作品及人物形象在中国大陆的复制、发行、商品化权等项权利独占许可给上海华创，期限自2007年2月1日至2012年1月31日。同年4月13日，上海市版权局颁发的《著作权合同备案证书》载明：日本圆谷将《迪迦奥特曼》系列影视作品在中国大陆地区的复制、发行等权利专有许可给上海华创，期限自2009年2月13日至2012年1月31日。上述在后的“备案证书”与在先的“授权证明”相比，去掉了日本圆谷将上述影视作品中人物形象的复制权、发行权、商品化权等权利授予上海华创内容。鉴于本案上海华创公证购买被诉侵权商品的时间2010年7月9日在《著作权合同备案证书》所记载日本圆谷授权上海华创的期限内，故一审、二审法院以上海华创提交的证据不能证明其享有“迪迦奥特曼”角色形象美术作品的著作权，未支持上海华创的诉讼请求，亦无不当。

例案二 暴雪娱乐有限公司、上海网之易网络科技发展有限公司与北京分播时代网络科技有限公司、广州市动景计算机科技有限公司侵害著作权及不正当竞争纠纷案

【法院】

广东省高级人民法院

【案号】

(2016)粤民终1719号

【当事人】

上诉人(一审被告):北京分播时代网络科技有限公司

上诉人(一审被告):广州市动景计算机科技有限公司

被上诉人(一审原告):暴雪娱乐有限公司

被上诉人(一审原告):上海网之易网络科技发展有限公司

一审被告:成都七游科技有限公司

【基本案情】

《魔兽世界》是一种大型多人在线角色扮演游戏,该游戏著作权人暴雪娱乐有限公司(以下简称暴雪公司)授权上海网之易网络科技发展有限公司(以下简称网之易公司)在中国的独家运营权,2014年11月20日该游戏在中国正式上线。暴雪公司与网之易公司主张《魔兽世界:德拉诺之王》游戏中的18个英雄形象构成美术作品,受著作权法保护。暴雪公司、网之易公司认为成都七游科技有限公司(以下简称七游公司)开发、北京分播时代网络科技有限公司(以下简称分播时代公司)独家运营、广州市动景计算机科技有限公司(以下简称动景公司)提供下载的游戏《全民魔兽》(原名《酋长萨尔》)抄袭了《魔兽世界》的游戏角色形象及名称、登录界面、副本地图等,侵害了其美术作品著作权,向法院提起诉讼,要求三被告承担侵权责任。一审法院判决:(1)七游公司停止向公众提供被诉游戏;(2)分播时代公司停止代理、运营被诉游戏;(3)动景公司停止传播被诉游戏;(4)七游公司、分播时代公司连带赔偿暴雪娱乐公司、网之易公司人民币400万元;(5)动景公司对上述第四项判决金额中的20万元承担连带赔偿责任;(6)分播时代公司向暴雪公司、网之易公司道歉。

分播时代公司、动景公司不服一审判决,向广东省高级人民法院提起上诉。

二审法院判决:驳回上诉,维持原判。

【案件争点】

《全民魔兽》是否侵害《魔兽世界》的游戏角色形象的美术作品著作权。

【裁判要旨】

生效裁判认为：

1. 关于暴雪公司、网之易公司主张的角色形象是否构成作品

《著作权法实施条例》第2条规定，作品是指文学、艺术和科学领域内具有独创性并能以某种有形形式复制的智力成果。据此，作品的要件可归纳为：(1)文学、艺术和科学领域内的智力成果；(2)独创性；(3)可复制性。根据条例第4条第8项，美术作品是指绘画、书法、雕塑等以线条、色彩或者其他方式构成的有审美意义的平面或者立体的造型艺术作品。由此可知，美术作品除了满足独创性和可复制性外，还是以线条、色彩或其他方式构成，并具有审美意义的造型。本案中，暴雪公司、网之易公司主张《魔兽世界：德拉诺之王》游戏中的18个英雄形象构成美术作品。

首先，关于独创性。暴雪公司、网之易公司提交的大量图书出版物、第三方网站和暴雪公司、网之易公司中文官网中关于《魔兽世界》和涉案人物的介绍，以及暴雪公司、网之易公司庭审中关于涉案人物形象创作过程的陈述等内容相互印证，足以证明《魔兽世界》系列游戏具有独特和完整的故事背景，涉案人物形象是根据魔兽世界的故事而创作。由于魔兽世界故事对相关人物描述非常具体，不少形象特征体现了该人物的种族、身份、独特的际遇甚至所使用的武器的来源，故涉案人物形象具有较高的独创性。

其次，关于可复制性。《魔兽世界：德拉诺之王》游戏也是一款计算机软件作品，暴雪公司、网之易公司所主张的人物形象实质是体现在该软件作品用户界面中的人物形象。对于计算机软件作品用户界面能否复制，已经无须论述，且当事人也无异议，故涉案人物形象满足可复制性要件。

最后，涉案人物形象、装备图案及副本地图，均是以线条、色彩构成，并具有一定的审美意义，故构成美术作品。

2. 暴雪公司、网之易公司对涉案作品是否享有著作权

根据《关于审理著作权民事纠纷案件适用法律若干问题的解释》第7条规定，当事人提供的涉及著作权的底稿、原件、合法出版物、著作权登记证书、认证机构出具的证明、取得权利的合同等，可以作为证据，在作品或者制品上署名的自然人、法人或者其他组织视为著作权、与著作权有关权益的权利人，但有相反证明的除外。

本案中,暴雪公司、网之易公司为证明其享有涉案作品著作权,提交了《魔兽世界》系列游戏软件作品在美国版权局的登记证明、数本关于《魔兽世界》故事和人物介绍的合法出版物、第三方网站及暴雪公司、网之易公司中文官网关于《魔兽世界》游戏和相关人物的介绍。一审法院认为,这些证据并结合暴雪公司、网之易公司的陈述,足以证明暴雪公司是涉案作品著作权人。网之易公司经暴雪公司授权,有权使用涉案作品。

3. 分播时代公司、动景公司、七游公司的行为是否侵犯了暴雪公司、网之易公司的著作权

《著作权法》第10条第1款第5项规定复制权是指以印刷、复印、拓印、录音、录像、翻录、翻拍等方式将作品制作一份或者多份的权利。侵权诉讼中以下两种情况可以推定复制行为的存在:(1)由于两个完全相同的作品由不同主体独立创作完成的可能性极小,根据民事诉讼证据高度盖然性证明标准,此时即可推定复制行为存在。(2)如果被诉作品与权利人作品构成实质性近似且被诉侵权人有接触权利人作品之可能,根据民事诉讼证据高度盖然性证明标准,此时也可推定复制行为存在。关于实质性近似。根据人物形象对比图,被诉游戏与《魔兽世界:德拉诺之王》游戏中的人物形象特征相同,虽然两者在一些细节方面存在差异,但足以认定两者构成实质性近似。关于接触之可能。暴雪公司、网之易公司本案提交的《魔兽世界》系列游戏软件作品登记证明、数本中外合法出版物、第三方网站和暴雪公司、网之易公司中文官网对《魔兽世界》系列游戏的介绍等证据,已经形成完整证据链,足以证明《魔兽世界:德拉诺之王》是《魔兽世界》系列游戏的最新版本,与该系列游戏之前版本相比,虽在故事情节上有所发展,但却拥有相同的故事背景、共同的重要人物以及其他核心游戏要素。暴雪公司、网之易公司称涉案人物形象在之前版本亦有体现,具有充分的依据。虽然《魔兽世界:德拉诺之王》在中国正式上线时间晚于被诉游戏,但被诉游戏的上线时间显然晚于《魔兽世界》游戏之前版本的公开发行时间,故本案亦满足接触之可能的要件。

例案三 上海数龙科技有限公司与北京奇客创想信息技术有限公司侵害著作权及不正当竞争纠纷案

【法院】

北京市海淀区人民法院

【案号】

(2015)海民(知)初字第25401号

【当事人】

原告:上海数龙科技有限公司

被告:北京奇客创想信息技术有限公司

【基本案情】

《冒险岛》游戏于2008年2月4日由韩国公司NEXONKOREACORPORATION(以下简称NEXON公司)在韩国获得程序著作权注册证。NEXON公司曾将《冒险岛》游戏在大陆地区的运营权授予上海数龙科技有限公司(以下简称数龙公司)等三家公司,后于2016年7月1日出具《授权书》,将《冒险岛》游戏在中国大陆地区的运营及全部相关著作权等知识产权以及维权的权利独家授予数龙公司,并追认授权期间为2004年4月21日至2019年6月30日。北京优游共赢文化传播有限公司将女法师、女战士、树妖王、女弓箭手、男法师、男弓箭手、男战士的美术作品著作权于2010年10月3日非独家授权给北京奇客创想信息技术有限公司(以下简称奇客公司)。数龙公司认为,《冒险岛》游戏中有6个角色形象均需要玩家在玩游戏过程中付费获得,《冒险王》游戏中也存在与《冒险岛》游戏近似的6个玩家角色形象。另外,《冒险王》游戏中侵权使用了《冒险岛》中的智慧爷爷形象,该形象系留着白色八字胡、拄着拐杖的老爷爷。故诉至法院请求:(1)奇客公司停止侵害著作权及不正当竞争行为。(2)奇客公司就侵害著作权行为赔偿数龙公司经济损失500万元及不正当竞争行为赔偿数龙公司经济损失500万元。(3)奇客公司赔偿数龙公司为制止本案著作权侵权及不正当竞争行为所付合理开支80,400元。(4)奇客公司在《中国知识产权报》刊登公告,并在奇客公司网站首页显著位置连续30日刊登公告,消除影响。

奇客公司认为:涉案两款游戏都是冒险类游戏,不认可数龙公司提出的《冒险王》游戏中元素与《冒险岛》游戏对应元素相同或近似,即使存在相同或近似的情形,也是因为相关元素表达有限性以及为了反映现实生活原型需要而体现了最具代表性的要素,并且,这些元素在两款游戏中所占比例极小。对于玩家角色形象,《冒险王》游戏中的6个玩家角色形象与《冒险岛》游戏中的对应形象不同:《冒险岛》游戏中的形象为头身,而《冒险王》中的形象仅为头像;卡通形象的特殊之处在于眼睛与发型,而两款游戏每个对应人物的眼睛不同,所使用的发型在2000年之前的游戏人物中已使用。《冒险王》游戏智慧爷爷形象的设计理念是一位德高望重的村长,所以使用了白头发、白胡子、手持一本书和拐杖的形象设定,该形象设计是此类老者的通用形象。相比较《冒险岛》游戏,《冒险王》游戏中该形象胡子长、穿了长袍,且《冒险岛》游戏中智慧爷爷手中没有书,因此,在形象设计上存在不同。

【案件争点】

数龙公司是否享有《冒险岛》在大陆地区的著作权。

【裁判要旨】

生效裁判认为:

《著作权法实施条例》第2条规定,著作权法所称作品,是指文学、艺术和科学领域内具有独创性并能以某种有形形式复制的智力成果。第4条第8项规定美术作品是指绘画、书法、雕塑等以线条、色彩或者其他方式构成的有审美意义的平面或者立体的造型艺术作品。需要强调的是,不同种类作品对独创性的要求不尽相同,对于美术作品而言,其独创性要求体现作者在美学领域的独特创造力和观念。

《冒险岛》游戏中的6个玩家角色:《冒险岛》游戏中的这些玩家角色形象主要差异集中在头部,配合动漫人物脸型、发型和眼睛的不同展示6个角色形象。尽管脸型、发型或眼睛等单独部分为动漫人物的常见造型,但将之组合在一起时,可以体现这些角色形象的独创性特点,属于具有审美意义的美术作品。奇客公司虽然提出《冒险岛》游戏所使用角色形象的发型在2000年之前的游戏人物中已使用,但未提交充分证据证明。《冒险王》游戏中的6个角色形象使用了《冒险岛》游戏所对应6个角色形象中最具独创性特色的头部设计,虽然对眼睛以及发型的细节部分作了调整,但不影响与《冒险岛》游戏中6个角色形象构成实质性相似。

《冒险岛》游戏的智慧爷爷:数龙公司主张《冒险岛》游戏明珠港地图中的NPC智慧爷爷为美术作品,奇客公司列举了相关影视剧等作品中类似的长者形象,认为该人物为通用形象。本院认为,《冒险岛》游戏中的智慧爷爷虽然符合人们日常生活中的长者形象,但系通过卡通人物的身体比例、表现方式,从发型,面部造型,神态,眉毛、胡须颜色,以及服饰,动作等方面进行专门设计,展现出一位年长智者的形象,具有独创性特点,可以构成美术作品。《冒险王》游戏原色村中的NPC卡尔萌村长与《冒险岛》游戏中的智慧爷爷造型整体上构成实质性相似。至于奇客公司指出的胡子长短、服饰长短以及手中是否拿书等细节,未改变该形象主要的独创性设计,也不影响二者间的相似性认定。

综上所述,本院认为,奇客公司开发经营的《冒险王》游戏中使用上述图标及形象,属于未经许可使用《冒险岛》游戏中6个玩家角色和智慧爷爷美术作品,侵害了数龙公司享有的著作权。

三、裁判规则提要

（一）动漫、游戏角色形象具有独创性的，应当认定为独立于动漫、游戏作品之外的美术作品而受著作权法保护

世界知识产权组织将形象分为“真实人物”形象和“虚拟角色”形象两种。在形象权发源地的美国，真实人物形象和虚拟角色形象在法律上享有不同的权利，真实人物形象享有“形象权”（right of publicity），虚拟角色形象则相应地享有“角色权”（rights in characters）。动漫、游戏角色形象是一种典型的虚拟角色形象，虚拟角色是否构成独立的作品，要看是否符合我国《著作权法实施条例》的规定。该条例第2条规定：“著作权法所称作品，是指文学、艺术和科学领域内具有独创性并能以某种有形形式复制的智力成果。”从这一定义出发，我国著作权法保护的作品必须具备以下三个构成要件：其一，作品必须是文学、艺术和科学领域内的智力成果；其二，作品必须具有独创性；其三，作品必须能够以某种有形的形式进行复制。

以例案一为例，首先，“迪迦奥特曼”是在“奥特曼”的基础上再创作，属于“独立完成”的虚拟角色。“奥特曼”形象是圆谷英二在20世纪60年代创作的虚拟角色，“迪迦奥特曼”是圆谷一夫于20世纪90年代在“奥特曼”原型的基础上进行的再创作。与“奥特曼”原型相比，“迪迦奥特曼”在头盔形状、全身条纹颜色和胸前图案等方面有着显著区别，以上均体现了作者独立的构思而不是模仿或抄袭，从而使“迪迦奥特曼”成为了在客观感知上区别于“奥特曼”原型的新的虚拟角色。其次，“迪迦奥特曼”这一虚拟角色具有“创作性”。“迪迦奥特曼”虽是由真人扮演的角色，具有人类的躯体形态，但其并不是由演员简单化妆塑造的人物形象，而是以创作性的手法塑造的一个头部呈头盔形、眼睛凸起呈椭圆形、两眼中间延至头顶部有凸出物、两耳呈长方形以及无眉无发的机器人形象，这些都属于作者独到的取舍、选择、安排和设计，体现了作者所特有的个性。因此，“迪迦奥特曼”显然是作者独立构思、创作产生的作品，应当受到我国著作权法的保护。

《著作权法》第15条规定：“电影作品和以类似摄制电影的方法创作的作品的著作权由制片者享有，但编剧、导演、摄影、作词、作曲等作者享有署名权，并有权按照与制片者签订的合同获得报酬。电影作品和以类似摄制电影的方法创作的作品中的剧本、音乐等可以单独使用的作品的作者有权单独行使其著作权。”影视作品是利用技术手段将众多相关作者和表演者及其创作活动凝结在一起的复合体，相

关作者的创作成果被融在影视作品之中,故著作权法规定制片者享有影视作品著作权,同时规定相关作者享有署名权。游戏、动漫中角色形象包含的具体元素,如角色的面部、身体、五官、肤色等特征具有独创性的,则角色形象属于美术作品受著作权法保护。关于动漫、游戏角色形象是否能独立于影视作品之外受到保护的问题,除剧本、音乐外,美术作品也属于能独立于影视作品之外的作品,其作者有权单独行使著作权。如果动漫、游戏角色形象与影视作品是整体与部分的关系,二者可以分离,则动漫、游戏角色形象的作者可以依法单独行使美术作品的著作权。申言之,在商品经济条件下,动漫、游戏角色形象可以独立于影视作品进行商业化使用,其权利人可从中获得经济利益,由此可见,动漫、游戏角色形象是独立于影视作品而存在的作品。

(二)动漫、游戏角色形象的著作权并不当然归属动漫、游戏作品的著作权人,而应根据当事人的举证情况予以认定

近年来,因动漫、游戏角色形象引发的著作权纠纷多发,动漫游戏角色形象是否具备可作品性、其权利归属如何认定,裁判结果各异。原告取得了影视作品在中国大陆使用的相关著作财产权,但是,如前所述,在动漫、游戏角色形象与影视作品可以分离的情况下,动漫、游戏角色形象的作者可以依法单独行使美术作品的著作权。由此可见,动漫、游戏角色形象作为美术作品的著作权并不当然由影视作品的著作权人一并享有。申言之,按照我国法律规定,美术作品的著作权由美术作品的作者享有,影视作品的著作权由影视作品的制片者享有。原告是否取得了动漫、游戏角色形象美术作品的著作权,仍应由原告承担举证责任。也就是说,在没有约定的情况下,影视作品的著作权人并不当然享有动漫、游戏角色形象美术作品的著作权。

在例案一中,日本圆谷制作株式会社在使用美术作品《迪迦奥特曼》拍摄影视作品《迪迦奥特曼》时,是否与美术作品《迪迦奥特曼》的作者圆谷一夫约定过该美术作品的权属,上海华创公司没有举证证明。即便美术作品《迪迦奥特曼》的作者圆谷一夫授权日本圆谷制作株式会社使用该美术作品拍摄影视作品《迪迦奥特曼》,也不能据此认定圆谷一夫将美术作品《迪迦奥特曼》的复制权、发行权、出租权等著作权一并转让给日本圆谷制作株式会社并授权其进行诉讼维权。因此,虚拟角色《迪迦奥特曼》的著作权人应当是美术作品的作者圆谷一夫,上海华创公司虽取得影视作品《迪迦奥特曼》著作权人的授权,但在其没有举证证明取得美术作

品《迪迦奥特曼》著作权人圆谷一夫授权的情况下，不能认定其当然享有影视作品中可以单独使用的美术作品的权利。

在司法实践中，动漫、游戏角色形象的著作权应当根据当事人的举证情况认定，具体的认定标准主要有三类：一是创作者标准，即依据动漫、游戏角色形象的美术作品的创作者认定此类作品的著作权人；二是合同约定标准，即依照动漫、游戏角色形象的美术作品著作权人与动漫、游戏作品著作权人之间的合同约定认定权利归属；三是投资者保护标准，即依据动漫、游戏作品的投资者认定著作权人，以充分保护投资者的利益。笔者认为，投资者保护标准一般在认定影视作品著作权人的案件中比较合理，但在认定动漫、游戏角色形象的著作权人的情况下并不适用。人民法院认定动漫、游戏角色形象的著作权人，一般应当依照创作者标准来认定此类美术作品的著作权人，如果创作者与动漫、游戏作品著作权人等权利主体之间有合同约定，则可以依据合同约定标准确定继受权利人。

四、辅助信息

高频词条：

《著作权法实施条例》

第4条 著作权法和本条例中下列作品的含义：

……

（八）美术作品，是指绘画、书法、雕塑等以线条、色彩或者其他方式构成的有审美意义的平面或者立体的造型艺术作品；

……

（十一）电影作品和以类似摄制电影的方法创作的作品，是指摄制在一定介质上，由一系列有伴音或者无伴音的画面组成，并且借助适当装置放映或者以其他方式传播的作品；

……

知识产权案件裁判规则第 14 条:

游戏界面具有独创性,并且与公有领域的惯常表达有区别的,应当认定为美术作品受著作权法保护。具有独创性并能以有形形式复制的整体的游戏画面,属于类电作品,受著作权法保护

〔**规则描述**〕:游戏界面的布局作为美术作品的思想不属于著作权法保护的范畴,但界面并非仅由布局构成,而是由色彩、线条、图案构成的平面造型艺术,美术作品的独创性判断仅要求最低限度的审美意义,在没有证据表明游戏界面来自公有领域的惯常表达的情形下,游戏界面构成著作权法意义上的作品。游戏画面有独创性,可以以有形形式复制,无论连续活动画面是唯一固定,还是随着不同操作而发生不同变化都应认定为类电作品。

一、类案检索大数据报告

时间:2019 年 3 月 11 日之前,案例来源:Alpha 案例库,案件数量:229 件,检索关键词:游戏界面或者游戏画面(法院认为包含)、著作权、著作权权属、侵权纠纷(案由),数据采集时间:2019 年 3 月 11 日,本次检索获取了 2019 年 3 月 11 日前共 229 篇裁判文书。整体情况如图 14 - 1 所示:

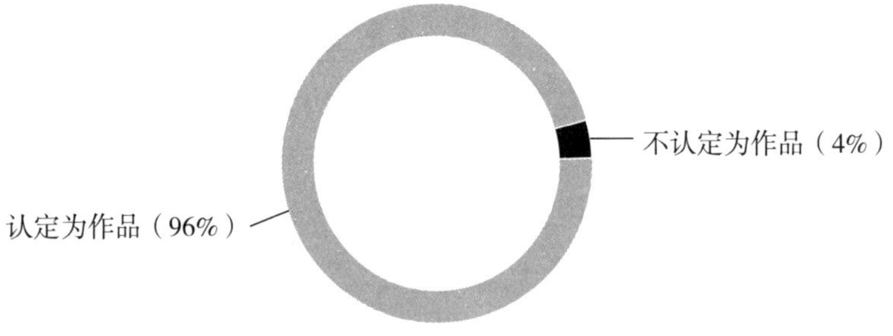

图 14 - 1　游戏界面类诉讼裁判结果

从图 14 - 1 游戏界面类诉讼裁判结果来看,4% 的受诉法院认定游戏界面属于思想,或者游戏界面其他构成要素没有独创性,不受著作权法保护;96% 的受诉法院认为游戏界面属于美术作品,或者游戏画面属于类电作品,受著作权法保护。

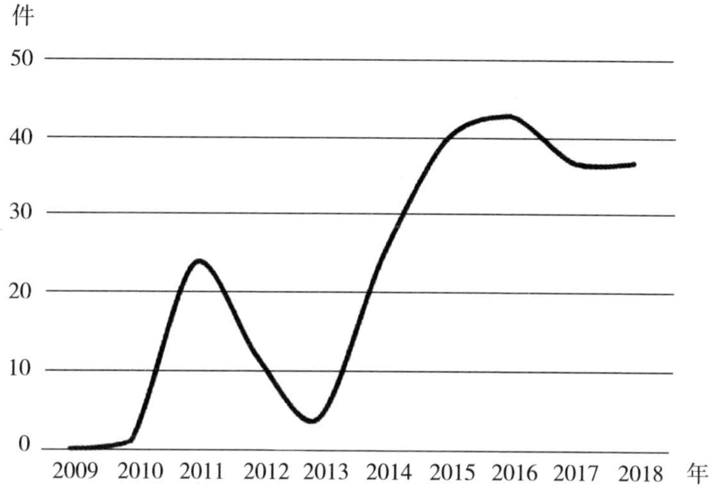

图 14 –2　游戏界面类诉讼案件时间趋势

从图 14 –2 案件时间趋势，可以看出游戏界面类案例数量在时间分布上的变化趋势。

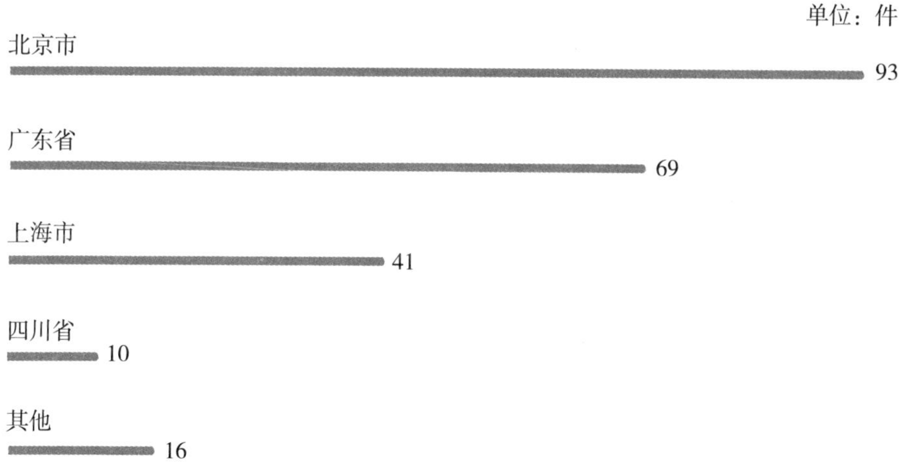

图 14 –3　游戏界面类案件诉讼的主要地域分布

从图 14 –3 主要地域分布来看，游戏界面类案例主要集中在北京市、广东省、上海市，分别占比约 41%、30%、18%。其中北京市的案件量最多，达到 93 件。

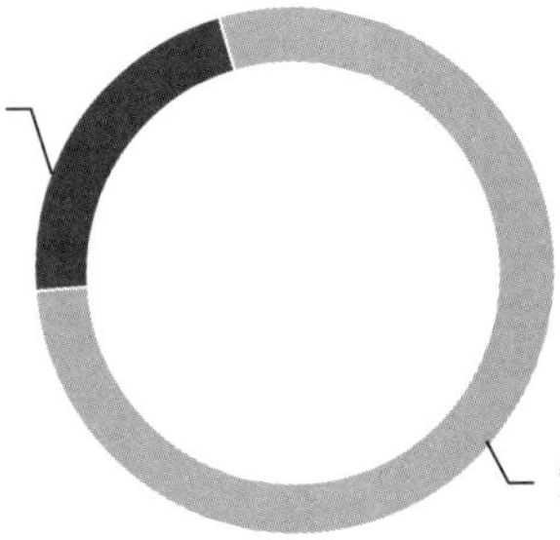

图 14-4　游戏界面类诉讼案件案由分布

从图 14-4 的案由分布情况可以看出,游戏界面类诉讼案件的案由分布由多至少分别是知识产权权属、侵权纠纷,不正当竞争纠纷。

二、可供参考例案索引

例案一　暴雪娱乐有限公司、上海网之易网络科技发展有限公司等与上海游易网络科技有限公司著作权权属、侵权纠纷案

【法院】

上海市第一中级人民法院

【案号】

(2014)沪一中民五(知)初字第 23 号判决

【当事人】

原告:暴雪娱乐有限公司

原告:上海网之易网络科技发展有限公司

被告:上海游易网络科技有限公司

【基本案情】

两原告诉称:原告暴雪娱乐有限公司已经成为全球最受瞩目和业界尊敬的计算机游戏开发商,《炉石传说:魔兽英雄传》(Hearthstone:Heroes of Warcraft)(以下简称《炉石传说》)是其推出的一款以魔兽世界为故事背景的电子卡牌游戏。该游戏以魔兽世界为故事背景,玩家可以选用以魔兽系列中的不同英雄为主题的套牌进行对战游戏,不同的英雄主题也分别对应了《魔兽世界》中的九大经典职业。

2013 年 10 月 25 日,被告上海游易网络科技有限公司向公众展示了一款名为《卧龙传说:三国名将传》(以下简称《卧龙传说》)的网络游戏。被告在游戏中大量

使用、复制并抄袭了《炉石传说》游戏中的标识、界面、牌面、特效、文字作品、美术作品、视听作品和其他游戏元素方面的设计及体现出游戏规则及算法的各游戏卡牌及套牌整体组合。2013年10月30日，被告在其公司网站(http://unicogame.cn)上公告，已经对外广发了30,000个《卧龙传说》游戏测试账号的激活码且还在持续发放中。被告声称计划在测试完成之后面向公众发布该款游戏。被告未经两原告的授权，擅自在《卧龙游戏》中使用、复制并抄袭了《炉石传说》游戏中的标识、界面、牌面、特效、文字作品、美术作品、视听作品和其他游戏元素方面的设计及体现出游戏规则及算法的各游戏卡牌及套牌整体组合的行为已构成《著作权法》所禁止的著作权侵权行为。

为此两原告请求本院判令：(1)被告立即停止侵犯第一原告著作权的行为，停止面向公众测试、公布、出版或以任何其他形式传播《卧龙传说》游戏；(2)被告赔偿两原告包括为制止被告著作权侵权行为而支付的合理开支在内的经济损失共计人民币500万元；(3)被告承担本案全部的诉讼费用。庭审中，两原告就请求保护的作品作了进一步明确：(1)"炉石标识"。在《炉石传说》的游戏中，原告将炉石标识设计为外围为多金角、内围为一圈包含漩涡状的蓝色或大理石颜色的光晕组成的艺术造型，应属于美术作品。(2)"游戏界面"。游戏中14个界面在构图、布局、素材的选择、线条的轮廓、明暗的变化及整体的造型上，具备美术作品有审美意义的特征。其中有两个界面同时也构成汇编作品，分别是"我的收藏之浏览界面"和"我的卡牌界面"。(3)"牌面设计"。卡牌分为四个类型，随从牌、法术牌和秘能牌，还有一个武器牌，应当作为美术作品予以保护。(4)卡牌和套牌的组合。卡牌类的游戏最重要的元素就是其卡牌和套牌的组合，一套游戏耐不耐玩，玩家喜不喜欢，很多时候取决于卡牌和套牌的设计的好坏。原告要求保护的卡牌和套牌的组合是包括382张牌，由9个英雄225张牌和157张中立牌构成，卡牌下面有文字性的说明，用于说明卡牌的技能，卡牌角落有一些数字，分别代表一定的生命或攻击力，每张牌在游戏中的角色和其他牌之间的相互关系各有不同。游戏设计者基于游戏的平衡性对卡牌进行了选择和平衡，游戏中九个英雄的能力要平衡，中立卡牌设计要平衡，卡牌之间要平衡。基于三个平衡性的取舍，原告在数万种卡牌的设计中根据自己的剧情选择了382张卡牌，包括文字说明和数字，这样的规则和算法独创的程度是非常高的，并且还能体现剧情。(5)视频和动画特效。共计24段特效和视频，请求作为视听作品予以保护。

被告答辩称，不同意原告全部诉讼请求。其主要答辩理由为：(1)原告请求保护的客体多数并不属于著作权法所保护的作品。对于炉石标识,未达到著作权独创性的要求,且原告与被告的标识也不相似。对于游戏界面,文字部分短短几个字,是通常的表述,不是文字作品,不能受到著作权法的保护。美术作品整体布局不属于著作权保护范围,很多界面都是计算机常用的界面,不具有独创性且不享有著作权。对于单张的卡牌布局,是通用的布局,且原告和被告的图案完全不同。对于整套卡牌的玩法、功能,在卡牌中是常有的,不具有独创性,功能的设计不属于著作权保护的客体。对于游戏特效,独创性过低,且不属于著作权法所规定的任何一类作品。(2)《卧龙传说》和《炉石传说》不构成实质性相似,不构成侵权。(3)被告的游戏几乎没有经营收入,向公众发放激活码数量是很少的,不存在原告所说的巨额损失。

法院经审理查明:被控侵权游戏中的界面与原告请求保护的界面在布局上没有实质性差别,但构成界面的图案、色彩等元素有实质不同。判决:(1)被告上海游易网络科技有限公司应在本判决生效之日立即停止对原告暴雪娱乐有限公司著作权的侵害,并移除或修改侵权作品;(2)被告上海游易网络科技有限公司应在本判决生效之日起10日内赔偿原告暴雪娱乐有限公司、原告上海网之易网络科技发展有限公司经济损失人民币50,000元、为制止侵权所支出的合理开支人民币25,710元;(3)驳回原告暴雪娱乐有限公司、原告上海网之易网络科技发展有限公司其余诉讼请求。

【案件争点】

原告请求保护的对象是否属于著作权法所称作品。

【裁判要旨】

生效裁判认为:

原告请求将其游戏中的14个界面作为美术作品进行保护,并且认为其中的"我的收藏之浏览界面""我的卡牌界面"还应当作为汇编作品进行保护;被告则辩称界面的整体布局不属于著作权法保护范围,很多界面都是计算机常用的界面,不具有独创性。著作权法保护思想的表达,而不及于思想本身,因此,游戏界面的布局作为美术作品的思想的确不属于著作权法保护的范畴。但是,14个界面并非仅由布局构成,而是由色彩、线条、图案构成的平面造型艺术。如前所述,美术作品的独创性判断仅要求最低限度的审美意义,而且并没有证据表明原告作品来自公有领域的惯常表达,故而本院确认该14个游戏界面属于著作权法所称的作品,应受法律保护。至于两原告关于其中两个界面还应属于汇编作品的主张,本院认为,只有对内容的选择和编排体现出独创性的汇编行为，才能够获得著作权法的保护。由于电脑游戏界面的内容选择和编排受游戏功能和电脑屏幕资源的限制，可以选择的空间较小，两原告的界面编排并没有体现出足够的独创性，故而本院对其主张不予采纳。

例案二 | 广州硕星信息科技股份有限公司、广州维动网络科技有限公司与上海壮游信息科技有限公司、上海哈网信息技术有限公司著作权权属、侵权纠纷案

【法院】

上海知识产权法院

【案号】

(2016)沪73民终190号

【当事人】

上诉人(原审被告)：广州硕星信息科技股份有限公司(原名广州硕星信息科技有限公司)

上诉人(原审被告)：广州维动网络科技有限公司

被上诉人(原审原告)：上海壮游信息科技有限公司

原审被告：上海哈网信息技术有限公司

【基本案情】

2013年8月14日，网禅公司将《MU》(中文名称：奇迹MU)授权上海壮游信息科技有限公司(以下简称壮游公司)在中国独家运营，并赋予壮游公司以自己名义采取起诉、刑事报案等措施维护权益，授权有效期自壮游公司合法运行《奇迹MU》之日开始至终止游戏服务之日，若办理案件过程中到期，授权书的效力延期到案件办理结束时止。2014年9月2日，网禅公司确认壮游公司获得了网络游戏《奇迹MU》在中国区域的独占性运营权，并授权壮游公司针对侵害《奇迹MU》游戏的著作权、商标权及其他衍生权利的侵权游戏(《勇者国度》《奇迹神话》《暗夜奇迹》《暗夜之神》)，以壮游公司自己名义进行维权的权利，授权性质为独占性授权(含转授权)，授权范围为中国大陆地区，授权期限自2012年3月19日至2015年8月31日。壮游公司运营该游戏的网站为"《奇迹MU》唯一官方网站_eX702震撼来袭－壮游科技"(网址为http://mu.zhaouc.com，以下简称《奇迹MU》官网)。

2013年12月,广州硕星信息科技股份有限公司(以下简称硕星公司)完成网页游戏《奇迹神话》,并于同年12月21日在国家版权局进行著作权登记,2014年8月6日进行了国产网络游戏备案。2014年1月3日,硕星公司授权广州维动网络科技有限公司(以下简称维动公司)在授权区域内独家运营及推广该游戏,并于同年3月1日出具授权书。并通过上海哈网信息技术有限公司(以下简称哈网公司)"99YOU"网站进行宣传。维动公司在其网站的子网站(http://qjsh.91wan.com/)运营该游戏,网页名称为"奇迹神话官网-91WAN"(以下简称《奇迹神话》官网)。

根据硕星公司提交的有关《奇迹神话》的游戏素材以及壮游公司在卢湾公证处的试玩情况,将两者进行对比后的情况如下:在地图的名称和等级限制方面,《奇迹神话》360级之前的全部地图名称与《奇迹MU》的相应地图名称基本相同,除了幽暗密林、狼魄要塞外,其余地图的等级设计的相应顺序也一致。在地图的俯视图及场景图方面,两者的俯视图在颜色搭配、显示的路线图方面相同或相似,但图片的具体造型不同。两者的场景图经比对,仅在线条、图案设计的具体细节方面略有差异,少部分素材差异较大。在角色及其技能方面,两款游戏均有剑士、魔法师和弓箭手三个角色,《奇迹MU》还有其他角色。对于角色的简介,两者存在较大差异,但对于角色技能的描述,除魔法师的毒炎技能描述不同外,其他技能描述相同或者基本相同。《奇迹MU》中的技能均配有相应造型,为彩色的效果图;《奇迹神话》中弓箭手有2个技能没有造型,其余造型则为简单的黑白图。在技能名称方面,就剑士角色,《奇迹MU》中有14个技能,《奇迹神话》总共5个技能与《奇迹MU》中相应的5个技能的名称相同或者基本相同;就魔法师角色,《奇迹MU》有22个技能,《奇迹神话》总共13个技能,与《奇迹MU》中的相应13个技能的名称相同或者基本相同;就弓箭手角色,《奇迹MU》有17个技能,《奇迹神话》总共8个技能,《奇迹MU》中相应8个技能的名称相同或者基本相同。在武器和装备方面,将两者29个武器及105个装备比对,名称、适用的角色相同或者基本相同,造型的整体轮廓基本一致,绝大部分武器及装备的颜色、线条的整体设计均基本相同,仅在具体细节设计上略有差异,少量有较大差别。在怪物及NPC方面,将两款游戏的47个怪物进行对比,其名称相同或者基本相同,造型的整体轮廓基本一致,绝大部分怪物的线条、颜色基本相同,仅在具体细节上略有差异,仅少部分怪物的造型有一定差别。《奇迹神话》提供的6个NPC造型中的5个与《奇迹MU》的相应NPC造型基本相同。

壮游公司认为硕星公司、维动公司、哈网公司侵犯了其游戏的整体画面,提起诉讼。

一审法院认为《奇迹MU》游戏的整体画面可以作为类电影作品获得著作权法的保护，该游戏的各部分在本案中已无必要予以单独保护。判决：(1)硕星公司、维动公司停止侵害壮游公司对《奇迹MU》享有的著作权的行为；(2)硕星公司、维动公司立即停止擅自使用涉案知名商品特有名称及虚假宣传的不正当竞争行为；(3)硕星公司、维动公司共同赔偿壮游公司经济损失人民币5,000,000元及为制止侵权行为所支付的合理开支人民币104,990元；(4)硕星公司、维动公司共同在《中国知识产权报》上发布公开声明(声明内容须经一审法院审核)，以消除其因侵犯著作权及不正当竞争行为对壮游公司造成的不利影响，同时分别在各自的网站首页(网址分别为www.hugenstar.com和www.91wan.com)连续30日刊登相同内容的声明；如不履行，一审法院将在相关媒体上公布本判决的主要内容，所需费用由两被告承担；(5)驳回壮游公司的其余诉讼请求。

一审判决后，硕星公司、维动公司不服，提起上诉。上诉人提出《奇迹MU》游戏不具有独创性，亦不属于类电影作品，网络游戏应当依照组成元素分别以音乐作品、美术作品、文字作品予以单独保护，不存在整体保护的必要。

二审法院经查，被上诉人在本案起诉时就《奇迹MU》游戏著作权存在多方位的权利主张，其主张的作品是《奇迹MU》网络游戏及其相关游戏素材，权利游戏如不能认定著作权法规定的“其他作品”，则主张游戏整体画面构成类电影作品，同时被上诉人还主张各组成元素构成文字作品、美术作品。

二审法院判决：(1)维持上海市浦东新区人民法院(2015)浦民三(知)初字第529号民事判决第1项、第4项、第5项；(2)变更上海市浦东新区人民法院(2015)浦民三(知)初字第529号民事判决第2项为：上诉人硕星公司、维动公司于本判决生效之日起立即停止虚假宣传的不正当竞争行为；(3)变更上海市浦东新区人民法院(2015)浦民三(知)初字第529号民事判决第3项为：上诉人硕星公司、维动公司于本判决生效之日起10日内共同赔偿被上诉人壮游公司经济损失人民币4,000,000元及为制止侵权行为所支付的合理开支人民币104,990元。

【案件争点】

(1)涉案游戏中被比对内容是否具有独创性；

(2)一审认定《奇迹MU》游戏构成类电影作品是否符合法律规定。

【裁判要旨】

生效裁判认为:

(1)根据我国著作权法规定,作品是指文学、艺术和科学领域内具有独创性并能以某种有形形式复制的智力成果。本案《奇迹 MU》游戏整体画面,在其等级设置、地图名称以及地图、场景图的图案造型设计、职业角色设置及技能设计、武器、装备的造型设计等方面均具有独创性,且游戏画面可以以有形形式复制,符合上述法律规定的作品的构成要件,属于著作权法意义上的作品。上诉人提出一审进行比对的游戏元素均是魔幻类游戏的通用元素,不具有独创性。二审法院经查,上诉人所提出的地图名称、个别角色名称等之前曾被使用的元素占《奇迹 MU》游戏的少部分,而且如该游戏的等级设置、角色技能设计以及地图场景等的整合使用,具有独创性,即使个别角色、地图名称之前曾被使用,亦不影响游戏整体画面的独创性,上诉人的该项上诉理由,二审法院不予采信。

(2)至于《奇迹 MU》游戏整体画面的作品类型,上诉人提出在制作方法上,网络游戏不存在类似摄制电影的制作过程;在表现形式上,网络游戏不存在如类电影般的故事情节、丰富场景,而且画面不固定,是玩家按照游戏规则通过操作形成的动态画面,过程具有随机性和不可复制性。故网络游戏不应归属于类电影作品。二审法院认为,网络游戏是近年来快速发展的数字文化娱乐类智力成果,对于具有独创性的网络游戏构成著作权法意义上的作品,但是是否可以得到著作权法保护以及如何给予著作权法保护还应当依据现行著作权法的规定。《著作权法》对于作品按照表现形式进行了文字作品、音乐作品、美术作品等分类,其中亦规定了电影作品和以类似摄制电影的方法创作的作品。《著作权法实施条例》第 4 条第 11 项规定,电影作品和以类似摄制电影的方法创作的作品,是指摄制在一定介质上,由一系列有伴音或者无伴音的画面组成,并且借助适当装置放映或者以其他方式传播的作品。可见我国著作权法关于作品的分类以其表现形式为基础,而作品固定在有形载体上的方式并非是作品分类的依据。对于类电影这一类作品的表现形式在于连续活动画面组成,这亦是区别于静态画面作品的特征性构成要件,网络游戏在运行过程中呈现的亦是连续活动画面。二审法院注意到网络游戏与传统类电影在表现形式上存在区别,即网络游戏的连续活动画面是随着游戏玩家的操作进行的,具有双向互动性,而且不同操作会呈现不同的画面。而传统类电影作品的连续活动画面是固定单向的,不因观众的不同而发生变化。对此,二审法院认为类电影作品特征性表现形式在于连续活动画面,网络游戏中连续活动画面因操作不同产生的不同的连续活动画面其实质是因操作而产生的不同选择，并未超出游戏设置的画面，不是脱离游戏之外的创作。因此，该连续活动画面是唯一固定，还是随着不同操作而发生不同变化并不能成为认定类电影作品的区别因素。至于固定在有形载体上的方式，随着科学技术的不断发展，特别是网络技术的快速发展，著作权客体也会随之产生新生物，对此应当依据作品分类的实质因素进行判断分析。二审法院认为，我国著作权法规定了电影作品和类似摄制电影的方法创作的作品，其中类似摄制电影的方法创作，应是对创作方法的规定，不应仅是制作技术的规定，更应包括对各文学艺术元素整合的创作方法。从此意义上来讲，网络游戏也是采用对各文学艺术元素整合的创作方法。因此，一审认定《奇迹MU》游戏整体画面构成类电影作品，二审法院予以肯定。上诉人的该项上诉理由，二审法院不予采信。

例案三　成都尼毕鲁科技有限公司与大连斯芬克斯软件开发有限公司侵害作品复制权、发行权、修改权、信息网络传播权纠纷案

【法院】

大连市西岗区人民法院

【案号】

(2014)西民初字第1002号

【当事人】

原告：成都尼毕鲁科技有限公司

被告：大连斯芬克斯软件开发有限公司

【基本案情】

原告成都尼毕鲁科技有限公司（以下简称尼毕鲁公司）诉称，原告是成都一家以计算机软硬件开发、销售及技术开发、技术咨询为主的移动互联网公司。《银河帝国》手机游戏是原告于2011年自行开发完成的，并于2012年5月30日在国家版权局进行了计算机软件著作权登记。该手机游戏是一款战争策略类网络应用游戏，运行平台及环境为苹果ios系统。其以太空为背景，内容包括玩家自主进行生产发展、科技研究、建造舰队并使用策略进行殖民扩张和战争对抗，以及多种形式的互动交流等；操作环节包括启动、登录、进入游戏、账户设置、消费等。2013年，原告发现在App Store上发布的一款简称为《Galaxy at War Online》的手机游戏与

原告的《银河帝国》手机游戏高度相似。该手机游戏软件的著作权人系被告大连斯芬克斯软件开发有限公司(以下简称斯芬克斯公司)。原告依法向公证处申请进行了证据保全,原告认为公证书中所附的《银河帝国》手机游戏界面截图33张构成美术作品和汇编作品,整个《银河帝国》游戏系由上述33张游戏界面截图构成的汇编作品。被告的《Galaxy at War Online》手机游戏的相应游戏界面构成了对原告前述33张美术作品著作权的侵权,同时构成了对由33张游戏界面截图构成的汇编作品著作权的侵权。根据《著作权法》及相关法律、法规、司法解释的规定,原告认为,被告的《Galaxy at War Online》游戏侵犯了原告《银河帝国》手机游戏的著作权。为维护原告的合法权益,特诉至法院,请求依法判令:(1)被告立即停止侵犯原告《银河帝国》手机游戏相关权利的著作权侵权行为,包括在判决生效之日起停止复制、向公众传播与原告《银河帝国》手机游戏具有实质性相似内容的《Galaxy at War Online》手机游戏,并停止前述游戏的运营及相关服务,在判决生效之日起删除《Galaxy at War Online》游戏中与原告《银河帝国》手机游戏实质性相似的内容;(2)被告赔偿原告因侵权行为所遭受的经济损失200,000元;(3)被告向原告支付因制止著作权侵权行为所支出的合理费用64,539.5元。

被告斯芬克斯公司辩称,不同意原告的全部诉讼请求。理由如下:(1)原告并不具备起诉的权利基础,无法证明其对案涉游戏界面享有在先的著作权,起诉主体不适格。计算机软件登记证书不能证明其主张的美术作品、汇编作品,原告也无证据证明其案涉游戏界面的形成时间早于被告。同时,案涉游戏并非原告所独创,游戏的故事题材、玩法、机制、建筑物、武器及科技名称甚至文字描述等方面均复制、抄袭自Ogame游戏。(2)原告所主张的游戏界面不具有独创性,不能构成我国著作权法上的美术作品、汇编作品。

法院经审理查明:原告系《银河帝国》游戏软件的著作权人,2013年12月5日,原告尼毕鲁公司的委托代理人兰燕向成都市国力公证处提出申请,申请对手机游戏GalaxyEmpire(即《银河帝国》)、GalaxyatWarOnline的游戏界面进行比对并截图保存界面图片的过程进行保全证据公证。2013年12月6日,在公证处公证人员的监督下,由申请人的两名工作人员分别使用iPad登录游戏GalaxyEmpire和游戏GalaxyatWarOnline,并对前述两款游戏的游戏界面进行对比后截图,共取得游戏界面对比截图50页,分别记载于181号公证书的第5页至第54页。

被告系《GalaxyatWarOnline》游戏软件的著作权人,该游戏软件于2012年4月23日开发完成,于2012年5月23日首次发表,于2013年7月19日取得中华人民共和国国家版权局计算机软件著作权登记证书，登记号为 2013SR068737，计算机软件著作权登记证书上载明版本为 V1.0。

另查，Ogame 系一款战争策略类网页游戏，于 2002 年在德国推出首个服务器，于 2006 年开设简体中文服务器。游戏中包含太阳能发电站、金属矿仓库、晶体矿仓库等设施、建筑及舰船的图形及文字说明。

法院判决：驳回原告尼毕鲁公司的诉讼请求。

【案件争点】

涉案游戏界面是否属于著作权法保护的作品。

【裁判要旨】

生效裁判认为：

计算机软件与美术作品、汇编作品系著作权法保护的不同类型作品，取得计算机软件著作权登记证书并不必然取得相应的美术作品或汇编作品的相关著作权。

大连市西岗区人民法院认为，原告所主张的 33 张截图不能构成著作权法意义上的美术作品。理由如下：著作权法意义上的美术作品，是指绘画、书法、雕塑等以线条、色彩或者其他方式构成的有审美意义的平面或者立体的造型艺术作品。同时，美术作品应当满足著作权法对作品的基本要求，即独创性。原告主张的游戏界面主要的作用在于帮助游戏玩家进行辅助功能的操作，界面本身并不具备美术作品所要求的审美意义，同时，原告主张的游戏界面大部分均为网络游戏的通用表达，这是由网络游戏的特性所决定的。网络游戏通常都具备任务、排名、充值、邮件、聊天以及活动功能，而设置界面则是一般游戏都会有的界面，因此，原告所主张的上述界面并不具备独创性。此外，前述具有功能性的界面，本身的创造空间十分有限，原告亦未提供证据证明其在进行上述界面的设置时进行了何种特殊的创造或取舍，因此，原告主张的界面因不具备独创性、审美意义而不能视为美术作品。

关于原告主张 33 张游戏界面截图构成汇编作品一节，大连市西岗区人民法院认为，汇编作品系作者对已有作品进行选择、搜集整理后进行一定顺序的编排后所形成的新的作品，汇编作品应当体现作者在进行汇编时主动的选择与取舍，同时，汇编作品的选取、排列、组合应当满足著作权法对作品的一般要求，即应当具有独创性。综观原告所主张的 33 张截图，截图本身多是由图形、文字、线条所组成，并未体现原告对这些图形、文字、线条进行的选择。同时，原告对这些图形、文字、线条进行编排时，没有体现出其与其他同类型手机网络游戏的显著区别，无法体现其选择与取舍,亦没有体现出相应截图的独创性,不满足对作品独创性的要求。因此,原告主张的33张截图不能构成汇编作品。

关于原告主张《银河帝国》游戏系由33张游戏界面汇编而成的汇编作品一节,大连市西岗区人民法院认为,《银河帝国》游戏本身为一款计算机软件,其特点是根据程序进行动态的运行,按照既定的程序,根据不同的数据产生不同的效果,产生相应的游戏界面。原告将一款动态运行的游戏视为33张静态的游戏界面拼接而成的汇编作品,并不妥当。游戏界面只是游戏的组成部分,其主要作用是使玩家顺利地进行游戏,不能将计算机软件生硬地解释为静态的界面拼接。同时,汇编作品应体现作者的选择与编排,而33张游戏界面系按照游戏的进程随机进行的截取,并未体现原告在其中对界面进行了选择与编排,因此,《银河帝国》手机游戏不能构成汇编作品。

综上所述,原告所主张的33张游戏界面截图不构成美术作品及汇编作品,《银河帝国》游戏不构成汇编作品。

三、裁判规则提要

(一)游戏界面具有独创性审美意义,并且与公有领域的惯常表达有区别,应当认定为美术作品受著作权法保护

《著作权法实施条例》第4条第8项规定,"美术作品,是指绘画、书法、雕塑等以线条、色彩或者其他方式构成的有审美意义的平面或者立体的造型艺术作品"。游戏界面在表现形式上属于以线条、色彩或者其他方式构成的平面图案。游戏界面的布局作为美术作品的思想不属于著作权保护的范畴,但如果界面并非仅由布局构成,而是由色彩、线条、图案构成的平面造型艺术,美术作品的独创性判断仅要求最低限度的审美意义,而且并没有证据表明作品来自公有领域的惯常表达,在此情况下,游戏界面属于著作权法所称的美术作品。游戏界面中单独元素的可著作权性分述如下:

1. 游戏名称

动漫游戏的名称通常由单个词语或若干词语的简单组合构成,因名称的文字表述简短,难以体现文字作品的独创性,故法院一般不会将游戏名称认定为文字作品。例如,在《我叫MT》案中,法院认为:"我叫……"的表述方式是现有表述方式,而"MT"亦属于常见字母组合,故"我叫MT"整体属于现有常用表达,并非著作权法意义上的创作,不具有独创性。法院还认为:"哀木涕""傻馒""劣人""呆贼"

“神棍德”五个游戏人物的名称，在公众不知晓原告游戏，而仅看到上述名称的情况下，无法对其所表达的含义有所认知，因此，上述名称并未表达较完整的思想，未实现文字作品的基本功能。

在司法实践中，有观点认为，动漫游戏属于网络服务，简短的游戏名称在具有较高知名度的情况下，可以构成知名服务特有的名称，他人未经许可使用与其相同或近似的游戏名称则涉嫌仿冒。例如，在广州知识产权法院(2015)粤知法商民初字第 2 号案中，原告暴雪娱乐有限公司、上海网之易网络科技发展有限公司诉成都七游科技有限公司等不正当竞争案中，被诉游戏先后使用了两个名称：《酋长萨尔：魔兽远征》和《全民魔兽：决战德拉诺》，两者都包括“魔兽”，后者还包括“德拉诺”，被告明显具有攀附原告游戏《魔兽世界：德拉诺之王》的主观故意，故被告构成擅自使用原告知名服务的特有名称的不正当竞争行为。

2. 游戏界面

在韩国泡泡堂诉腾讯 QQ 堂侵犯著作权、不正当竞争纠纷案中，法院认为：游戏界面的布局作为美术作品的思想不属于著作权保护的范畴，但涉案 14 个界面并非仅由布局构成，而是由色彩、线条、图案构成的平面造型艺术，属于应受到法律保护的作品。在广州知识产权法院(2015)粤知法商民初字第 2 号案中，原告暴雪娱乐有限公司、上海网之易网络科技发展有限公司诉成都七游科技有限公司等不正当竞争案中，法院同样认为：游戏界面的布局作为美术作品的思想，的确不属于著作权保护的范畴。由此可见，游戏界面的整体布局，其本质是一种构成功能性的设置，属于有限的表达方式，不具有可著作权性。但是，游戏界面中具有美感的画面，属于美术作品的范畴，可以给予著作权保护。

当前，有司法观点认为，网络游戏中的界面作为商品和服务的装潢来予以保护。具体来说，游戏界面作为装潢保护有以下三个问题：第一，游戏界面作为装潢保护要求游戏具有一定的知名度，且被诉游戏界面会造成相关公众的混淆与误认。在炉石传说案中，法院认为：虽然《炉石传说》具有一定的知名度，游戏中的炉石标识、单个战斗场地界面、382 张卡牌及套牌组合有一定的独特性，但《炉石传说》游戏于 2013 年 10 月 23 日才开始正式向中国公众开放，距离被告于 2013 年 10 月 25 日首次发布《卧龙传说》仅隔两天，鉴于相关公众对于《炉石传说》标识的接触和知晓需要一段时间持续的过程，在被控不正当竞争行为发生之时，游戏运行过程中才能逐渐展示给相关公众的炉石标识、单个战斗场地界面、382 张卡牌无法为相关公众所普遍知晓，更难以具备区别商品来源的功能，因此，被告即便使用了与《炉石传说》相近似的装潢,也不会因此而造成相关公众的混淆与误认。第二,标题界面、登录界面和人物创建界面等游戏界面属于知名服务装潢的保护范围。在广州知识产权法院(2015)粤知法商民初字第2号案中,原告暴雪娱乐有限公司、上海网之易网络科技发展有限公司诉成都七游科技有限公司等不正当竞争案中,法院认为:除标题文字有所区别外,被诉游戏的标题界面、登录界面和人物创建界面完全抄袭了《魔兽世界》系列游戏的装潢设计,被诉装潢足以导致玩家的混淆误认。由此可见,如果相关游戏界面具有独特的装饰风格,可以产生区分服务来源的作用,那么,可以认定游戏界面起到了与现实经营服务场所的门店招牌、门面装饰相同的装潢作用,在动漫游戏属于知名服务的情况下,可以认定该游戏的标题界面、登录界面和人物创建界面等游戏界面属于知名服务的装潢。第三,游戏的打斗界面不宜作为装潢保护,而应当分解为游戏元素予以保护。由于网游中的打斗界面并不固定,而且往往是游戏背景、游戏人物、游戏道具等元素的随机组合,故不宜将其作为装潢来予以整体保护,而应当将打斗界面分解为各种游戏元素分别予以保护。

3. 服装道具

动漫游戏的服装道具如果达到独创性的标准,其在本质上即属于利用线条、图案、色彩等表现方法形成的具有一定造型艺术的美术作品。虽然服装道具在游戏的不同背景、不同情节下可能展现出不同的形态,但其主体特征始终没有改变,属于可以复制的智力成果,应当受到著作权法的保护。在我叫MT案中,法院从服装及武器上对人物形象进行比对,认为被诉游戏中五个人物的武器及服饰,与原告游戏中五个对应形象的武器与服饰差异较大,未构成实质性近似,被诉游戏中的人物形象并未使用原告的独创性表达,因此未支持原告有关侵犯人物形象著作权的主张。

(二)类似摄制电影的方法创作,应是对创作方法的规定,不应仅是制作技术的规定,更应包括对各文学艺术元素整合的创作方法

如前所述,具有独创性和审美意义,并且与公有领域的惯常表达有区别的游戏界面,可以作为美术作品受著作权法保护。与静态的、单独的游戏界面不同的是,游戏中动态的、连续的、整体的游戏画面,不属于美术作品的范畴,但是,游戏画面作为以类似摄制电影的方法创作而成的作品,同样受到著作权法的保护。

《著作权法实施条例》第4条第11项规定,“电影作品和以类似摄制电影的方

法创作的作品，是指摄制在一定介质上，由一系列有伴音或者无伴音的画面组成，并且借助适当装置放映或者以其他方式传播的作品”。游戏在玩家开启操作的运行过程中，屏幕终端呈现出文字、图片、声音等组合而成的画面，上述画面具有独创性，并能以有形形式复制，属于应受著作权法保护的作品。然而，游戏的画面并不是文字、图片、声音等多种类型作品的简单拼凑组合，而是随着游戏情节的发展而连续变动的整体，因此，游戏的画面是否属于类似摄制电影的方法创作的作品，是其能否受到著作权法有效保护的关键。从表现形式上看，随着玩家的操作，游戏人物在游戏场景中不断展开游戏剧情，所产生的游戏画面由图片、文字等多种内容集合而成，并随着玩家的不断操作而出现画面的连续变动。上述游戏画面由一系列有伴音或者无伴音的画面组成，通过电脑进行传播，具有和电影作品相似的表现形式。因此，游戏的整体画面同样可以认定为是以类似摄制电影的方法创作而成的。

（三）整体的游戏画面具有独创性、可以以有形形式复制的，属于类似摄制电影的方法创作的作品，受著作权法保护

类似摄制电影的方法创作的作品特征性表现形式在于连续活动画面，游戏中连续活动画面因操作不同产生的不同的连续活动画面其实质是因操作而产生的不同选择，并未超出游戏设置的画面，不是脱离游戏之外的创作。因此，该连续活动画面是唯一固定，还是随着不同操作而发生不同变化并不能成为认定类电影作品的区别因素。由此可见，游戏画面有独创性，可以以有形形式复制，无论连续活动画面是唯一固定，还是随着不同操作而发生不同变化都应认定为类似摄制电影的方法创作的作品。

四、辅助信息

高频词条：

《著作权法》

第 3 条　本法所称的作品，包括以下列形式创作的文学、艺术和自然科学、社会科学、工程技术等作品：

……

（六）电影作品和以类似摄制电影的方法创作的作品；

……

《著作权法实施条例》

第4条 著作权法和本条例中下列作品的含义:

……

(十一)电影作品和以类似摄制电影的方法创作的作品,是指摄制在一定介质上,由一系列有伴音或者无伴音的画面组成,并且借助适当装置放映或者以其他方式传播的作品;

……

知识产权案件裁判规则第 15 条：
竞技类网络游戏比赛画面是由参赛选手按照游戏规则、通过各自操作所形成的动态画面，系比赛情况的客观、直观的表现形式，比赛过程具有随机性和不可复制性，比赛结果具有不确定性，故比赛画面并不属于著作权法规定的作品

〔**规则描述**〕：竞技类网络游戏本身并无剧本之类的事先设计，比赛画面是由参赛选手按照游戏规则、通过各自操作所形成的动态界面，系比赛情况的客观、直观的表现形式，比赛过程具有随机性和不可复制性，比赛结果具有不确定性，故比赛画面并不属于著作权法规定的作品。应当将赛事本身或赛事画面与基于赛事画面制作的节目区分开来，基于竞技类网络游戏制作的视频节目如果符合独创性的要求，可以成为著作权法意义上的作品。如直播赛事的行为直接损害原告独家转播能够带来的市场竞争优势，侵害该市场竞争优势能够带来的商誉等合法权益，亦损害网络游戏直播行业的正常经营秩序，严重违反诚实信用原则和公认的商业道德，具有主观恶意的，可认定构成不正当竞争。

一、类案检索大数据报告

时间：2019 年 3 月 20 日之前，案例来源：Alpha 案例库，案件数量：24 件，检索关键词：著作权、游戏直播，数据采集时间：2019 年 3 月 20 日，本次检索获取了 2019 年 3 月 20 日前共 24 篇裁判文书。整体情况如图 15 – 1 所示：

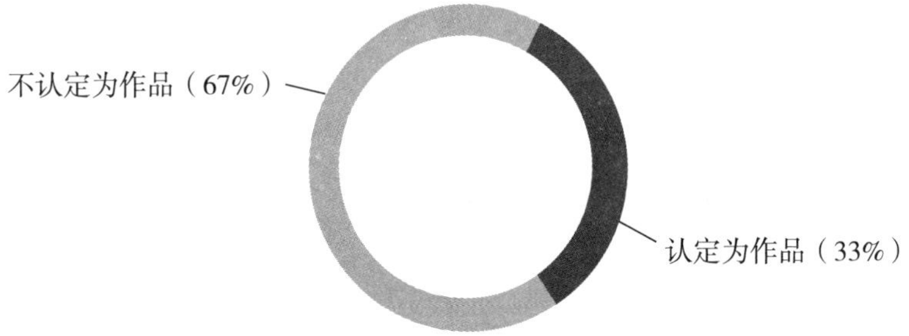

图 15 – 1　网络游戏直播类诉讼裁判结果

从图 15 -1 显示的结果来看,33% 的法院将网络游戏直播节目认定为作品,作为著作权法保护客体,67% 的法院不将其认定为作品。

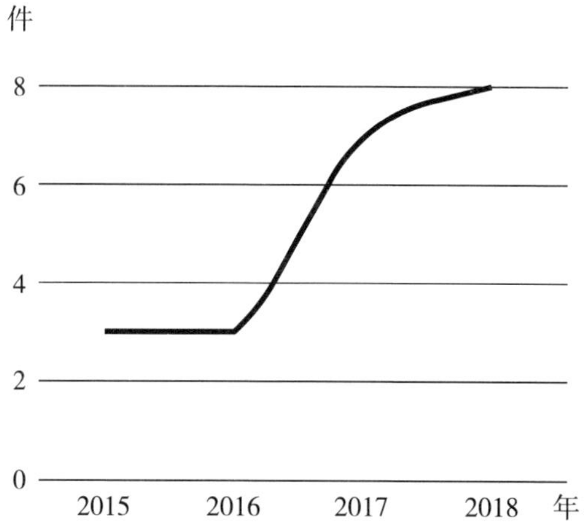

图 15 -2 网络游戏直播类诉讼案件时间趋势

从图 15 -2 的案件时间趋势,可以看出网络游戏直播类纠纷案件逐年的数量变化态势。

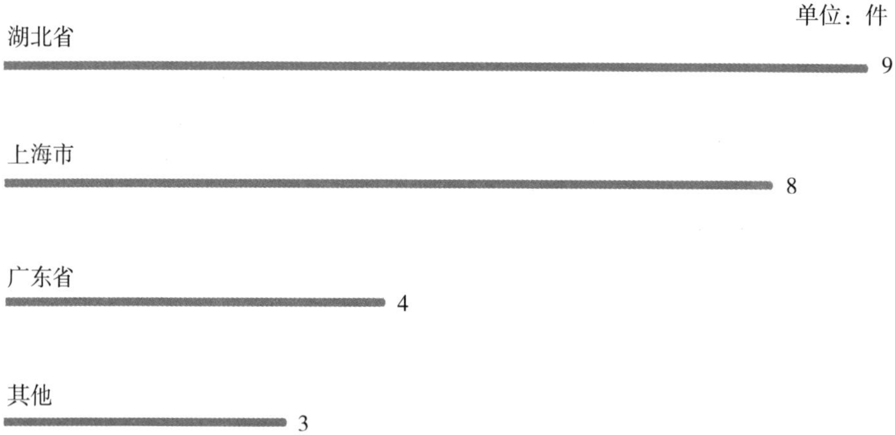

图 15 -3 网络游戏直播类案件诉讼的主要地域分布

从图 15 -3 的主要地域分布来看,网络游戏直播节目纠纷案件主要集中在湖北省、上海市、广东省,分别占比约 38%、33%、17%。其中湖北省的案件量最多,达到 9 件。

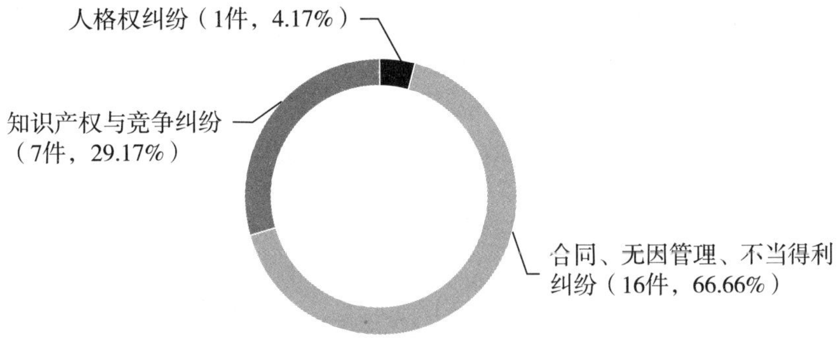

图 15－4　网络游戏直播类诉讼案件案由分布

从图 15－4 的案由分布情况可以看出,网络游戏直播节目诉讼的案由主要是合同、无因管理、不当得利纠纷,有 16 件,占一半以上,其次是知识产权与竞争纠纷,人格权纠纷。

二、可供参考例案索引

例案一　上海耀宇文化传媒有限公司与广州斗鱼网络科技有限公司侵害著作权及不正当竞争纠纷案

【法院】

上海市浦东新区人民法院

【案号】

(2015)浦民三(知)初字第 191 号

【当事人】

原告:上海耀宇文化传媒有限公司

被告:广州斗鱼网络科技有限公司

【基本案情】

“DOTA2”游戏是世界知名的电子竞技类网络游戏,该游戏之亚洲杯赛事即亚洲邀请赛于 2015 年 1 月 5 日至 2 月 9 日举行。经该游戏权利人的合法授权,原告上海耀宇文化传媒有限公司(以下简称耀宇公司)承办了上述赛事,为此投入了近 1400 万元人民币的巨资和大量人力等成本。对于上述赛事,原告通过计算机软件截取了游戏自带的比赛画面,在比赛画面中加入了对游戏主播即解说员和直播间的摄像画面、解说内容以及字幕、灯光、照明、音效等内容,并通过慢镜头回放、摄像角度的选择等,独家形成了具有独创性的该赛事直播的音像视频。经该游戏权利人的合法授权,原告在中国大陆地区对上述赛事享有独家的视频转播权等权利,原告通过自己经营的电子竞技游戏直播网站即“火猫 TV”网站对该赛事以上述音像视频为内容向网络用户进行了全程、实时的网络直播。被告广州斗鱼网络科技有限公司(以下简称斗鱼公司)经营的“斗鱼”网站系电子竞技游戏直播网站,被告未经授权,通过其网站全程、实时直播了涉案 DOTA2 亚洲邀请赛,直播内容为原告制作的上述音像视频(解说内容和拍摄的画面除外),直播时间持续近 1 个月,直播比赛共 80 场。被告在直播时还擅自使用原告的标识,并向游戏主播散播其拥有涉案赛事的版权、有权进行直播等不实消息,其负责人在与原告负责人沟通时还声称其拥有转播涉案赛事的授权等。原告认为,原告就涉案赛事形成的音像视频内容属于受我国著作权法保护的作品,他人擅自通过信息网络传播该作品的,构成侵害原告的信息网络传播权。原告、被告之间存在同业竞争关系,被告的上述行为具有主观恶意,既侵害了原告的信息网络传播权,又构成违反诚实信用原则和公认的商业道德的不正当竞争,还构成虚假宣传的不正当竞争,给原告造成了重大经济损失。故请求判令被告:停止侵权,赔偿损失。

被告斗鱼公司辩称:原告经授权获得的所谓权利是视频转播权,该权利基于双方协议约定而产生,并非我国法律规定的民事权利,故原告主张的所谓权利对被告没有任何约束力;原告、被告虽在同一时间对同一场比赛进行了直播,但双方网站各自呈现的比赛画面、解说、字幕、音效等完全不同,被告并没有使用原告直播的音像视频内容,因此被告没有实施侵权行为或者不正当竞争行为。同时,被告仅提供了涉案赛事的实时网络直播,网络用户并不能够在其个人选定的时间观看到涉案赛事,故被告行为与侵害信息网络传播权无关。被告在直播时在网页上标注原告的标识系对承办涉案赛事的原告的尊重,且并未宣传拥有涉案赛事版权等虚假消息,故不构成虚假宣传的不正当竞争。

一审判决结果:(1)被告斗鱼公司赔偿原告耀宇公司经济损失人民币 100 万元和维权的合理开支人民币 10 万元,合计人民币 110 万元;(2)被告斗鱼公司在“斗鱼”网站(网址为 www.douyutv.com)的首页显著位置刊登声明,消除对原告耀宇公司实施不正当竞争行为所造成的不良影响。

一审宣判后,被告斗鱼公司不服上述判决,向上海知识产权法院提起上诉。二审法院驳回上诉,维持原判。

【案件争点】

涉案游戏直播所形成的音像视频内容是否属于我国著作权法所保护的作品。

【裁判要旨】

生效裁判认为：

我国著作权法规定的信息网络传播权是指以有线或者无线的方式向公众提供作品，使公众可以在其个人选定的时间、地点获得作品的权利。本案中，根据查明的事实，被告对正在进行的涉案赛事进行了实时的视频直播，在直播结束后不提供涉案赛事录播内容的点播观看等服务，网络用户仅能够在被告直播的特定时间段内观看正在进行的涉案赛事，不能够在其个人任意选定的时间观看涉案赛事，故被告直播涉案赛事的行为不落入信息网络传播权的控制范围。

上海市浦东新区人民法院认为，我国著作权法保护的对象是在文学、艺术和科学领域内具有独创性并能以某种有形形式复制的智力成果。由于涉案赛事的比赛本身并无剧本之类的事先设计，比赛画面是由参加比赛的双方多位选手按照游戏规则、通过各自操作所形成的动态画面，系进行中的比赛情况的一种客观、直观的表现形式，比赛过程具有随机性和不可复制性，比赛结果具有不确定性，故比赛画面并不属于著作权法规定的作品，被告使用涉案赛事比赛画面的行为不构成侵害著作权。由于原告向网络用户提供的直播内容不仅仅为软件截取的单纯的比赛画面，还包括了原告对比赛的解说内容、拍摄的直播间等相关画面以及字幕、音效等，故原告的涉案赛事直播内容属于由图像、声音等多种元素组成的一种比赛类型的音像视频节目。上述节目可以被复制在一定的载体上，根据其解说内容、拍摄的画面等组成元素及其组合等方面的独创性有无等情况，有可能构成作品，从而受到著作权法的保护。但根据查明的事实，被告并未使用有可能属于作品的涉案赛事节目中的解说内容、拍摄的画面、涉案赛事节目的字幕、音效等组成元素及其组合，故被告的行为不构成侵害原告有可能享有的著作权。

但是，被告直播涉案赛事的行为直接损害了原告独家行使转播权能够为原告带来的市场竞争优势，侵害了该市场竞争优势能够为原告带来的商誉、经济利益等合法权益，亦损害了网络游戏直播网站行业的正常经营秩序，严重违反了诚实信用原则和公认的商业道德，具有主观恶意，构成对原告的不正当竞争。

例案二 武汉鱼趣网络科技有限公司与上海炫魔网络科技有限公司、上海脉淼信息科技有限公司等著作权权属、侵权纠纷案

【法院】

湖北省武汉市中级人民法院

【案号】

(2017)鄂01民终4950号

【当事人】

上诉人(原审原告):武汉鱼趣网络科技有限公司

上诉人(原审被告):上海炫魔网络科技有限公司

上诉人(原审被告):上海脉淼信息科技有限公司

被上诉人(原审被告):朱某

【基本案情】

武汉鱼趣网络科技有限公司(以下简称武汉鱼趣公司)与朱某签订《游戏解说合作协议》约定:朱某作为武汉鱼趣公司的独家游戏解说员,在武汉鱼趣公司的游戏在线直播平台进行约定的游戏解说,协议游戏解说视频、音频的权利、权益(包括但不限于著作权、商标权等知识产权)均属于武汉鱼趣公司独家所有。之后,武汉鱼趣公司发现上海炫魔网络科技有限公司(以下简称上海炫魔公司)通过其经营网络直播平台全民TV(quanmin.tv)擅自直播朱某的协议游戏解说视频、音频等作品并使用其肖像。武汉鱼趣公司认为上海炫魔公司、朱某的行为侵犯了武汉鱼趣公司作品的信息网络传播权及肖像使用权。

一审法院判决:(1)确认武汉鱼趣公司对朱某在双方合约期内、在斗鱼TV平台上直播的《炉石传说》游戏解说作品享有著作权;(2)确认上海炫魔公司、上海脉淼信息科技有限公司(以下简称脉淼公司)在全民TV平台上直播、播放朱某涉案《炉石传说》游戏解说视频、音频的行为构成对武汉鱼趣公司的不正当竞争;(3)上海脉淼公司于本判决生效之日起立即停止在其经营的网络直播平台全民TV上直播、播放朱某《炉石传说》游戏解说视频、音频;(4)朱某、上海炫魔公司、上海脉淼公司于本判决生效之日起10日内向武汉鱼趣公司连带赔偿经济损失(含维权合理费用)900,000元。

一审宣判后,双方当事人均上诉。二审法院判决:(1)维持湖北省武汉东湖新技术开发区人民法院(2016)鄂0192民初1897号民事判决第4项;(2)撤销湖北省

武汉东湖新技术开发区人民法院(2016)鄂0192民初1897号民事判决第1项、第2项、第3项、第5项；(3)确认上海炫魔公司、上海脉淼公司在全民TV上使用朱某进行《炉石传说》游戏解说的行为构成不正当竞争；(4)上海脉淼公司停止在其经营的网络直播平台全民TV上使用朱某进行的《炉石传说》游戏解说。

【案件争点】

涉案游戏解说视频、音频是否构成著作权法意义上的作品，是否应当受到著作权法保护。

【裁判要旨】

生效裁判认为：

网络游戏作品系由计算机程序以及可被调用的其他游戏内容(以代码形式存在的各种文字、音乐、美术、影视作品及素材等)构成。网络游戏画面，实质上是根据玩家的操作或游戏程序的自主运行，由计算机执行代码化指令序列调用游戏内容而形成的不断变化的连续画面。不可否认，玩家对游戏动态画面的形成具有一定贡献，但该贡献能否构成著作权法意义上的创作，还需判定该动态画面是否为区别于网络游戏作品本身的新作品，若其仅系游戏作品本身预设画面的一种展现，则并不具备可著作权性。游戏类型及游戏操作中所预留的创作空间系重要考虑因素。如为玩家预留创作空间并提供创作工具和素材的游戏，以绘画游戏为例，玩家在游戏的过程中可创作出富有美感、体现玩家个性的游戏画面，具备构成作品的可能性；再如剧情类游戏，以交互式操作向玩家逐步展现故事情节、游戏场景、角色形象、游戏道具，该类游戏画面更类似于播放电影，主要取决于游戏之预设，玩家创作空间小，难以形成新作品；又如竞技类游戏，玩家通过策略的选择、技巧性的操作，最终技高一筹者赢得比赛，为实现该目的，游戏开发商通过计算机的海量算法，预设了游戏运行时的无数操作选择及相应的画面，再由玩家展现出来，而玩家的操作也更多地体现实用及效率的考虑，因缺乏用户创作空间难以形成新作品。

具体到本案，《炉石传说》系一款策略类卡牌游戏，玩家虽有既定规则内的选择，但其选择仍然是网络游戏作品开发时所预设的各种可能性方案的实现，并未给作品添加新的表达，或形成区别于原作品的新作品；玩家的选择是基于实用或效率性赢得比赛的选择，而非基于美学或表达性目的所作的个性化选择，展现的也是玩家游戏技巧的高低，而非独创性的表达；著作权的保护仅延伸至表达方式，而不延伸至思想、程序、操作方法或数学概念本身，玩家的技巧和策略既不属于表达范畴，也不宜由玩家垄断。综上所述，涉案游戏的操作过程，仅为对游戏策略和技巧高低的展现,而非创作作品的行为,武汉鱼趣公司关于游戏解说视频、音频整体构成类电作品的主张法院不予认可。

关于游戏解说,湖北省武汉市中级人民法院认为,一方面,游戏主播的解说,有构成作品的可能性。游戏主播的解说形式,通常是边操作游戏边进行解说,包括对网络游戏的介绍、游戏技巧、策略的讲解以及对进行中游戏的分析等,为吸引观众,主播通常还会与观众互动,以及讲述趣味性的话题。该解说系主播的即兴口头表达,通常结合了个人游戏及生活经验和感悟,会在一定程度上体现主播之个性和解说风格,从而吸引不同的观众。解说风格和精彩程度之不同,也往往直接影响观众数量的高低。由此,在特定情形时,解说可能符合独创性的要求从而构成作品。但另一方面,游戏主播的解说,并非在任何情形下均直接构成作品,仍需具备一定程度的独创性。口头表达不等于口述作品,如果表达过于简单、简短或为生活中长期重复的表达,则不符合独创性的要求,不能成为作品。如游戏刚开局即掉线,主播仅讲述"掉线了,我们重新来一局",自无法认定为具备独创性的作品。

综上,游戏解说具备构成作品的可能性,但应根据具体解说内容进行个案判定。本案中,武汉鱼趣公司虽主张朱某的《炉石传说》游戏解说具备作品的独创性、可复制性,但并未提交诉争的特定解说及展示具体解说内容,从而无法判定其解说是否符合独创性要求,以及是否构成作品。但本案中,被告未经许可擅自直播朱某的协议游戏解说视频、音频等作品,侵犯了原告的合法权益,构成不正当竞争。

例案三 广州网易计算机系统有限公司与广州华多网络科技有限公司侵害著作权及不正当竞争纠纷案

【法院】

广州知识产权法院

【案号】

(2015)粤知法著民初字第16号

【当事人】

原告:广州网易计算机系统有限公司

被告:广州华多网络科技有限公司

【基本案情】

广州网易计算机系统有限公司(以下简称网易公司)拥有《梦幻西游2》该款游

戏的计算机软件著作权。在国内外同类直播平台直播游戏需经游戏公司授权许可并付费，已是成熟的商业模式。从 2012 年起，广州华多网络科技有限公司（以下简称华多公司）在其经营的 yy 直播网站（www.yy.com;yy.tv）和 yy 语音客户端上进行《梦幻西游》游戏内容直播、录播或者转播服务。原告认为，被告华多公司提供游戏直播的工具和平台，以利益分成的方式召集、签约主播进行该款游戏内容直播，并以此牟利，侵害了网易公司的著作权并构成不正当竞争。

被告华多公司辩称：《梦幻西游》直播画面是玩家游戏时即时操控所得，不符合著作权法规定的作品确定性的构成要件，不构成法律规定的任何一种作品类型。直播画面布局和构成不由游戏设计者确定，而是一系列程序算法与大量玩家互动产生的瞬间结果，其在表达形式上与电影不具有类似性，故其不构成以类似摄制电影的方法创作的作品。网游直播无须授权，不存在游戏直播的许可市场，包括网易公司在内的所有公司直播他人游戏都没有获得游戏厂商的授权；直播游戏和游戏本身不具有替代性，不构成侵权。

一审法院判决：(1)被告华多公司停止通过信息网络传播电子游戏《梦幻西游》或《梦幻西游 2》的游戏画面。(2)被告华多公司赔偿网易公司经济损失 2000 万元。

一审宣判后，被告华多公司提出上诉。二审法院判决：驳回上诉，维持原判。

【案件争点】

涉案游戏直播画面是否构成著作权法保护的作品。

【裁判要旨】

生效裁判认为：

涉案电子游戏是一款在线的、多人参与互动的在线网络游戏，用户登录后可按照游戏的规则支配其中的角色参与互动，游戏过程具有互动性、可对抗性。经审查，这种游戏的核心内容可分为游戏引擎和游戏资源库，前者是由指令序列组成的计算机软件程序，后者是各种素材片段组成的资料库，含有各种音频、视频、图片、文字等文件，可以视为程序、音频、视频、图片、文档等的综合体。涉案电子游戏由用户在终端设备上登录、操作后，游戏引擎系统自动或应用户请求，调用资源库的素材在终端设备上呈现，产生了一系列有伴音或无伴音的连续画面。

就其整体而言，涉案游戏画面以文学作品《西游记》中的情节梗概和角色为引，展示天地间芸芸众生“人”“仙”“魔”三大种族之间发生的“门派学艺”“斩妖除魔”等情节、角色和场景，具有丰富的故事情节、鲜明的人物形象和独特的作品风格，表达了创作者独特的思想个性,且能以有形形式复制,与电影作品的表现形式相同。考察这种游戏的创作过程,是在游戏策划人员对故事情节、游戏规则等进行整体设计,以及美工对游戏原画、场景、角色等素材进行设计后,程序员根据需要实现的功能进行具体代码编写后形成的。此创作过程综合了角色、剧本、美工、音乐、服装设计、道具等多种手段,与"摄制电影"的方法类似。因此,涉案电子游戏在终端设备上运行呈现的连续画面可认定为类似摄制电影的方法创作的作品(简称类电影作品)。

需要指出的是,涉案电子游戏在用户登录运行过程中呈现的连续画面,与传统电影作品或者类电影作品的明显差异是,前者具有双向互动性,不同玩家(用户)操控涉案电子游戏或者同一玩家以不同玩法操控游戏,会呈现不同的动态画面,尤其是在多人参与的情况下,呈现结果往往难以穷尽。然而,著作权法中对类电影作品的认定要件并无限定连续画面的单向性。而且,游戏系统的开发者已预设了游戏的角色、场景、人物、音乐及其不同组合,包括人物之间的关系、情节推演关系,不同的动态画面只是不同用户在预设系统中的不同操作产生的不同操作/选择之呈现结果,用户在动态画面的形成过程中无著作权法意义上的创作劳动。此外,在预设的游戏系统中,通过视觉感受机械对比后得出的画面不同,如具体的场景或人物动作的变化等,并不妨碍游戏任务主线和整体画面呈现的一致性。因此,尽管游戏连续画面是用户参与互动的呈现结果,但仍可将其整体画面认定为类电影作品。

作为"综合体"的涉案电子游戏,其存在的基本形式是计算机软件。考虑到涉案电子游戏如上文所述的创作过程,以及对于涉案电子游戏在终端设备上运行呈现的类电影作品,用户在其形成过程中无著作权法意义上的创作劳动,该类电影作品的"制片者"应归属于游戏软件的权利人。根据《关于审理著作权民事纠纷案件适用法律若干问题的解释》第7条第1款的规定,当事人提供的涉及著作权的底稿、原件、合法出版物、著作权登记证书、认证机构出具的证明、取得权利的合同等,可以作为证据。在作品或者制品上署名的自然人、法人或者其他组织视为著作权、与著作权有关权益的权利人,但有相反证明的除外。网易公司主张其享有涉案电子游戏计算机软件著作权,有版权登记证书、博冠公司的授权文书等证据予以证实,华多公司无相反证据足以推翻,应予认定。基于此,涉案电子游戏运行呈现画面形成的类电影作品之著作权为网易公司所享有。

综上所述,华多公司在其网络平台上开设直播窗口、组织主播人员进行涉案电子游戏直播,侵害了网易公司对其游戏画面作为类电影作品享有的"其他权利",应承担侵权责任。

三、裁判规则提要

（一）直播行为不落入信息网络传播权的范围

我国著作权法规定的信息网络传播权是指以有线或者无线的方式向公众提供作品，使公众可以在其个人选定的时间、地点获得作品的权利。对正在进行的网络游戏赛事进行实时视频直播，在直播结束后不提供涉案赛事录播内容的点播观看等服务，网络用户仅能够在特定时间段内观看正在进行的涉案赛事，不能够在其个人任意选定的时间观看涉案赛事，故直播涉案赛事的行为不落入信息网络传播权的控制范围。但是，未经许可的直播行为虽然并未落入信息网络传播权的控制范围，但并不意味着法律不禁止此种行为。在当前网络传输通道相互融合的背景之下，作品的传输途径已经不能对侵权行为是否发生产生实质性影响，作品通过互联网被进行传播，不当然排除其可能侵害作品的其他权利如广播权。在直播行为满足其他著作权权利的侵权构成要件时，应当认定仍构成侵权。

（二）仅直播画面不构成著作权侵权

网络游戏赛事的比赛本身并无剧本之类的事先设计，比赛画面是由参加比赛的双方多位选手按照游戏规则、通过各自操作所形成的动态画面，系进行中的比赛情况的一种客观、直观的表现形式，比赛过程具有随机性和不可复制性，比赛结果具有不确定性，故比赛画面并不属于著作权法规定的作品，使用涉案游戏赛事比赛画面的行为不构成侵害著作权。应当将赛事本身或赛事画面与基于赛事本身制作的节目区分开来，基于赛事或游戏制作的是视频节目，如果符合独创性的要求，可以成为著作权法意义上的作品。如直播涉案赛事的行为直接损害原告独家转播能够带来的市场竞争优势，侵害该市场竞争优势能够带来的商誉、经济利益等合法权益，亦损害网络游戏直播网站行业的正常经营秩序，严重违反诚实信用原则和公认的商业道德，具有主观恶意，可构成不正当竞争。事实上，近几年之所以会基于网络游戏直播产生大量的知识产权纠纷案件，关键就在于行业的竞争秩序和利益分配较为混乱，这恰恰说明游戏直播行业需要的是竞争秩序的规制，而非真正需要对游戏画面等予以著作权法保护。对于此类案件的审理，要注重深入了解行业特点，真正发现各方纠纷之中的利益冲突和矛盾焦点所在，而不要拘泥于游戏画面是否构成作品等问题。

(三)基于竞技类网络游戏制作的节目可以享有著作权

如网络游戏直播内容不仅为软件截取的单纯的比赛画面,还包括了对比赛的解说内容、拍摄的直播间等相关画面以及字幕、音效等,则赛事直播节目内容属于由图像、声音等多种元素组成的一种比赛类型的音像视频节目,该类节目可以被复制在一定的载体上,根据其解说内容、拍摄的画面等组成元素及其组合等方面的独创性有无等情况,有可能构成作品,从而受到著作权法的保护。当然,包含游戏主播的解说等元素的直播节目,只有具备一定的独创性才可能构成作品,口头表达不等于口述作品,如果表达过于简单、简短或为生活中长期重复的表达,则不符合独创性的要求,不能成为作品。

(四)关于网络主播行为的性质

竞技类网络游戏中,网络主播通过策略的选择、技巧性的操作,展现出游戏的画面,网络主播的操作更多地体现实用及效率的考虑,因缺乏用户创作空间,不能构成著作权法意义上的新作品。明知而擅自使用他人培养并独家签约的知名主播资源的行为,虽然与传统行业中企业人才的挖角与跳槽有些类似,但又有本质不同。是否构成不正当竞争,必须考虑网络直播行业的竞争环境及特点,探求该行业公认的商业道德。在符合特定条件的情形下,可依《反不正当竞争法》追究相应责任。玩家对游戏动态画面的形成具有一定贡献,但该贡献能否构成著作权法意义上的创作,还需判定是否为区别于网络游戏作品本身的新作品,若其仅系游戏作品预设画面的一种展现,则不具备可著作权性。如果玩家的选择是网络游戏作品开发时所预设的各种可能性方案的实现,并未给作品添加新的表达,或形成区别于原作品的新作品,其选择是基于实用或效率性赢得比赛的选择,而非基于美学或表达性目的所做的个性化选择,展现的也是玩家游戏技巧的高低,而非独创性的表达,且著作权的保护仅延伸至表达方式,而不延伸至思想、程序、操作方法或数学概念本身,那么,玩家的技巧和策略既不属于表达范畴,也不宜由玩家垄断。至于平台挖角是否构成不正当竞争,应当考虑具体案件中挖角平台的行为对行业效率的影响、对竞争对手的损害程度、对竞争秩序的影响、对消费者福利的影响以及挖角平台的主观过错、平台对主播的发掘与培养程度、网络主播知名度及影响力等综合因素。

四、辅助信息

高频词条：

《著作权法实施条例》

第 4 条 著作权法和本条例中下列作品的含义：

……

（八）美术作品，是指绘画、书法、雕塑等以线条、色彩或者其他方式构成的有审美意义的平面或者立体的造型艺术作品；

……

（十一）电影作品和以类似摄制电影的方法创作的作品，是指摄制在一定介质上，由一系列有伴音或者无伴音的画面组成，并且借助适当装置放映或者以其他方式传播的作品；

……

知识产权案件裁判规则第16条:

视频是否构成作品与视频长短没有必然联系,属于独创性表达的短视频亦可构成作品。在对短视频的独创性进行判断时,对于独创性高度的要求同于以类似摄制电影的方法创作的作品。作品的片段,也应当受到著作权法保护

〔**规则描述**〕:对于视频是否构成作品,著作权法只有独创性的要求,并无时长的要求,因此,作品的大小、长短并非判断是否构成作品的关键因素。对于作品的片段,也应认定其受著作权法保护。作品片段是整部作品的有机组成部分,作品之上的著作权自然及于作品片段,权利人之外的任何人均负有未经同意不得使用作品的法定义务。

一、类案检索大数据报告

时间:2019年3月10日之前,案例来源:Alpha案例库,案件数量:71件,检索关键词:短视频(法院认为包含)、知识产权与竞争纠纷(案由),数据采集时间:2019年3月10日,本次检索获取了2019年3月10日前共71篇裁判文书。整体情况如图16-1所示:

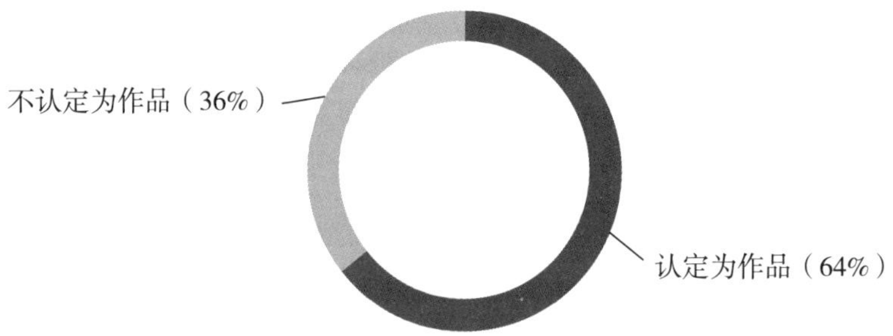

图16-1　短视频类诉讼裁判结果

从图16-1显示的结果来看,64%的法院将短视频认定为作品,作为著作权法保护客体,36%的法院不将其认定为作品。

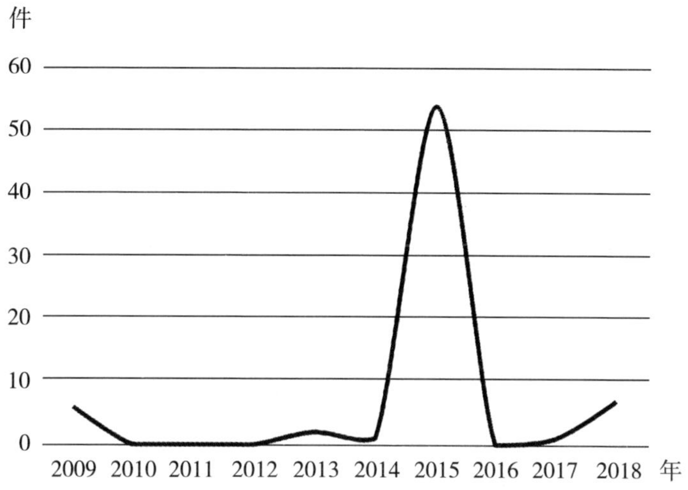

图 16－2　短视频类诉讼案件时间趋势

从图 16－2 的案件时间趋势，可以看出短视频类纠纷案件逐年的数量变化态势。

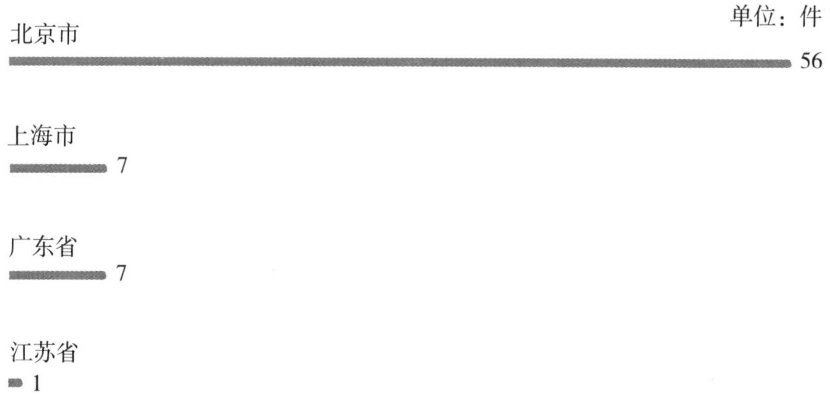

图 16－3　短视频类案件诉讼的主要地域分布

从图 16－3 的主要地域分布来看，短视频类纠纷案件主要集中在北京市、上海市、广东省，分别占比约 79%、10%、10%。其中北京市的案件量最多，达到 56 件。

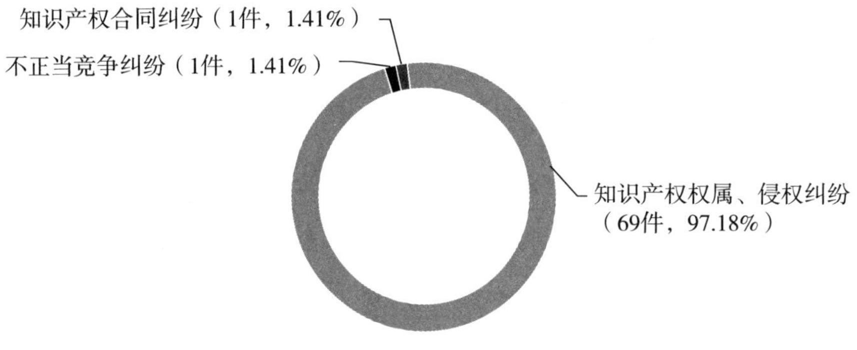

图 16-4　短视频类诉讼案件案由分布

从图 16-4 的案由分布情况,可以看出短视频类纠纷的案由,当前最主要的是知识产权权属、侵权纠纷,有 69 件,占一半以上,其次是不正当竞争纠纷和知识产权合同纠纷。

二、可供参考例案索引

例案一　北京微播视界科技有限公司与百度在线网络技术(北京)有限公司著作权权属、侵权纠纷案

【法院】

北京互联网法院

【案号】

(2018)京 0491 民初 1 号

【当事人】

原告:北京微播视界科技有限公司

被告:百度在线网络技术(北京)有限公司

被告:百度网讯科技有限公司

【基本案情】

抖音短视频网站和手机软件(合称抖音平台)系由原告合法拥有并运营的原创短视频分享平台。“黑脸 V”是抖音平台上知名的大“V”用户,在抖音平台上深受用户喜爱,已经获得了 2637 万粉丝关注,其每部作品也都具有很高的点击量和获赞数量。2018 年 5 月 12 日,抖音平台上发布的“5.12,我想对你说”短视频(以下简称“我想对你说”短视频),系由“黑脸 V”独立创作完成并上传,该短视频是在 13

秒的时长内，通过设计、编排、剪辑、表演等手法综合形成的作品，充分表达了对汶川地震十周年的缅怀。作品一经发布就受到了网民的广泛赞誉，点赞量达到 280 多万，成为以类似摄制电影的方法创作的作品（以下简称类电作品）。经"黑脸 V"合法授权，原告依法对"我想对你说"短视频在全球范围内享有独家排他的信息网络传播权及以原告名义进行独家维权的权利。

百度在线网络技术（北京）有限公司（以下简称百度在线公司）为伙拍小视频手机软件 Android 系统的开发者，百度网讯科技有限公司（以下简称百度网讯公司）为伙拍小视频手机软件 iOS 系统的开发者，二被告共同向用户提供伙拍小视频手机软件的下载、安装、运营和相关功能的更新、维护，并对伙拍小视频手机软件进行宣传和推广。原告认为，二被告未经原告许可，擅自将"我想对你说"短视频在伙拍小视频上传播并提供下载、分享服务，从而吸引大量的网络用户在伙拍小视频上浏览观看，侵害了原告对"我想对你说"短视频享有的信息网络传播权。同时，被控侵权短视频上未显示抖音和用户 ID 的水印，二被告必然实施了消除上述水印的行为，存在破坏原告相关技术措施的故意，此行为亦构成对原告信息网络传播权的侵犯。原告认为，二被告上述两项行为，给原告造成了极大的经济损失，并给原告的声誉造成了影响，恳请法院支持原告的全部诉讼请求。

二被告共同辩称："我想对你说"短视频不具有独创性，不构成著作权法保护的作品。该短视频表达的思想与其他模仿手势舞并上传短视频的用户没有差异性，不具有独创性，达不到类电作品的独创性高度要求。该视频时长仅为 13 秒，创作空间小，主要素材均来自党媒平台的示范视频，独立创作因素少；在素材的拍摄、拍摄画面的选择和编排上，不存在选择或者筛选的情况；使用软件将人物图像进行抠图处理的方式很难构成类电作品的独创性高度；在网络上存在大量的与"我想对你说"短视频类似或者相同的短视频；参与表演的人物并不是原权利人本人。伙拍小视频手机软件仅提供信息存储空间服务，其上的短视频都是网民自行上传的；在收到原告的有效投诉后，已经及时进行了删除处理，不存在过错，不应当承担民事责任。

一审判决结果：驳回原告北京微播视界科技有限公司的全部诉讼请求。案件受理费 14,250 元，由原告北京微播视界科技有限公司负担。

【案件争点】

涉案短视频是否构成著作权法意义上的作品。

【裁判要旨】

生效裁判认为:

《著作权法实施条例》第2条规定,著作权法所称作品,是指文学、艺术和科学领域内具有独创性并能以某种有形形式复制的智力成果。《著作权法实施条例》第4条第11项规定,电影作品和以类似摄制电影的方法创作的作品,是指摄制在一定介质上,由一系列有伴音或者无伴音的画面组成,并且借助适当装置放映或者以其他方式传播的作品。本案中,“我想对你说”短视频显然符合“摄制在一定介质上,由一系列有伴音或者无伴音的画面组成,并且借助适当装置放映或者以其他方式传播”这些形式要件。原告主张“我想对你说”短视频构成类电作品,而被告认为该短视频不具有类电作品所要求的独创性。“我想对你说”短视频是否属于类电作品,关键在于对其独创性方面的判定。《关于审理著作权民事纠纷案件适用法律若干问题的解释》第15条规定,由不同作者就同一题材创作的作品,作品的表达系独立完成并且有创作性的,应当认定作者各自享有独立著作权。根据上述规定,作品具有独创性,应当具备两个要件:(1)是否由作者独立完成;(2)是否具备“创作性”。

1. 关于“独立完成”的认定

本案中,制作者响应党媒平台和人民网的倡议,以“铭记劫难,致敬重生,以己之力,勇往直前”为主题,以党媒平台及人民网示范视频中的手势舞、伴音、明暗变化为基本元素,以网络下载图片为基础素材,结合软件技术制作了“我想对你说”短视频。故判断“我想对你说”短视频是否符合“独立完成”的要求,应以该短视频与上述示范视频、网络图片之间是否存在能够被客观识别的差异为条件,主题相同并不影响“我想对你说”短视频是否系独立完成的认定。

根据查明事实,党媒平台及人民网的示范视频和网络下载图片是原本没有任何关系的独立元素,“黑脸V”将上述元素结合制作出的“我想对你说”短视频,与前两者存在能够被客观识别的差异。该短视频与抖音平台其他参与同一话题的用户制作的短视频亦存在较大区别,且没有证据证明该短视频在抖音平台上发布前,存在相同或近似的短视频内容,故北京互联网法院认定“我想对你说”短视频由制作者独立创作完成。

2. 关于“创作性”的认定

关于创作性的标准,在形成和发展过程中始终与所处的社会环境、行业特点相联系,并根据实际的社会环境、各种类型作品本身的特点进行发展和完善。随着移动智能终端的普及和软件开发技术的发展，自2016年起，大批移动短视频应用密集问世，短视频内容创业者呈爆发式增长，短视频行业迎来快速发展期。短视频融合了文字、图片、语音和视频等内容，直观、立体地满足用户的多元化的表达与沟通需求。在此背景下，界定短视频作品的创作性标准，对确保短视频传播正常有序、促进文化繁荣发展、创造社会财富有着重要的现实意义，司法审判应持审慎积极的态度，妥善运用创作性裁量标准，以利于新兴产业发展壮大。

短视频具有创作门槛低、录影时间短、主题明确、社交性和互动性强、便于传播等特点，是一种新型的视频形式。上述特点一般会使短视频制作过程简化，制作者以个人或小团队居多。基于短视频的创作和传播有助于公众的多元化表达和文化的繁荣，故对于短视频是否符合创作性要求进行判断之时，对于创作高度不宜苛求，只要能体现出制作者的个性化表达，即可认定其有创作性。

在判定"我想对你说"短视频的"创作性"时，北京互联网法院考量如下因素：第一，视频的长短与创作性的判定没有必然联系。客观而言，视频时间过短，有可能很难形成独创性表达，但有些视频虽然不长，却能较为完整地表达制作者的思想感情，则具备成为作品的可能性。在此情形下，视频越短，其创作难度越高，具备创作性的可能性越大。第二，"我想对你说"短视频体现出了创作性。该视频的制作者应党媒平台的倡议，在给定主题和素材的情形下，其创作空间受到一定的限制，体现出创作性难度较高。该短视频画面为一个蒙面黑脸帽衫男子站在灾后废墟中以手势舞方式进行祈福，手势舞将近结束时呈现生机勃勃景象，光线从阴沉灰暗变为阳光明媚，地面从沟壑不平到平整，电线杆从倾斜到立起，黑脸帽衫男子的衣袖也变为红色，最后做出比心的手势。该短视频构成了一个有机统一的视听整体，其中包含制作者多方面的智力劳动，具有创作性。虽然该短视频是在已有素材的基础上进行创作，但其编排、选择及呈现给观众的效果，与其他用户的短视频完全不同，体现了制作者的个性化表达。第三，"我想对你说"短视频唤起观众的共鸣。自强不息，勇于面对大灾大难，从来都是中华民族优秀的精神内涵。正值汶川特大地震十周年，"我想对你说"短视频以公众乐于接受的形式传递出一份重生的安慰、一种温情的祝福、一股向前的力量，回应了公众心中对于汶川地震的缅怀之情，对于灾区人们的致敬之意，对于美好生活的向往之念。该短视频带给观众的精神享受亦是该短视频具有创作性的具体体现。抖音平台上其他用户对"我想对你说"短视频的分享行为，亦可作为该视频具有创作性的佐证。故北京互联网法院认定"我想对你说"短视频符合创作性的要求。

综上,“我想对你说”短视频具备著作权法的独创性要求,构成类电作品。百度在线公司和百度网讯公司作为提供信息存储空间的网络服务提供者,对于伙拍小视频手机软件用户的提供被控侵权短视频的行为,不具有主观过错,在履行了“通知—删除”义务后,不构成侵权行为,不应承担相关责任。

例案二 | 梁某等与北京天盈九州网络技术有限公司等著作权权属、侵权纠纷案

【法院】

北京市朝阳区人民法院

【案号】

(2016)京0105民初37647号

【当事人】

原告:龚某(艺名李某漪)

原告:梁某(艺名亦某)

被告:真实传媒有限公司

被告:北京天盈九州网络技术有限公司

被告:北京德创文化传媒有限公司

被告:上海文化广播影视集团有限公司

【基本案情】

2010年4月,龚某在若尔盖草原救助濒死小狼格林并将其带回城市抚养,后对其进行野化训练,终于在2011年2月使其回归狼群。在此期间,原告二人对救助、抚养并放归小狼格林的过程进行了拍摄,形成了大量珍贵原创视频作品,并根据这些原创视频作品构思、剪辑、制作了大型原创电视纪录片《重返狼群》。原告是大型原创电视纪录片《重返狼群》及相关原创视频作品的作者,享有受法律保护的著作权。原告在北京天盈九州网络技术有限公司(以下简称天盈九州公司)经营的网站(www.ifeng.com)上发现名为《真实25小时:我和野狼有个约会》的视频作品(以下简称侵权作品),该侵权作品系真实传媒有限公司(以下简称真实公司)与北京德创文化传媒有限公司(以下简称德创公司)联合制作,通过上海文化广播影视集团有限公司(以下简称上海文广集团)下属的上海电视台纪实频道进行播放。该侵权作品的主要内容是未经原告许可,直接使用其原创视频作品的内容并对其进行剪辑、编辑所形成。原告认为,真实公司、德创公司未经原告许可、未支付报酬擅自

使用、修改其享有著作权的作品，并通过上海文广集团、天盈九州公司在电视台、互联网等进行广泛传播，严重侵犯了其著作权，并造成了巨大经济损失。

被告真实公司辩称：电视纪录片是对真实情况的报道、诠释，不同于普通电影、电视作品，后者的故事是架空的，但是纪录片的核心是事实，对于单纯事件而言是不存在著作权的，只有在报道、剪辑、创作的过程中体现出人文精神，才有创作的价值和意义，才可能构成作品。龚某、梁某提交的视频片段只是对生活点滴的记录，属于创作素材，不构成类电作品，不享有著作权。我方的电视纪录片是根据龚某、梁某的故事和其提供的素材进行的独立创作，通过三个层次的推进体现人文关怀，是独立的类电作品。退一步讲，即使龚某、梁某的视频构成作品，我方也是经过其许可的使用，不构成侵权。

一审法院判决：(1)被告真实公司、德创公司于本判决生效之日起立即停止涉案侵犯原告龚某、梁某录像制作者权的行为；(2)被告真实公司、德创公司和被告天盈九州公司公开发布声明，以消除其涉案侵权行为对原告龚某、梁某造成的不良影响；(3)被告真实公司赔偿原告龚某、梁某经济损失 43 万元，被告德创公司对其中的 35 万元承担连带赔偿责任；(4)被告天盈九州公司赔偿原告龚某、梁某经济损失 3 万元；(5)被告真实公司、德创公司、天盈九州公司连带赔偿原告龚某、梁某合理费用 31,500 元。

一审宣判后，双方当事人均未上诉，一审判决已生效。

【案件争点】

原告拍摄并制作的《重返狼群》及相关原创视频是否是著作权法意义上的作品，是否应当受到著作权法保护。

【裁判要旨】

生效裁判认为：

《著作权法实施条例》第 4 条第 11 项规定，电影作品和以类似摄制电影的方法创作的作品，是指摄制在一定介质上，由一系列有伴音或者无伴音的画面组成，并且借助适当装置放映或者以其他方式传播的作品。第 5 条第 3 项规定，录像制品，是指电影作品和以类似摄制电影的方法创作的作品以外的任何有伴音或者无伴音的连续相关形象、图像的录制品。上述规定，明确了电影作品与录像制品的区别。电影作品是一门综合艺术，但其本质在于画面、声音的衔接，其是通过各种画面、声音的前后衔接表达了某种内容。因此，电影作品的独创性主要并最终体现在画面的衔接与声音的衔接上，包括画面内容的选择、光线的明暗、角度和色度、镜头的切换,以及对所摄制画面的剪接等方面。能够被认定为电影作品和以类似摄制电影的方法创作的作品,应在画面、声音的衔接等方面反映拍摄者的构思,表达出某种精神内容,具有一定程度的独创性。而以机械方式录制形成的录像制品,在录制过程中对机位的设置、场景的选择、镜头的切换等只进行了简单的调整,或在录制后只对画面、声音进行了简单的剪接等,即创作高度较低,属于运用通常技能即可完成的成果。

本案中,根据龚某、梁某主张权利的视频内容来看,系使用摄影器材对小狼行为、二人与小狼之间的互动、周围环境等,进行的片段式的简单连续摄像,其每段视频的场景单一、内容简单、创作难度不高,属于普通人运用通常技能即可完成的劳动成果,与法律规定要求的电影作品和以类似摄制电影的方法创作的作品的创作高度不符,应当属于录像制品。关于龚某、梁某主张涉案视频系以类似摄制电影的方法创作的作品一节,无法律依据,北京市朝阳区人民法院不予支持。

《著作权法》第 42 条第 1 款规定,录音录像制作者对其制作的录音录像制品,享有许可他人复制、发行、出租、通过信息网络向公众传播并获得报酬的权利。本案中,纪录片《真实 25 小时:我和野狼有个约会》中共使用了龚某、梁某享有录像制作者权的 76 段录像制品,未经权利人许可,亦未支付报酬,侵犯了龚某、梁某对涉案录像制品享有的合法权利。

例案三 北京字节跳动科技有限公司与北京百度网讯科技有限公司等侵害作品信息网络传播权纠纷案

【法院】

北京市海淀区人民法院

【案号】

(2018)京 0108 民初 24663 号

【当事人】

原告:北京字节跳动科技有限公司

被告:百度在线网络技术(北京)有限公司

被告:北京百度网讯科技有限公司

【基本案情】

原告是视频节目作品《一郭汇》的著作权人,合法享有《一郭汇》作品的完整著作权，《一郭汇》自2017年12月29日起每周五更新一期，自首期播放以来，网络用户关注度高，网络播放量大，具有较高的知名度和影响力，除西瓜视频外，原告未许可他人通过信息网络传播该节目。百度在线网络技术（北京）有限公司为"好看视频"APP（安卓端）的开发者，北京百度网讯科技有限公司为"好看视频"APP（苹果端）的开发者，同时北京百度网讯科技有限公司为"好看视频"的运营者。二被告共同向用户提供"好看视频"APP的下载、安装、运营和相关功能的更新、维护。原告认为，二被告在未经原告许可的情况下将原告拥有著作权的《一郭汇》节目内容以相同标题名称发布至"好看视频"APP，并为其用户提供该作品的在线播放及下载服务，二被告的行为严重侵害了原告对涉案作品享有的信息网络传播权，给原告造成巨大的损失。

二被告辩称：关于涉案视频的性质，从涉案视频的内容看，摄制场景单一，绝大部分场景均是郭德纲讲述传统文化、相声技艺、文艺界趣闻等，旁边两位女士同坐聆听，偶尔问郭德纲一些问题。郭德纲本人接受采访时也说过，《一郭汇》是"聊聊闲天儿，谈谈热点，说说心里话，反正是一档很好玩的节目"。原告制作的涉案视频，仅是对郭德纲讲述、聊天过程及周边环境的简单连续摄像，每段视频的场景单一、内容简单、创作程度不高，与法律规定的电影作品和以类似电影的方法创作的作品的创作高度不符，故涉案视频应属于著作权法中规定的录音录像制品。

一审法院判决：（1）本判决生效之日起10日内，被告百度在线网络技术（北京）有限公司赔偿原告北京字节跳动科技有限公司经济损失10,000元及合理支出2500元；（2）本判决生效之日起10日内，被告北京百度网讯科技有限公司赔偿原告北京字节跳动科技有限公司经济损失10,000元及合理支出2500元。

一审宣判后，双方当事人均未上诉，一审判决已生效。

【案件争点】

涉案节目《一郭汇》是否构成著作权法意义上的作品。

【裁判要旨】

生效裁判认为：

涉案视频为《一郭汇》脱口秀综艺节目中的一期，以饭局为主题，由知名相声演员郭德纲担任主持人，与两位嘉宾一起围绕主题讲述、讨论与之相关的话题，在节目结尾处嘉宾还会向主持人提问，由主持人回答，视频播放中有解说字幕、画面插播、画外音、镜头切换及特写等。故海淀区人民法院认为，虽然涉案视频长度较短且场景固定，但涉案视频节目主题明确，亦通过镜头切换、画面选择拍摄、后期剪辑等过程完成,其连续的画面反映出制片者的构思,表达了与主题相关的思想内容,具备较高的独创性,已经不同于机械方式录制的录像制品,故认定涉案视频是以类似摄制电影的方法创作的作品。

二被告作为"好看视频"APP两个端口的开发者,虽辩称涉案视频系网友上传但未能提交相应证据,故其应当对未经原告许可提供涉案视频的行为承担侵权责任。二被告在未经原告许可的情况下将原告拥有著作权的《一郭汇》节目内容以相同标题名称发布至"好看视频"APP,并为其用户提供该作品的在线播放及下载服务,其行为严重侵害了原告对涉案作品享有的信息网络传播权,应承担相应的法律责任。

三、裁判规则提要

(一)时长不是视频作品定性的关键因素

对于视频是否构成作品,著作权法只有独创性的要求,并无时长的要求,因此,作品的大小、长短并非判断是否构成作品的关键因素。比如,电影作品时长两小时左右,电视剧时长半小时左右,短视频可以只有几分钟时长,均不影响各自都成为著作权法保护的客体。即使是对于作品的片段,也应认定其受著作权法保护。作品片段是整部作品的有机组成部分,作品之上的著作权自然及于作品片段,权利人之外的任何人负有未经同意不得使用作品的法定义务。

(二)独创性的判断与作品制品的区分

视频节目制作固定后,其性质无非可分为两种:以类似摄制电影方法创作的作品(以下简称类电影作品)和录像制品。类电影作品和录像制品最重要的区别在于:类电影作品受狭义著作权的保护,录像制品受邻接权的保护,前者的权利内容大于后者。而且,他人进行商业性使用时许可方式也不一样:类电影作品须获得该作品制片者的许可,而使用录像制品则还需获得原著作权人的许可。

从形式上看,类电影作品和录像制品很难作出区分。根据《著作权法实施条例》的规定,录像制品是指电影作品和以类似摄制电影的方法创作的作品以外的任何有伴音或者无伴音的连续相关形象、图像的录制品。可见,要界定录像制品,须先界定电影作品和类电影作品。同样根据《著作权法实施条例》的规定,电影作品和类电影作品是指摄制在一定介质上,由一系列有伴音或者无伴音的画面组成,并且借助适当装置放映或者以其他方式传播的作品。从字面上看,该行政法规的条文除了指出区分的关键是作品和制品之外，对于如何区分作品和制品仍悬而未决。有学者认为，作品和制品之别关键在于独创性，独创性高的属于作品，除此之外属于制品。对表演者表演活动、人类生活中声音和画面、纯粹自然界声音和画面的录制，虽然包含录制者的个性化选择，而且往往有录制者的后期制作和剪辑，但由于独创性不够，不能归入作品之列。对于独创性之高低如何判断，则以其主观性之强而落入法官自由裁量范围之内，司法实践中并无统一的客观标准。

判断文学艺术和科学领域内的智力成果是否是著作权法意义上的作品，首要标准是独创性。但是，不仅作品和制品之间存在独创性高低之别，作品和作品之间也存在独创性高低之别，从内容的独创性角度区分作品和制品，判断标准的客观性很难掌握，而从智力成果产生的过程判断其独创性之高低，未尝不是一个可行的替代办法。以一部电影作品产生的过程为例，资金投入、编剧、导演、表演、摄像、作词作曲、后期制作等环环相扣，动辄投资上亿元，是一项复杂的系统工程，整个电影作品的独创性是以摄制过程中各个环节的创作人员的独创性劳动为基础的。著作权法及其实施条例专设电影作品和类电影作品的类型，并规定著作权归制片者享有，其目的是保护投资者的利益，从而鼓励文艺创作、繁荣文化市场、促进经济发展，而导演、编剧、作词作曲者等仅享有署名权，是合乎公平原则、符合行业发展规律的特别制度安排。该制度安排有重要的现实意义，如将电影作品视作普通的演绎作品，则对电影的使用要经过电影作者和原作作者的双重许可；如将电影作品视为合作作品，则对电影的使用要经过制片者、编剧、导演、作词作曲者等付出独创性劳动的全体合作者的共同授权，显然会给电影作品的使用和纠纷解决带来极大障碍。《伯尔尼公约》规定电影应作为原作品受到保护，无疑具有合理性。综上，立法意图是保护电影作品投资者，摄制过程足以客观判断作品的独创性，那么区分作品还是制品，从摄制的投资、摄制的过程等进行具体分析，而不是从内容判断智力成果的独创性，是一个更加客观合理的区分标准。以此标准，摄制投资较大、摄制过程合乎行业惯例的，宜认定为电影作品或类电影作品。

类电影作品的认定，同样不宜从内容判断作品的独创性，而应从摄制过程判断其独创性，其具体判断依据为是否以类似摄制电影的方法创作。电影的摄制，综合了投资方的资金投入、剧本的写作、演员的表演、导演的协调指挥、摄影师的拍摄以及后期的技术加工、剪辑等，从类电影作品的定义可以看出，摄制方法对于认定是否属于作品具有根本意义。所谓的“以类似摄制电影的方法创作”，基本应包含上述的电影摄制过程。在实践中，以演播室拍摄为例，视频节目的制作一般经历以下过程:(1)确立节目主题,草拟节目脚本,拟订拍摄计划,选定导演、嘉宾、主持人,配备制作团队,选择拍摄场地。(2)化妆、服装、布景、道具、舞美等准备到位后,节目参加人员在导演指挥下练习走位、表情、动作等,有的经过数次排练后,才开始正式访谈并由摄像机拍摄。(3)对画面进行编辑,审看结构是否合理,段落层次是否清楚,将解说词、效果声、音乐进行混录,进行音调、音量等处理。制作基本完成后,负责人审看并提出意见,按意见修改后才能最终定稿。从以上节目的制作过程看,基本类似于电影的摄制过程,而完成一起节目,制作方需投入相当的人力、物力是显而易见的。因此,视频节目是以类似摄制电影的方法创作出来的,应归入类电影作品之列。

在审判实践中,视频节目主题明确,亦通过镜头切换、画面选择拍摄、后期剪辑等过程完成,其连续的画面反映出制片者的构思、表达了与主题相关的思想内容,具备较高独创性的,宜认定为以类似摄制电影的方法创作的作品。采取简单连续摄像,其每段视频的场景单一、内容简单、创作难度不高,属于普通人运用通常技能即可完成的劳动成果的,可认定属于录像制品。

(三)未经许可传播影视作品片段是否构成侵权

侵害影视作品信息网络传播权的行为,一般表现为未经权利人同意整部作品被上传至视频分享网站,此类案件中被告对其行为侵害了权利人的财产利益造成了损害后果基本难持异议。但在影视作品片段未经同意被上传至视频分享网站、权利人提起诉讼的情况下,被告往往抗辩称其行为不具有违法性、未造成损害后果,因此不构成侵权。对于这种抗辩存在不同认识:有观点认为,权利人就影视作品享有著作权,在不构成合理使用和法定许可的情况下,使用影视作品的任何部分即构成侵权;另有观点认为,影视作品片段时间很短,不可能取代整部影视作品的目标市场,且有可能对影视作品起到宣传推广作用,符合著作权人的利益,因此没有侵害著作权人利益,不构成侵权。

知识产权侵权属民事侵权范畴,认定某一行为是否构成侵犯知识产权,同样适用民事侵权的构成要件进行分析。按通说,民事侵权行为一般由四项要件构成:违法行为、损害事实、违法行为与损害事实间的因果关系和主观过错。关于被告行为的违法性问题,由于作品片段是整部作品的有机组成部分,作品之上的著作权自然及于作品片段,权利人之外的任何人负有未经同意不得使用作品的法定义务,在影视作品片段未经权利人同意被上传至网站的情况下,该种行为的违法性不言而喻。

关于阻却违法性的事由，如合理使用、法定许可，在影视作品片段未经权利人同意被上传至视频分享网站的情形中是难以成立的，对照著作权法的具体规定，此种行为难以归入任何一种合理使用和法定许可的情形，合理使用的范围也不应任意扩张解释而应以法律明确规定为限。因果关系亦非难点。因此，上述关于影视作品片段信息网络传播权的对立观点，实际上是关于是否存在损害事实和被告是否存在主观过错的争议，下面分而述之。

损害事实必须具备侵害客体和利益损害这两个要素，缺乏其中任何一个要素，都不构成侵权法意义上的损害事实，也就不符合侵权行为构成要件的要求。侵害财产权民事责任构成的损害事实要件，必须具备财产权受到侵害、财产利益受到损失这两个要素。权利人的著作权本应受到他人的尊重，他人在权利人同意之前本就不应对作品和作品的任一部分进行使用，在影视作品片段未经权利人同意被上传至网站的情况下，权利人对作品片段享有的信息网络传播权显然受到了侵害。如果权利人最终并无利益损失，则难以构成侵权行为，而对于权利人的财产利益是否受到了损失，争议是较大的。

利益损失包括直接损失和间接损失。直接利益损失表现为权利人现有财产的减少，著作权的客体——作品——是无形的，不会发生有体物通常存在的消耗、损耗等问题，未经同意使用作品并不会导致权利人现有财产的损失，因此直接损失难以认定。间接损失是权利人可得利益的丧失，即本应该得到的利益因侵害行为而没有得到、本应该增加的财产因侵害行为而没有增加。影视作品的权利人，通常主要以许可他人使用其作品而获取财产利益，对于其作品的使用，除非合理使用和法定许可等特殊例外（如学习研究、介绍评论、新闻报道等），概须以取得权利人的许可为前提，凡因作品的使用而产生之收益，应尽归于权利人所有。在影视作品片段未经权利人同意被上传至网站的场合，作为上传人的网络用户并未从网站获取财产性收益；作为网络存储空间服务提供者的视频分享网站，虽然以用户上传视频——用户点击浏览视频——网站自动插播广告这条价值链而获取利润，但要认定其依据某一特定视频直接获取财产收益则似乎理由不足，因为毕竟网站上还存储着海量的其他不侵权的且能带来广告收益或其他财产利益的视频。

行为人没有直接收益是否就意味着权利人没有利益损失呢？笔者以为不然。著作权法的立法宗旨是保护权利人的著作权，从保护影视作品权利人的角度来看，他人使用作品本应取得权利人许可并支付相应对价，未经许可、未支付对价时，此未支付的对价便是权利人“应得而未得”的财产利益即间接损失，至于作品的该使用人是否确实获得了财产收益在所不问,使用人是否获益并不是权利人是否受到间接损失的判断标准,否则慷他人之慨的行为都将得以正当化。作品片段不能影响整部作品的目标市场因而未造成权利人损失的观点也是似是而非的,这种观点实际上认为权利人获得以整部作品为基础的财产收益就足够了,作品片段之上的财产收益应予放弃。另外,也不能排除通过技术手段整合片段实现用户浏览整部作品从而形成市场挤占的可能性。未经同意传播作品片段反而促进作品宣传推广的观点,无视市场经济条件下理性人行为的逻辑。上述观点都以纯粹经济分析取代法律价值判断,笔者以为实不足取。综上所述,未经权利人同意将影视作品片段上传至网站的行为,笔者认为已足以造成损害事实。

我国侵权法以过错责任为一般原则,要构成侵权行为,行为人一般须有主观故意或过失。知识产权侵权在侵权法的框架内处理,也须遵守侵权法的归责原则。著作权侵权的认定中,由于没有法律规定的例外情形,因此行为人必须有主观过错方构成侵权。有观点认为,一旦存在未经许可的使用作品行为,即可认定侵权,而不问行为人主观心理状态。笔者认为此观点有违侵权法的基本原理和精神。在信息网络传播权侵权纠纷中,由于作品或片段的直接上传人难以查找确定,因此权利人往往只将视频网站经营者作为被告。从过错认定的角度来看,直接上传作品或片段的网络用户已经认识到其上传行为将侵害他人的著作权,但仍然希望或放任此种结果发生,属于故意。审判实践中,认定提供网络存储空间服务的视频网站构成侵权的,判决书一般只表述为其具有过错,至于究竟是何种过错不予细分明确。笔者认为,此类案件多适用酌定赔偿,需要考虑行为人的过错程度,因此确定属何种过错有其现实意义。

视频分享网站经营者只提供网络存储空间服务,并不直接上传作品或作品片段,因此不存在作为的故意。以理性人标准衡量,权利人不可能主动将整部作品上传供任意用户免费观看,在整部影视作品未经授权被用户上传至网站的情形下,由于网站经营者对其网站上存储的经过授权的影视作品是清楚知晓的,因此能够较容易地将未经授权的作品分辨出来,实践中也有网站通过运行版权识别过滤技术系统以规避风险,作为专业的经营性网站,笔者认为,其应有审核作品权利状况的义务,网站对其存储的未经授权的整部影视作品不采取相应措施,属于应为而不为,存在不作为的故意,可认定侵权。

在作品片段未经授权被用户上传至网站的情形下,由于片段的时长通常在几分钟之内,与用户上传的自摄视频相混杂,识别难度较大足以导致审查权利状况的客观不能或成本畸高，且不能排除权利人自行上传片段以做推广宣传的可能，笔者认为，此种情况下如还要求网站负有审核权利状况的义务，则网站负担过重，将严重打击此类网站的经营基础，不符合行业发展实际，此时不宜认为网站存在故意或过失，因而不应认定其构成侵权。当然，片段的时长应进行审查，如果片段占整部作品的比重过大，甚至用户观看数个片段即达到观看整部影视作品的效果，就不能轻易认为不构成侵权。如果经权利人通知等程序使经营者明知网站存在未经授权的作品片段，而网站仍不删除，则属故意侵权无疑。综上所述，影视作品片段未经授权被上传至视频分享网站的，认定网站经营者是否构成侵权，应逐项分析侵权要件是否具备，特别是过错要件不应忽略。一旦上传行为完成，用户可任意点击浏览作品片段，则权利人就受到了利益间接损失，应认为存在损害事实。过错有无应结合个案事实进行认定，影视作品片段如果时长很短，视频网站经营者客观上难以识别其权利状况的，不应认定其存在主观过错，因而不宜认定构成侵权。

四、辅助信息

高频词条：

《著作权法》

第 3 条　本法所称的作品，包括以下列形式创作的文学、艺术和自然科学、社会科学、工程技术等作品：

……

（六）电影作品和以类似摄制电影的方法创作的作品；

……

《著作权法实施条例》

第 4 条　著作权法和本条例中下列作品的含义：

……

（十一）电影作品和以类似摄制电影的方法创作的作品，是指摄制在一定介质上，由一系列有伴音或者无伴音的画面组成，并且借助适当装置放映或者以其他方式传播的作品；

……

第 5 条　著作权法和本条例中下列用语的含义：

……

（三）录像制品，是指电影作品和以类似摄制电影的方法创作的作品以外的任

何有伴音或者无伴音的连续相关形象、图像的录制品;

……

(五)录像制作者,是指录像制品的首次制作人;

……

知识产权案件裁判规则第 17 条：
独立完成的具有独创性的模型，属于模型作品

〔**规则描述**〕：模型如果能够体现制作者的个性化选择，形成独创性表达，体现作者智力劳动创作，符合著作权法对作品独创性的要求，应当认定为模型作品。模型作品的创作过程属于从无到有的创作，依据现有作品制作的模型，并不能因其与在先作品具有较高的近似程度或需要较高的技艺而认定属于模型作品。

一、类案检索大数据报告

时间：2019 年 10 月 26 日之前，案例来源：Alpha 案例库，案件数量：14 件，检索关键词为：构成或系或符合或是或为模型作品（法院认为包含）、著作权权属、侵权纠纷（案由），数据采集时间：2019 年 10 月 26 日，本次检索获取了 2019 年 10 月 26 日前共 14 篇裁判文书。整体情况如图 17－1 所示：

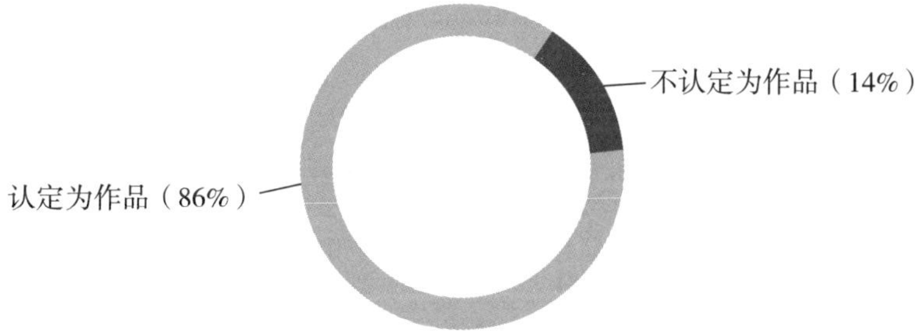

图 17－1　模型作品类诉讼裁判结果

从图 17－1 显示的结果来看，86% 的法院将模型产品认定为模型作品，作为著作权法保护客体，14% 的法院不将其认定为模型作品。

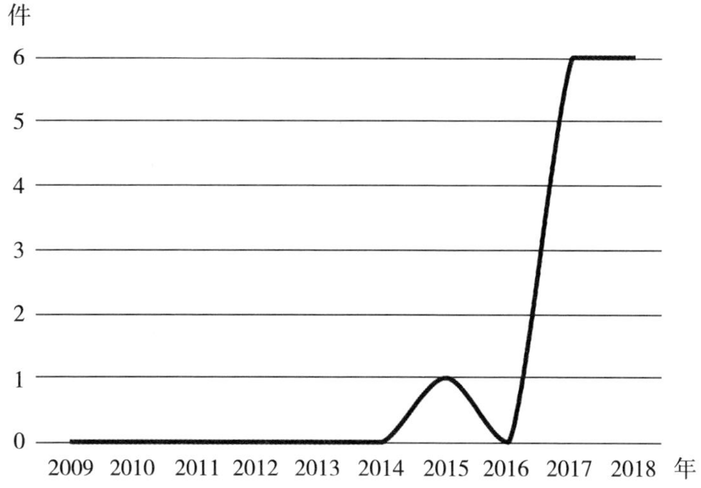

图 17－2 模型作品类诉讼案件时间趋势

从图 17－2 的案件时间趋势,可以看出模型作品类纠纷案件逐年的数量变化态势。

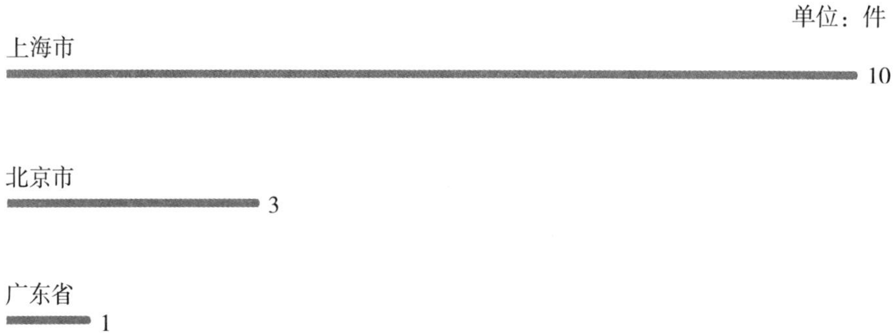

图 17－3 模型作品类案件诉讼的主要地域分布

从图 17－3 的主要地域分布来看,模型作品类纠纷案件主要集中在上海市、北京市、广东省,分别占比约 71.43%、14.29%、7.14%。其中上海市的案件量最多,达到 10 件。

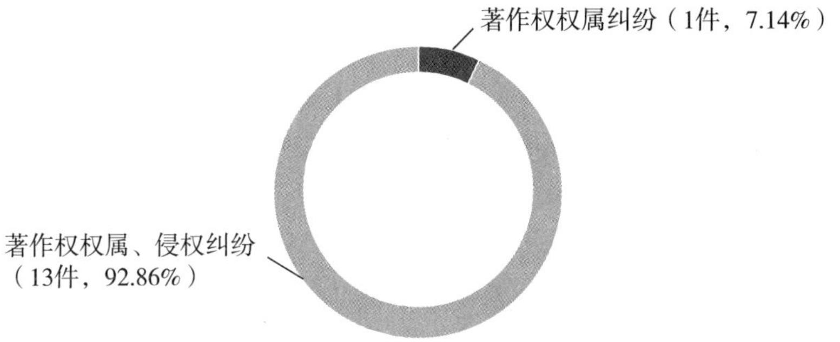

图 17－4　模型作品类诉讼案件案由分布

从图 17－4 的案由分布情况可以看出，模型作品纠纷类案件的案由分布，由多至少分别是著作权权属、侵权纠纷，著作权权属纠纷。

二、可供参考例案索引

例案一　中国科学院海洋研究所、郑某仪与刘某谦、莱州市万利达石业有限公司、烟台环境艺术管理办公室侵犯著作权纠纷案

【法院】

山东省高级人民法院

【案号】

(2012)鲁民三终字第 33 号

【当事人】

上诉人(原审被告)：刘某谦

被上诉人(原审原告)：中国科学院海洋研究所

被上诉人(原审原告)：郑某仪

原审被告：莱州市万利达石业有限公司

原审被告：烟台环境艺术管理办公室

【基本案情】

郑某仪系中科院院士，从事中国海域有孔虫分类和生态学研究逾半个世纪，凭借专业的科研手段和分类学专家的知识经验，雕琢了 230 多个有孔虫模型。中国科学院海洋研究所(以下简称海洋研究所)、郑某仪主张上述模型的著作权由海洋研究所享有，郑某仪享有署名权。有孔虫是一类古老的原生动物，5 亿多年来就产

生在海洋之中,是一种微小的真核单细胞动物。由于有孔虫能够分泌钙质或硅质形成外壳,而且壳上有一个大孔或多个细孔以便伸出伪足,因此得名有孔虫。有孔虫因种类不同,介壳大小可从极微小到最大直径超过5公分。有孔虫的研究工作需要将海底挖取的泥块进行烘干、冲洗等处理,然后放到显微镜下对有孔虫进行观察、分析,再作文字描述、绘制形态图。为充分展现有孔虫的真实面貌,普及科学知识,郑某仪用树脂制成有孔虫放大模型。

2008年6月,郑某仪发现烟台滨海中路新落成的雕塑中有10个有孔虫雕塑,与刘某谦之前从郑某仪处借走的20余个有孔虫模型中的10个极为相似。后经了解,上述10个有孔虫雕塑系刘某谦与莱州市万利达石业有限公司(以下简称万利达公司)合作制造,由烟台环境艺术管理办公室(以下简称烟台环境办)购买放置。郑某仪认为其制作的13个有孔虫模型作品遭受侵权。

经审理查明,被控诺凡笑口虫雕塑与参考图片有明显差异;被控雅致货币虫雕塑的正面花纹与参考图片不同,与郑某仪纹树口虫模型相似,参考图片没有体现有孔虫的侧面形态;被控似恩格面包虫雕塑的底部、两面中心花纹、侧面与参考图片不同,与郑某仪中里假穹背虫模型相似。

一审法院判决:(1)烟台环境办将诺凡笑口虫、普罗特斯马刀虫、皱褶小三行虫、雅致货币虫、布莱迪弗林特虫、似恩格面包虫、细纹穹背虫、马丽伦筛形幼体虫、雷氏企虫等9座侵权雕塑底座上的相关介绍移除,并在显著位置注明“根据中国科学院海洋研究所、郑某仪的有孔虫模型,对局部进行变形处理制作而成”,同时指明有孔虫的具体名称(依次为叶编织虫、马米亚坑壁虫、皱小三行虫、纹树口虫、布雷迪弗林特虫、中里假穹背虫、日本转轮虫、库鲁克杉斯基饰异形虫、柳条企虫),具体形式须经法院审核,逾期不履行,法院将依法强制清除,所需费用由烟台环境办承担;(2)烟台环境办向海洋研究所支付作品使用费5万元;(3)刘某谦在《烟台日报》或《烟台晚报》向海洋研究所、郑某仪公开赔礼道歉,内容须经法院审查,如刘某谦拒不履行,法院将在《烟台日报》或《烟台晚报》上刊登判决的主要内容,费用由刘某谦承担;(4)万利达公司、烟台环境办在《烟台日报》或《烟台晚报》向海洋研究所、郑某仪刊登声明消除影响,声明内容须经法院审查,如两公司拒不履行,法院将在《烟台日报》或《烟台晚报》上刊登判决的主要内容,费用由两公司承担;(5)刘某谦赔偿海洋研究所经济损失及合理费用共计6万元;(6)驳回海洋研究所、郑某仪的其他诉讼请求。

刘某谦不服原审判决,提起上诉。

二审法院对一审法院查明事实予以确认。

二审法院判决：驳回上诉，维持原判。

【案件争点】

涉案有孔虫模型是否构成作品。

【裁判要旨】

生效裁判认为：

根据我国《著作权法》第 3 条及《著作权法实施条例》第 2 条的规定，著作权法所称作品，是指文学、艺术和科学领域内具有独创性并能以某种有形形式复制的智力成果。本案中，郑某仪为海洋研究所研究员、中国科学院院士，其研究领域为有孔虫分类与生态学研究，而有孔虫为一种微小的单细胞动物，且非完全对称结构，人的肉眼根本无法看到和识别，有孔虫的研究工作需要将海底挖取的泥块进行烘干、冲洗等处理，然后放到显微镜下对有孔虫进行观察、分析。郑某仪根据其多年对有孔虫的观察、分析和研究成果，为展示有孔虫的自然形态及其艺术美感，进行科普，独立制作出有孔虫放大模型，是一种智力劳动创作，符合著作权法对作品独创性及独创高度的保护要求，构成著作权法意义上的作品。具体理由为：首先，有孔虫模型属于模型作品，应受著作权法保护。根据我国《著作权法》第 3 条第 7 项及《著作权法实施条例》第 4 条第 13 项之规定，模型作品，是指为展示、试验或者观测等用途，根据物体的形状和结构，按照一定比例制成的立体作品。郑某仪在本案中要求保护的有孔虫放大模型，为对实物按比例放大、展示物体形状和结构的立体造型作品，符合模型作品特征，系模型作品的一种，受著作权法保护。其次，有孔虫模型为郑某仪独立创作完成的，符合著作权法对作品独创性的保护要求。本案有孔虫模型系郑某仪根据自己所从事的研究领域和研究成果，结合其专业知识对海洋微生物放大数倍独立制作而成，并非抄袭、复制他人作品；由于有孔虫系一种生命体，从幼虫到成虫的生长过程中具有多种形态，且在同一生命状态下形态也千姿百态，郑某仪对特定生长阶段的有孔虫形态和结构进行选择刻画，制作的有孔虫模型是郑某仪智力劳动的成果。最后，有孔虫模型是对有孔虫生命体特征的反映，其本身体现了制作者郑某仪的个性化选择和表达，属于著作权法保护的对象。著作权法保护的对象是对思想及事实的表达，而不保护思想及事实本身。不同作者基于个性化的差异，针对同一思想或事实进行的创作可能千差万别，具体到有孔虫模型，不同创作者不会制作出完全相同的模型作品。正如原审法院所述，任何创作均需要由特定的主体来完成，因此，创作的结果必然会体现创作者的个性化选择、判断及技巧等因素。本案中,郑某仪制作的有孔虫模型,体现了其对有孔虫生命体的理解,是对客观事物进行艺术抽象和美学修饰的创作成果。

综上,本案有孔虫模型具有独创性,构成著作权法意义上的作品。

例案二 北京中航智成科技有限公司与深圳市飞鹏达精品制造有限公司著作权权属、侵权纠纷案

【法院】

最高人民法院

【案号】

(2017)最高民再353号

【当事人】

再审申请人(一审被告、二审被上诉人):深圳市飞鹏达精品制造有限公司

被申请人(一审原告、二审上诉人):北京中航智成科技有限公司

【基本案情】

成都飞机设计研究所(以下简称成飞所)为歼十飞机(单座)的设计、研发单位,该飞机的实际制造者为成都飞机工业(集团)有限责任公司(以下简称成飞公司)。北京中航智成科技有限公司(以下简称中航智成公司)取得上述两单位的许可,为该飞机模型的唯一生产商及供应商,并能够以自己的名义主张歼十飞机(单座)所涉及的知识产权。中航智成公司根据成飞所歼十飞机(单座)原始设计图纸及歼十飞机(单座)设计了相应的等比例模型。深圳市飞鹏达精品制造有限公司(以下简称飞鹏达公司)生产、销售45厘米歼十飞机模型(以下简称被控侵权产品),中航智成公司认为飞鹏达公司的上述行为侵犯了中航智成公司对歼十飞机(单座)模型作品的复制权及发行权。飞鹏达公司辩称,歼十飞机(单座)不构成模型作品。

一审法院认为:首先,中航智成公司主张的飞机模型属于对歼十飞机(单座)的精确复制,并非由中航智成公司所独立创作而成,不符合著作权法关于作品之“独创性”的要求,故其不属于著作权法意义上的作品。由于歼十飞机(单座)本身其艺术性与实用性无法分离而难以获得著作权的保护,而对于等比例制作而成的歼十飞机(单座)飞机模型,无论其产生早于歼十飞机(单座)或晚于歼十飞机(单座),二者均属于同一表达的不同表达方式,若对飞机模型提供著作权的保护,实质

上亦等同于对歼十飞机(单座)予以了著作权的保护，故基于与歼十飞机(单座)不能获得著作权保护之相同的理由，歼十飞机(单座)模型均不能获得著作权的保护。判决：驳回中航智成公司的全部诉讼请求。

中航智成公司不服原审判决，提起上诉。

二审法院经审理查明，一审法院查明的事实属实，依法予以确认。另查明，中航智成公司在二审诉讼中向本院提交了由成飞所出具的《关于模型制作授权协议的说明》，其中记载：凡是涉及侵犯歼-10系列飞机造型本身及相关模型知识产权行为的，我单位(成飞所)授权北京中航智成科技有限公司(本案上诉人)代为行使相关权利，中航智成公司在侵权诉讼中独立提出主张。央视国际(www.cctv.com)2007年1月5日报道，中国航空工业第一集团于该日上午十时在北京钓鱼台国宾馆举行新闻发布会，推出、介绍我国的“歼十飞机(单座)”，并为“歼十飞机(单座)”模型揭幕。中航智成公司在2015年1月12日接受本院询问过程中，明确表示其在二审诉讼中仅主张“歼十飞机(单座)”造型及其模型的著作权，不再主张飞机设计图纸的著作权。中航智成公司另主张，“歼十飞机(单座)”模型作品的完成时间早于“歼十飞机(单座)”生产时间。飞鹏达公司在一审庭审中自认其生产“歼十飞机(单座)”模型始于2011年6月。

二审法院判决：(1)撤销北京市第一中级人民法院(2013)一中民初字第7号民事判决；(2)飞鹏达公司于本判决生效之日起立即停止制造、销售歼十飞机(单座)模型的行为；(3)飞鹏达公司于本判决生效之日起10日内赔偿中航智成公司经济损失40万元及合理费用支出33,360元；(4)驳回中航智成公司的其他诉讼请求。

飞鹏达公司不服二审法院判决，向最高人民法院申请再审，再审法院对一审、二审法院查明的事实予以确认。

再审法院另查明，中航智成公司再审期间明确表示本案中仅主张其制造、销售的歼十飞机模型构成受著作权法保护的作品，飞鹏达公司生产、销售歼十飞机模型的行为构成侵害中航智成公司模型作品的著作权。

2007年1月5日，人民网发表题为《中国一航歼十飞机新闻发布会实录》的文章显示：“歼十飞机终于揭开神秘面纱，在世人面前展露出壮丽容颜，为了纪念歼十飞机首次公开亮相，《中国航空报》今天出版了歼十飞机的专版号外……最早出现的可能是歼十的照片，是1991年航空工业部出版社出版的《中国航空工业四十年》图文集。该书中有一张‘1990年2月李鹏总理听取林宗棠部长关于新机研制的汇报'的照片,照片中在歼八型原型机模型旁有一架采用带鸭翼的战斗机模型,被认为是歼十最早的机型……歼十在发展过程中不得不做了过多修改,以适应中国空军不断改变和提高了的战术需要。这无疑导致了歼十战斗机最后的外形与早期设计有脱胎换骨的变化,歼十也从最初设计的一种单纯的空中优势战斗机演变为一种多用途战斗机……直到2002年后,国内媒体公开报道歼十,而军方已默许解密。民间有关歼十的消息越来越多。2002年4月4日,举行的第三届国防电子展上,有参展商的海报上更出现了一幅歼十图片。随后歼十将会在珠海航展上公开亮相的消息像长了翅膀一样广为传播开来。歼十的首架原型机可能于1996年中期就首飞了,而中国官方报道的首飞日期是1998年3月23日。但实际上,在后一个日子上天的是经过重大改进的3号原型机。"该报道中附有关于"1990年2月李鹏总理听取林宗棠部长工业新机研制的汇报"的图片。2007年1月7日,新京报做了题为"歼十正式解密"的报道。

再审期间,中航智成公司确认其根据歼十飞机制造模型,同时又主张其在本案中要求保护的歼十飞机模型是《中国航空工业四十年》中图片报道"1990年2月李鹏总理听取林宗棠部长关于新机研制的汇报"上的模型,且歼十飞机系由该模型生产而来,其从成飞所获得授权制造、销售的歼十飞机模型与2007年1月5日央视国际公开的模型以及1990年2月听取汇报图片上的歼十飞机模型完全相同。

中航智成公司对其在一审和二审期间主张权利基础不同的解释是,该公司一审期间误以为其根据成飞所的歼十飞机图纸和飞机本身制造的模型可以产生著作权,著作权归其享有,飞鹏达公司生产的模型侵害其著作权,所以提出该主张,后来发现著作权归成飞所享有。

再审判决:(1)撤销北京市高级人民法院(2014)高民(知)终字第3451号民事判决;(2)维持北京市第一中级人民法院(2013)一中民初字第7号民事判决。

【案件争点】

(1)中航智成公司主张保护歼十飞机单座模型作品的权利基础应如何确定。

(2)中航智成公司要求保护的歼十飞机单座模型是否构成受我国著作权法保护的模型作品。

【裁判要旨】

生效裁判认为:

1.关于中航智成公司主张保护歼十飞机模型作品的权利基础应如何确定的问题

根据《民事诉讼法》第119条的规定,起诉必须符合下列条件:(1)原告是与本案有直接利害关系的公民、法人和其他组织；(2)有明确的被告；(3)有具体的诉讼请求和事实、理由；(4)属于人民法院受理民事诉讼的范围和受诉人民法院管辖。诉讼请求是一方当事人向另一方当事人主张法律上的权利以及请求法院作出具体判决的要求。当事人在一审起诉时必须有明确具体的诉讼请求和事实、理由，当事人变更诉讼请求的，应当在一审法庭辩论结束前提出诉讼请求变更的申请。

(1)关于歼十飞机与模型的形成过程及其相互关系。

首先，关于歼十飞机及其模型的形成过程。从人民网发表《中国一航歼十飞机新闻发布会实录》的内容及中航智成公司再审期间的陈述，结合一审、二审、再审期间查明的事实，可以认定歼十飞机及其模型的形成过程：设计师先将其对歼十飞机的构思和设计体现在图纸或模型上，"1990 年 2 月李鹏总理听取林宗棠部长工业新机研制的汇报"上显示的模型为最早的歼十飞机模型，经过多次修改形成近百个图形或模型，选择 5 ~6 个图纸或模型形成产品，科研人员在此期间进行了风洞试验等不同的科学测试，根据最终确定的图纸或模型制作成歼十飞机(歼十飞机的首架原型机可能于 1996 年中期首飞，后又进行重大改进，制作成 1998 年首飞的歼十飞机)。2007 年 1 月 5 日，歼十飞机模型首次公开亮相，该模型是成飞所完成的歼十飞机的等比例缩小。2007 年 11 月 16 日，中航智成公司从成飞所获得制造、销售歼十飞机模型的授权后，开始根据成飞所提供的原始设计图纸及歼十飞机设计等比例模型，该模型亦为歼十飞机的等比例缩小。

其次，关于不同阶段产生的歼十飞机模型之间的相互关系。如前所述，歼十飞机根据生产前最终确定的图纸或模型制造，故歼十飞机与该飞机产生前最终确定的模型外观造型相同。2007 年 1 月 5 日，央视国际报道公开的歼十飞机模型，2007 年 11 月 16 日中航智成公司获得授权制造、销售的模型均由歼十飞机等比例缩小而来，与歼十飞机的外观造型相同，故上述模型外观造型亦相同。上述模型的产生时间和设计生产者存在以下区别：歼十飞机生产前最终确定的模型产生于歼十飞机之前，设计生产者为成飞所及成飞公司；2007 年 1 月 5 日，央视国际报道公开的模型产生于歼十飞机之后，设计生产者亦为成飞所及成飞公司；2007 年 11 月 16 日，中航智成公司获得授权的模型产生于歼十飞机之后，该模型由中航智成公司根据成飞所的设计图纸及歼十飞机设计，生产者为中航智成公司。上述模型与最初的歼十飞机的模型，即 1990 年 2 月听取汇报图片上歼十飞机模型的外观造型相比，存在脱胎换骨的变化。

(2)关于中航智成公司在不同诉讼阶段主张保护歼十飞机模型作品的权利基础。

关于中航智成公司一审主张的权利基础。一审期间,中航智成公司起诉主张保护的模型作品是该公司于2007年11月16日从成飞所获得许可后,根据成飞所的歼十飞机原始设计图纸及歼十飞机设计的相应的等比例模型,中航智成公司经成飞所授权有权制造、销售上述歼十飞机模型。由上可知,中航智成公司在本案中主张保护歼十飞机模型作品的权利基础在一审起诉时已经明确,且至一审法庭辩论结束前未提出权利变更申请。中航智成公司要求保护的模型作品,由歼十飞机原始设计图纸及歼十飞机等比例缩小而来,故该模型应当产生于歼十飞机之后。因此,本院确定中航智成公司在本案中要求保护的权利基础为该公司于2007年11月16日从成飞所获得许可的根据歼十飞机等比例缩小而制作的歼十飞机模型。

关于中航智成公司二审主张的权利基础。二审期间,中航智成公司于2015年1月12日在接受二审法院询问过程中,主张其要求保护的歼十飞机模型作品的完成时间早于歼十飞机的生产时间,即中航智成公司二审期间将其要求保护的模型作品的完成时间变更至歼十飞机生产日之前。中航智成公司与飞鹏达公司均确认歼十飞机的首飞时间是1998年3月,故中航智成公司二审期间要求保护的是1998年3月之前由成飞所完成的模型。如前所述,成飞所在歼十飞机生产日之前完成了近百个模型,中航智成公司二审期间将其主张保护的权利基础变更为歼十飞机生产前成飞所完成的模型,但并未明确要求保护歼十飞机生产前不断改进过程中的具体哪一个模型造型,故中航智成公司二审要求保护模型作品的权利基础并不明确。对此,本院认为,因中航智成公司主张保护的权利在一审起诉时明确为其从成飞所获得授权制造、销售的歼十飞机模型,且至一审法庭辩论前未申请变更,在中航智成公司二审要求保护成飞所完成于歼十飞机之前、具体模型造型未确定的情况下,二审法院认定中航智成公司要求保护的歼十飞机模型是2007年1月5日央视国际报道公开的由成飞所完成的从歼十飞机等比例缩小而来、产生于歼十飞机之后的模型作品,二审法院的上述认定变更了中航智成公司一审主张的权利基础,也与中航智成公司二审要求保护产生于歼十飞机之前模型的主张不符。二审法院的上述认定存在错误,本院予以纠正。飞鹏达公司关于二审法院变更中航智成公司一审起诉的权利基础的再审主张成立,本院予以支持。

关于中航智成公司再审主张的权利基础。再审期间,中航智成公司变更其一审主张的权利基础,主张其再审期间要求保护的歼十飞机模型是《中国航空工业四十年》中“1990 年 2 月李鹏总理听取林宗棠部长工业新机研制的汇报”图片报道上的模型，并主张歼十飞机造型与该模型造型一致。首先，根据前述《民事诉讼法》的规定，中航智成公司变更其诉讼请求，未在一审法庭辩论结束前提出，对其变更权利基础的主张，本院不予支持。其次，从《中国一航歼十飞机新闻发布会实录》报道的内容看，“1990 年 2 月李鹏总理听取林宗棠部长工业新机研制的汇报”照片上的歼十飞机，被认为是歼十最早的机型，此后为适应战术需要作了多次修改，歼十飞机最后的外形与其早期设计具有脱胎换骨的变化。也就是说，中航智成公司从成飞所获得授权制造、销售的歼十飞机模型、2007 年 1 月 5 日央视国际报道公开的模型、歼十飞机生产前最终确定的模型，以及 1998 年 3 月首飞的歼十飞机造型，与 1990 年 2 月听取汇报图片上所显示最早的歼十飞机模型之间存在较大区别，故中航智成公司再审期间主张歼十飞机是从 1990 年 2 月听取汇报图片上的模型生产而来，其从成飞所获得授权制造、销售的模型与 1990 年 2 月听取汇报图片上的模型完全相同的主张与客观事实不符，且该主张与中航智成公司关于其从成飞所获得授权制造、销售的歼十飞机模型系从歼十飞机等比例缩小而来的主张相矛盾，本院不予采信。最后，即便中航智成公司在本案中要求保护的是 1990 年 2 月听取汇报图片上最早的歼十飞机模型，因其再审期间自认发表该图片的《中国航空工业四十年》属于非公开发行的绝密资料，故无法证明飞鹏达公司存在接触该模型图片的可能。在飞鹏达公司未接触 1990 年 2 月听取汇报图片显示的歼十飞机模型的情况下，即便该模型构成模型作品，仍不能认定飞鹏达公司的被诉侵权行为构成侵害该模型作品的著作权。

2. 关于中航智成公司要求保护的歼十飞机模型是否构成受我国著作权法保护模型作品的问题

《著作权法实施条例》第 2 条规定：“著作权法所称作品，是指文学、艺术和科学领域内具有独创性并能以某种有形形式复制的智力成果。”《著作权法实施条例》第 4 条第 13 项规定：“模型作品，是指为展示、试验或者观测等用途，根据物体的形状和结构，按照一定比例制成的立体作品。”从《著作权法实施条例》第 2 条的规定看，我国著作权法保护的作品必须同时具备以下三个要件：一是必须属于文学、艺术和科学领域内的智力创作；二是具有独创性；三是能以有形的形式复制。在判断是否构成受我国著作权法保护的模型作品时，首先要判断该模型是否同时具备上述三要件，而不能将《著作权法实施条例》第 4 条第 13 项的规定与《著作权法实施条例》第 2 条的规定割裂开来适用。也就是说，仅仅满足《著作权法实施条例》第4条第13项的规定,在不能同时满足《著作权法实施条例》第2条规定的三要件的情况下,尚不能认定构成受我国著作权法保护的模型作品。作为上述三要件之一的作品的独创性,指作者在创作作品的过程中投入了某种智力性劳动,创作出来的作品具有最低限度的创造性,且作品是由作者独立思考并独立完成的,体现了作者的精神劳动和智力判断。

本案中,中航智成公司一审起诉要求保护的歼十飞机模型作品,是其从成飞所获得授权制造、销售的歼十飞机模型,该模型是歼十飞机的等比例缩小,故歼十飞机产生在先,中航智成公司在本案中要求保护的歼十飞机模型产生在后。中航智成公司主张飞鹏达公司生产、销售的歼十飞机模型侵害其对歼十飞机模型享有的模型作品著作权,应当对其获得授权制造、销售的歼十飞机模型构成受我国著作权法保护的模型作品负有举证责任。中航智成公司在本案中要求保护的歼十飞机模型与歼十飞机相比,除材质、大小不同外,外观造型完全相同。因此,无论中航智成公司在将歼十飞机等比例缩小的过程中付出多么艰辛的劳动,中航智成公司均未经过自己的选择、取舍、安排、设计、综合、描述,创作出新的点、线、面和几何结构,其等比例缩小的过程仅仅只是在另一载体上精确地再现了歼十飞机原有的外观造型,没有带来新的表达,属于严格按比例缩小的技术过程。在中航智成公司不能证明其根据歼十飞机等比例缩小而制造的歼十飞机模型具有独创性的情况下,该过程仍然是复制,产生的歼十飞机模型属于歼十飞机的复制件,不构成受我国著作权法所保护的模型作品。即便按二审法院认定的事实,中航智成公司制造、销售的歼十飞机模型是对成飞所完成的歼十飞机模型的复制,因二审法院认定由成飞所完成的歼十飞机模型,亦为歼十飞机的等比例缩小,故基于与上述同样的理由,该成飞所完成的模型亦不具有独创性,不受我国著作权法的保护。因此,二审法院关于"模型与原物的近似程度越高,其独创性越高"的认定,违背我国著作权法的基本原理,本院予以纠正。又鉴于我国著作权法只保护作品的表达,不延及思想、工艺、操作方法或数学概念,且我国著作权法保护的表达是具有文学、艺术和科学审美意义的智力成果,不保护为满足人们实际生活需要的实用性和功能性的表达,因此,二审法院关于"模型越满足实际需要,其独创性越高"的认定,也违背我国著作权法的立法本意,本院予以纠正。综上,飞鹏达公司关于中航智成公司在本案中要求保护的歼十飞机模型不构成受我国著作权法保护模型作品的再审主张成立,本院予以支持。中航智成公司关于飞鹏达公司侵害其歼十飞机模型作品著作权的起诉主张缺乏事实和法律依据,一审法院对其诉讼主张不予支持正确,本院对一审判决予以维持。

例案三 李某政与汕头经济特区南粤电器有限公司侵犯著作权和科学技术成果权纠纷案

【法院】

北京市第一中级人民法院

【案号】

(2003)一中民初字第7573号

【当事人】

原告：李某政

被告：汕头经济特区南粤电器有限公司

【基本案情】

原告李某政安装被告汕头经济特区南粤电器有限公司(以下简称南粤电器)的产品，因被告产品在设计和制造方面存在缺陷，至1998年7月，发生跳闸多次。在被告多次派人员检修仍未解决有关问题的情况下，原告自行调查研究，设计出空气开关外接铜排过渡导电装置，经在跳闸最严重的配电柜上试运行，效果良好，未再发生跳闸事故。1998年6月20日，被告的职员陈某瑶等来北京中土大厦维修设备时，原告曾向其介绍按照原告发明制造的铜排导电元件、抽屉开关总成以及运行情况。此后，原告发现被告抄袭和剽窃原告的发明创造技术方案、工程技术图形和模型作品以及经实践证明取得重大经济效益和社会效益的科技成果，用于改装自己有缺陷的产品，同时生产案涉产品销售给北京中土大厦等单位。原告认为被告行为侵害了其合法权益。故要求人民法院判令被告：(1)一次性补偿原告工业科技成果奖励6万元；(2)赔偿原告著作权和发明创造科技成果经济保护费42万元；(3)赔偿原告精神损失费1万元及其他合理开支1万元；(4)承担本案诉讼费。

法院判决：驳回原告李某政的诉讼请求。

【案件争点】

原告主张的空气开关外接铜排过渡导电装置是否构成模型作品。

【裁判要旨】

生效裁判认为：

我国《著作权法实施条例》规定，模型作品，是指为展示、试验或者观测等用途，根据物体的形状和结构，按照一定比例制成的立体作品。由于原告提交的照片不能反映配电柜设备、元件的结构，且只是反映了该产品的部分外部特征，故依据照片不能确认其上显示的产品为模型作品。原告主张模型作品著作权缺乏事实及法律依据,本院不予支持。

原告提交的照片只反映了相关设备、元件的部分外部特征,单位名单的内容与原告主张的著作权无任何联系,故上述证据均不能证明被告对01218237.0号实用新型专利权利要求书、说明书及其附图实施了著作权法所规定的复制、歪曲、篡改、剽窃等侵权行为。因此,原告的诉讼请求缺乏事实和法律依据,不能成立,本院不予支持。

原告称由于被告产品的质量问题给其造成精神损害,但被告的产品是销售给原告所在的单位,而并非原告本人。原告与被告关于产品质量的联络行为是职务行为,其无权向被告主张精神损害赔偿,故本院对该项诉讼请求不予支持。

鉴于原告的上述诉讼请求均不能成立,故其要求被告给付其诉讼合理支出的诉讼请求亦不能成立,本院不予支持。

三、裁判规则提要

(一)模型作品的本源探究

《著作权法实施条例》第4条第13项规定:"模型作品,是指为展示、试验或者观测等用途,根据物体的形状和结构,按照一定比例制成的立体作品。"按照该条的规定,从文义解释的角度讲,模型作品只要是根据物体的形状和结构,按照一定比例制成即可。因此,司法实践中存在一种观点认为模型作品不要求具有独创性,其只是按照一定比例进行制作后的物品。还有一种观点认为模型作品同样要求独创性,只不过其独创性不是体现在独立创作方面,而是体现在是否按比例制成立体作品。正如在"歼十飞机"案件中,二审法院认为,"为了实现展示、试验或者观测等目的,模型与原物的近似程度越高或者越满足实际需要,其独创性越高"。对于模型作品出现不同的解释,主要原因在于我国著作权法体系中对于作品的规定欠缺体系化的关照,对于模型作品的特殊性认识存在误区。

我国《著作权法》第3条规定,模型作品属于本法所称的作品,与工程设计图、产品设计图、地图、示意图等图形作品一起归入第7项中。在《著作权法实施条例》第2条中规定:"著作权法所称作品,是指文学、艺术和科学领域内具有独创性并能以某种有形形式复制的智力成果。"但是,在第4条第13项中又规定:"模型作品,是指为展示、试验或者观测等用途,根据物体的形状和结构,按照一定比例制成的立体作品。"追本溯源,《伯尔尼公约》中第2条第7款规定:"在不违反本公约第7

条第 4 款的规定的情况下，同盟成员国应自行立法确定 works of applied art 和 industrial designs 以及 model 的适用范围及保护条件。”世界知识产权组织编写的《著作权与邻接权法律术语汇编》将“model”解释为：在物质载体上，对艺术作品或商品的外观做出的立体造型设计，它提供了制作艺术作品或制造工业产品的样式。[①] 由此可见，这里的“model”本质上属于一种立体造型设计。而我国《著作权法实施条例》中规定的模型作品则并没有体现立体造型设计的特点。郑成思教授认为《伯尔尼公约》中所规定的“model”被翻译成“模型”乃是翻译技术的失误，“model”的正确译法应为“立体外观设计”，与“平面外观设计”相对应。[②] 由此可见，源于《伯尔尼公约》的“model”概念正确的中文含义应为“立体造型设计”。然而《著作权法实施条例》却将其翻译为“模型”，并直接按照《现代汉语词典》中对“模型”的解释，“依照实物的形状和结构按比例制成的物品，多用来展览或实验”。[③] 这就造成了在司法实践中对于模型作品本质把握出现分歧。

（二）模型作品的独创性判断

首先，模型作品应当具有独创性。从上述模型作品的本源分析不难看出，目前《著作权法实施条例》中规定的模型作品的定义实乃不能揭示模型作品的根本特点，一定程度上造成了实践认识的分歧。如何弥补这样的立法缺憾，还原模型作品的真正含义，这就需要在司法实践中通过运用体系解释与目的解释的方法解释模型作品。

根据《著作权法实施条例》第 2 条规定，著作权法所称作品，是指文学、艺术和科学领域内具有独创性并能以某种有形形式复制的智力成果。从体系解释的角度讲，模型作品既然属于著作权法明确规定的一种作品类型，应当具备独创性。从目的解释的角度讲，著作权法的立法目的就是激励作品的创作，其激励的行为属于具有独创性的行为。那么，模型作品在著作权法体系中获得保护，其理应具有法律所保护的法意，即具有一定的独创性。

其次，模型作品的独创性判断。独创性是指作品系作者独立创作产生的，是作

---

① 参见世界知识产权组织编：《著作权与邻接权法律术语汇编（中英法对照）》，刘波林译，北京大学出版社 2007 年版，第 156 页。

② 参见郑成思：《知识产权法》，法律出版社 2003 年版，第 132 页。

③ 参见中国社会科学院语言研究所词典编辑室编：《现代汉语词典》，商务印书馆 2005 年版，第 961 页。

者独立构思的产物,其表达具有创作性,不是对已有作品的模仿、复制、抄袭。对于独创性的判断应从独立完成和创作性两个层次进行把握。独创性中的“独”强调的是作者通过独立构思、创作产生的,是对于独立性的要求。独创性中的“创”是强调要有作者的个性表达,要有某种属于作者个人所特有的内容,能够体现作者的取舍、选择、安排、设计等。

因此,在进行模型作品判断时也应坚持作品的核心要件独创性判断。正如王迁教授所言,任何物体都是由点线面和几何结构等诸多要素构成的,而制作精确放大版缩小版或按原尺寸制作模型的劳动者并没有贡献出源自其本人的任何新的点线面和几何结构,而是按照比例关系准确地再现了它们。[①] 这种再现尽管包含辛勤的劳作和精巧的技艺,但是,由于没有体现作者个人的选择、取舍、编排等,其并不具有作品所要求的独创性。换言之,按照在先作品制作的缩小或者扩大或者同等比例的模型由于没有独创性而不属于模型作品。

按照模型作品的定义,为了展示、试验或者观测等用途,根据物体的形状和结构,按照一定比例制成的物体很难具有独创性。因此,要区分模型和模型作品,前者更多是实现了功能的要求,没有体现任何独创性的要素。而后者,在满足功能性的要求的同时,还应体现一定的独创性。这种独创性主要表现在对于实物形状、结构和其他外部特征的设计,使模型具有了独创性的要素,进而满足了作品的要求。

最后,模型作品与复制品的区别。复制品,顾名思义,是对已有物品的重复再现。复制行为不仅包括从平面到平面的复制,还包括从平面到立体以及立体到立体的复制。按照《著作权法实施条例》中对于模型作品的定义,即为根据物体的形状和结构,按照一定比例制成。从著作权法原理的角度讲,根据已有作品的形状和结构,按照一定比例制成的物品,这其中如果没有任何制作者个人的选择、取舍、编排等的独立创作,则属于复制行为,属于从立体到立体的再现行为,其最终的产品亦为复制品。模型作品如前所述,在判断是否构成作品时应以是否具备独创性为判断要件,而不能仅从是否按照一定比例进行了再现原有物品而判断。但是,如果根据已有的自然物体,通过科学的手段发现其内部结构,再利用一定技艺制作形成的模型,由于在制作模型的过程中有人的独创性表达而可构成模型作品。例如,在有孔虫案中,有孔虫模型系郑守仪根据自己所从事的研究领域和研究成果,结合其

① 参见王迁:《模型作品——定义重构》,载《华东政法大学学报》2011 年第 3 期。

专业知识对海洋微生物放大数倍独立制作而成；由于有孔虫系一种生命体，从幼虫到成虫的生长过程中具有多种形态，且在同一生命状态下形态也千姿百态，郑守仪对特定生长阶段的有孔虫形态和结构进行选择刻画，制作的有孔虫模型是郑守仪智力劳动的成果；有孔虫模型是对有孔虫生命体特征的反映，其本身体现了制作者郑守仪的个性化选择和表达，属于著作权法保护的对象。

（三）模型作品的特殊要件

按照《著作权法实施条例》中对于模型作品的定义可知，模型作品是为了展示、试验或者观测等用途，使用一定的方法制作的立体作品。从文义解释的角度讲，一个作品要符合模型作品不仅要具有独创性，还应当同时满足目的要件、方法要件。这也是模型作品区别于美术作品、建筑作品、实用艺术品等作品的重要特点。

从世界知识产权组织编写的《著作权与邻接权法律术语汇编》中的解释来看，“model”应当是指立体造型设计。这种立体的造型设计首先针对一切受保护的立体作品，包括纯造型艺术作品、建筑作品和实用艺术作品。[①] 但是，我国《著作权法实施条例》中对于美术作品、建筑作品均进行了明确的规定。实用艺术品虽然在现有法律中没有进行具体规定，但司法实践中一般是将其艺术性与实用性相区分后按照立体美术作品进行保护。诚然，模型作品在线条、结构等方面存在独创性，某种程度上已经具有了美术作品的特性。但是，模型作品除了要求具有独创性外还规定了目的性要件和制作方法要件。这是美术作品和模型作品的重要区别。某种意义上讲，建筑作品和模型作品之间存在彼此不能兼容的关系。如果一个作品属于建筑作品，为了观测等用途，根据其形状、结构，按照一定比例制成的立体作品则不属于模型作品，因为在制作模型的过程中没有体现任何独创性，该模型只是对建筑作品的一种复制，属于复制品，并不享有独立的著作权。如果为了展示、试验或者观测等用途，制作者使用一定的方法制作立体作品，这种立体作品具备了独创性的条件，则属于模型作品。因此，模型作品的判断一定是既满足独创性要求，又要满足目的性要件和方法要件，这两个层面是缺一不可的。

---

① 参见王迁：《模型作品——定义重构》，载《华东政法大学学报》2011 年第 3 期。

四、辅助信息

高频词条:

《著作权法实施条例》

第4条 著作权法和本条例中下列作品的含义:

……

(十三)模型作品,是指为展示、试验或者观测等用途,根据物体的形状和结构,按照一定比例制成的立体作品。

……

知识产权案件裁判规则第 18 条：
严格对照文字作品原文朗读形成的有声读物，无论其是否添加了背景音乐、音效，都没有改变文字作品的独创性表达，因而不构成改编作品。有声读物作为一种录音制品，其朗读者可以主张表演者权

〔**规则描述**〕：有声读物并不会改变作品的内容表达。文字作品真正受到保护的独创性表达，实际上是作品的情节（小说）、论证（学术著作）、描述（纪实文学）等，如果对上述内容进行了改变，则可能侵害改编权。而有声读物属于直接朗读文字作品而成，对内容的改变微乎其微，有声读物制作者难言有真正的创作行为。

一、类案检索大数据报告

时间：2019 年 5 月 13 日之前，案例来源：Alpha 案例库，案件数量：195 件，检索关键词：著作权、有声读物、判决，数据采集时间：2019 年 5 月 13 日，本次检索获取了 2019 年 5 月 13 日前共 195 篇裁判文书。整体情况如图 18 - 1 所示：

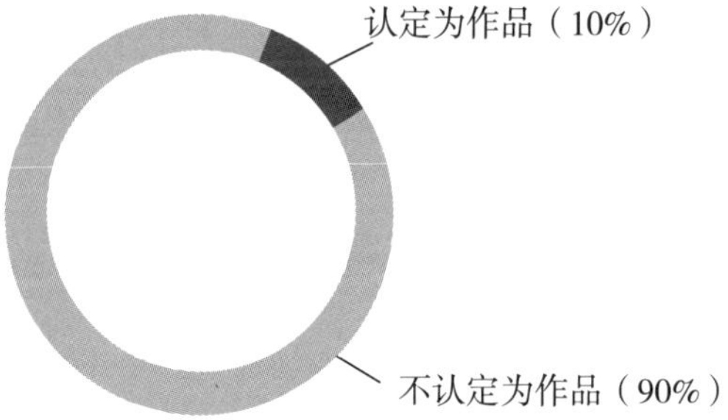

图 18 - 1　有声读物类诉讼裁判结果

从图 18 - 1 显示的结果来看，10% 的法院将有声读物认定为作品，作为著作权法保护的客体，90% 的法院不将其认定为作品。

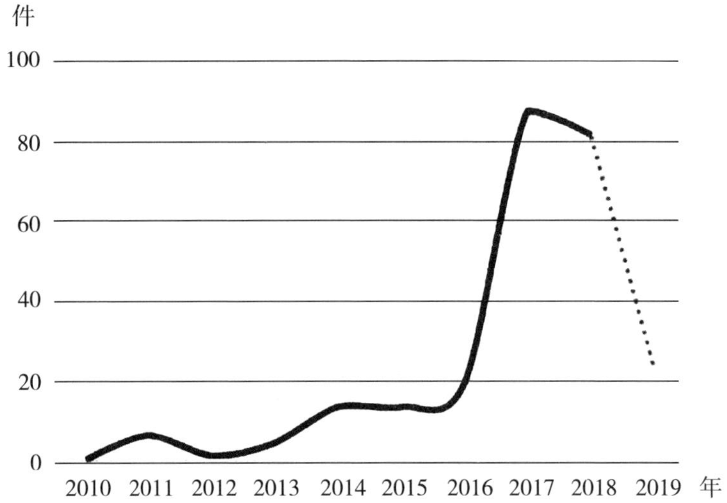

图 18 - 2　有声读物类诉讼案件时间趋势

从图 18 - 2 的案件时间趋势,可以看到有声读物类纠纷案件逐年的数量变化态势。

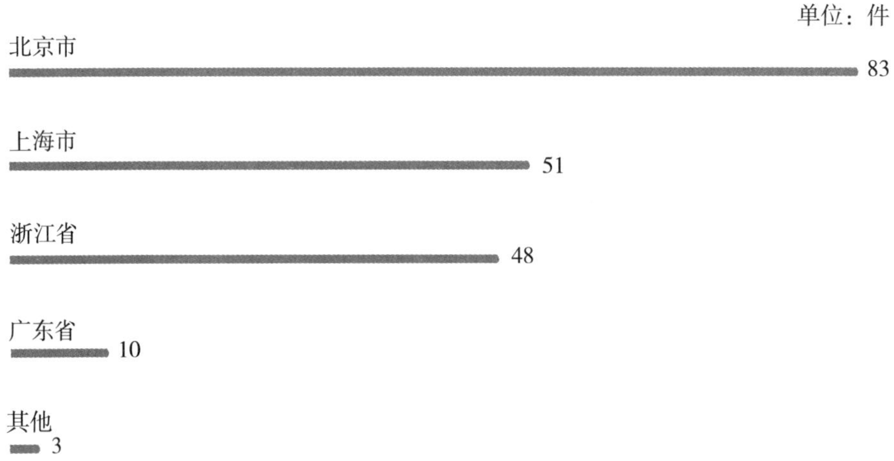

图 18 - 3　有声读物类案件诉讼的主要地域分布

从图 18 - 3 的主要地域分布来看,有声读物类纠纷案件主要集中在北京市、上海市、浙江省,分别占比约 42.56%、26.15%、24.62%。其中北京市的案件量最多,达到 83 件。

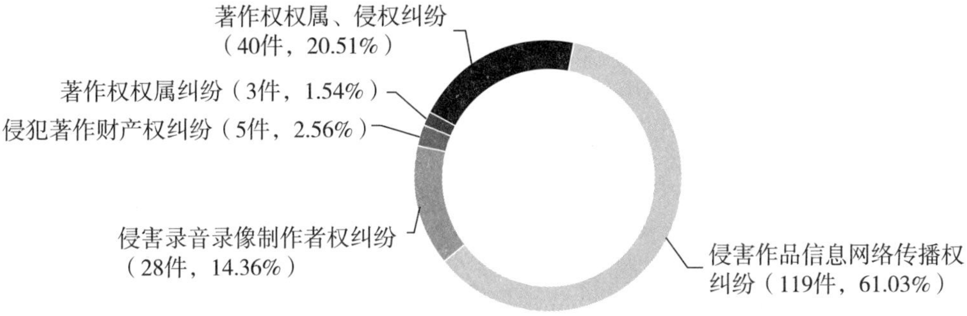

图 18－4　有声读物类诉讼案件案由分布

从图 18－4 的案由分布情况可以看出，有声读物类纠纷的案由主要是侵害作品信息网络传播权纠纷，有 119 件，占一半以上，其次是著作权权属、侵权纠纷，侵害录音录像制作者权纠纷，侵犯著作财产权纠纷，著作权权属纠纷。

二、可供参考例案索引

例案一｜谢某与深圳市懒人在线科技有限公司侵害作品信息网络传播权纠纷案

【法院】

浙江省杭州市中级人民法院

【案号】

(2017)浙 01 民终 5386 号

【当事人】

上诉人(原审被告)：深圳市懒人在线科技有限公司

上诉人(原审被告)：杭州创策科技有限公司

上诉人(原审被告)：杭州思变科技有限公司

上诉人(原审被告)：北京朝花夕拾文化发展有限公司

被上诉人(原审原告)：谢某

【基本案情】

谢某是中国作家协会会员，中国科普作家协会会员，安徽省作家协会儿童文学创作委员会委员，六安市作家协会副主席，是中国原创少年侦探小说领军人物，中国未成年人网名家点评团特聘专家(团长杨红樱)，已出版作品 120 余本。“课外侦探组”系列少年侦探小说入选新闻出版总署第三届“三个一百”原创出版工程，

"洛克王国魔法侦探"系列图书荣获童书评选2011年度"文学童书"奖和六安市首届精神文明建设"五个一工程"奖。2011年3月,涉案作品《72变小女生》由电子工业出版社出版,署名谢某,与另外三册图书成套销售(就另三件作品谢某以其他案件同时向杭州铁路运输法院提起侵权指控),全套共4册总字数为550.4千字,总定价为60元。谢某作为作者享有著作权。2015年12月11日,谢某通过公证的方式固定证据证明深圳市懒人在线科技有限公司(以下简称懒人公司)未经谢某授权在其经营的网站"懒人听书"(www.lrts.me),通过信息网络非法向公众提供涉案作品《72变小女生》的在线听书服务。2016年4月7日,谢某代理人向懒人公司发出律师函,希望能协商处理本案纠纷,但至今未能解决。从懒人公司通过电子邮件向谢某代理人提交的文件来看,懒人公司是经过杭州创策科技有限公司(以下简称创策公司)、杭州思变科技有限公司(以下简称思变公司)、北京朝花夕拾文化发展有限公司(以下简称朝花夕拾公司)的层层授权。根据《著作权法》的规定,使用他人作品应当取得著作权人的许可,但谢某从未授权创策公司、思变公司、朝花夕拾公司、懒人公司(以下合称四被告)中任意一家将涉案作品录制成有声读物并通过信息网络传播的权利,四被告在未取得谢某许可的情况下将涉案作品录制成有声读物并通过信息网络传播的行为系侵权行为,共同侵犯了谢某的著作权,给谢某造成了一定的损失,四被告应承担连带赔偿责任。为此,原告谢某依据《著作权法》及其他法律法规,请求法院依法维护谢某的合法权益不受侵害。

被告创策公司辩称:原告与创策公司先后签订了《数字出版协议》和《版权许可协议》,其从谢某处取得的改编权授权包含将涉案作品制作为录音制品的权利,并主张其所取得信息网络传播权授权包含提供因改编涉案作品而形成之录音制品的权利。思变公司、朝花夕拾公司、懒人公司均主张其已经取得相应的制作与传播涉案作品录音的授权。

一审法院判决:被告懒人公司、创策公司、思变公司、朝花夕拾公司共同赔偿原告谢某经济损失及为制止侵权行为所支付的合理开支共计人民币6100元。四被告不服上述判决,提起上诉。

二审法院判决:驳回上诉,维持原判。

【案件争点】

涉案有声读物是否构成著作权法意义上的作品。

【裁判要旨】

生效裁判认为：

《72变小女生》符合我国著作权法关于作品要件的规定，属于文字作品。谢某作为涉案作品的作者，依法享有著作权。本案争议焦点在于：懒人公司、创策公司、思变公司、朝花夕拾公司所实施被控侵权行为的性质，以及懒人公司、创策公司、思变公司、朝花夕拾公司实施被控侵权行为是否取得相应授权。

在对被控侵权行为进行定性之前，需要对被控侵权行为所针对的对象——涉案作品的有声读物之性质进行明确。对此，创策公司主张有声读物属于对涉案作品改编后形成的新作品。一审法院认为：对作品的改编应以改变作品之表达，且该改变具有独创性为前提。对于文字作品而言，文字表述是其作品的表达所在，改编文字作品应以文字内容发生改变为前提。本案中，涉案作品在被制成有声读物时，被改变的仅仅是形式，其文字内容并未被改变，制作有声读物的过程属于对涉案作品的复制，而非演绎。固然，对同一作品，不同的朗读者在朗读时会对音调、语速作出不同的选择，甚至于会配以富有个性的背景音乐或音效，最终传递出的声音可能存在差别，给听众带来不同的感受。但因这种选择与安排并未改变作品的文字内容，即未改变作品之表达，故不属于对作品的演绎。因而，涉案有声读物实为朗读涉案作品并进行录音后形成的录音制品，是对涉案作品的复制，而不属于对涉案作品进行演绎之后形成的新作品。关于创策公司是否取得制作录音制品授权，如前所述，制作录音制品不涉及对作品的改编，不受改编权控制，而应受表演权、复制权之控制，因而创策公司所取得之改编权不得作为制作录音制品的授权依据。并且，依照合同约定，创策公司并未取得对涉案作品录音制品进行信息网络传播的授权。

二审法院对上述观点予以维持，认定懒人公司未经授权对涉案作品的录音制品进行了信息网络传播，创策公司、思变公司、朝花夕拾公司客观上提供了帮助行为，侵害了谢某所享有的信息网络传播权，应连带承担赔偿责任。

例案二 | 上海麦克风文化传媒有限公司与劳某华侵害作品信息网络传播权纠纷案

【法院】

上海知识产权法院

【案号】

(2016)沪73民终30号

【当事人】

上诉人(原审被告):上海麦克风文化传媒有限公司

被上诉人(原审原告):劳某华

原审第三人:国文润华文化传媒(北京)有限责任公司

【基本案情】

原告劳某华系小说作品《香火》的作者,享有该作品的著作权。原告认为,上海麦克风文化传媒有限公司未经劳某华许可,通过其经营的"蜻蜓fm"网站向公众提供《香火》的在线听书服务,侵害了劳某华对该作品享有的信息网络传播权。

被告上海麦克风文化传媒有限公司辩称:被告网站使用了根据涉案作品《香火》所制作的音频,该行为取得了相关权利人合法有效的授权,包括原告对第三人的授权、第三人对音频制作方的授权、音频演播者对音频制作方的授权、音频制作方对音频权利人的授权、音频权利人对被告的授权等,故被告不构成侵权。即使构成侵权,因被告没有过错,故也不应承担赔偿责任。

一审法院判决:(1)被告上海麦克风文化传媒有限公司于本判决生效之日起立即停止侵害原告劳某华对作品《香火》享有的信息网络传播权,将《香火》的有声读物从其网站上下线;(2)被告上海麦克风文化传媒有限公司赔偿原告劳某华经济损失人民币10,000元、维权的合理费用人民币5,000元,合计人民币15,000元。一审宣判后,被告上海麦克风文化传媒有限公司不服上诉判决,提起上诉。

二审法院:驳回上诉,维持原判。

【案件争点】

涉案文字作品《香火》的有声读物是否构成我国著作权法意义上的作品。

【裁判要旨】

生效裁判认为:

涉案小说《香火》在对主题思想、故事情节等的表达上具有一定的独创性,属于小说类型的文字作品。依据该作品的合法出版物上的作者署名以及该作品的出版合同即《著作出版授权合同》等事实,可以认定劳某华系该作品的作者,依法享有该作品的著作权。

一审法院认为,涉案"蜻蜓fm"网站上的涉案有声读物《香火》(高品质)与涉案作品的内容一致,属于对涉案作品的声音演播内容所制作的录音制品。上海麦克风文化传媒有限公司通过涉案"蜻蜓 fm"网站向公众提供涉案作品的有声读物，使公众可以在其个人选定的时间、地点获得该有声读物。根据《著作权法》第 42 条的规定，录音录像制作者对其制作的录音录像制品享有许可他人使用的权利，被许可人复制、发行、通过信息网络向公众传播录音录像制品，还应当取得著作权人、表演者许可，并支付报酬。因此，上海麦克风文化传媒有限公司提供涉案作品的有声读物的行为如果未取得著作权人即劳某华的许可，则构成侵害劳某华享有的信息网络传播权。

二审法院对上述观点予以维持。关于上诉人认为其在网站上提供有声读物《香火》的收听是得到合法授权且未超过授权期限的上诉理由。二审法院认为，即使授权真实，本案系争有声读物《香火》使用了文字作品《香火》，自文字作品著作权人即被上诉人将声像版权（制作成录音制品的权利）授予原审第三人至上诉人从案外人上海倾听信息技术有限公司获得《香火》音频作品的信息网络传播权，整个授权过程环节较多，但根据著作权法的相关规定，上诉人作为录音制品的被许可人在通过信息网络向公众传播录音制品时，还应当取得著作权人的许可并支付报酬。而在本案中，没有证据表明上诉人取得过被上诉人的许可以及向其支付报酬，因此，上诉人构成对被上诉人享有的信息网络传播权的侵害。

例案三 | 贾某刚与中国科学文化音像出版社有限公司等著作权权属、侵权纠纷案

【法院】

北京知识产权法院

【案号】

（2015）京知民终字第 122 号

【当事人】

上诉人（一审被告）：佛山人民广播电台

被上诉人（一审原告）：贾某刚

一审被告：中国科学文化音像出版社有限公司

一审被告：谢某嵘

【基本案情】

《贾某刚说春秋》是原告在研究"四书五经"以及《左传》《史记》等史籍的基础上，历时 3 年多创作的一部历史小说。该作品共 7 册，209.1 万字，2009 年 7 月至

2011年5月由广西师范大学出版社出版发行。该作品出版后,被几大门户网站联袂推荐,长期在卓越网历史类图书销售排行中处于榜首位置,因广受读者欢迎多次印刷。基于原告作品的巨大影响力,被告中国科学文化音像出版社有限公司(以下简称科学文化音像出版社)将原告作品第一册至第六册共计169万字录制成名为《听世界春秋》的有声读物,以被告谢某嵘原创作品的形式在被告佛山人民广播电台(以下简称佛山电台)的"FM94.6""FM92.4"频道《听世界》节目中进行商业播放。2012年7月,三被告联袂推出《听世界春秋》光盘并公开发售。被告佛山电台播放《听世界春秋》的时间长达两年半,直到出版光盘时,还把该有声小说作为被告谢某嵘的原创作品。原告认为,被告佛山电台通过播放剽窃原告的《听世界春秋》,获取了巨大的商业利益,被告谢某嵘获得了巨大的声誉。三被告的上述行为侵犯了原告享有的署名权、修改权、复制权、广播权、信息网络传播权、改编权、发行权、获得报酬权,应当依法承担侵权责任。

被告科学文化音像出版社辩称:被告在对被控侵权光盘进行出版审查时,已经按照《出版管理条例》等规定的审查内容进行了详尽全面的审查,并要求委托出版方提供了相应的版权证明和委托手续,已经在法律法规要求的范围内和自身能力所及范围内进行了审查,并未发现不符合出版的情形,主观上没有任何侵权故意或过失。

被告佛山电台辩称:《著作权法》第43条第2款规定,广播电台、电视台播放他人已发表的作品,可以不经著作权人的许可,但应当支付报酬。依此规定,佛山电台是在广播节目中播放原告作品,依法只需支付报酬,而原告的主张远远高于法定报酬标准,明显不合理。被控侵权光盘与原告主张作品分属不同类别,服务群体一个是听众,另一个是读者,彼此之间无直接竞争,不会出现此消彼长。事实是,原告作品销售数量也并未因此减少,相反,还有不少听众是听了《听世界春秋》节目后才购买原告作品的。

一审法院判决:被告科学文化音像出版社、被告佛山电台于本判决生效之日起销毁库存的音像出版物《听世界春秋》(ISRC编号为CN-A233-12-00639);被告佛山电台赔偿原告贾某刚经济损失55万元,被告科学文化音像出版社就其中的1万元承担连带赔偿责任;被告佛山电台赔偿原告贾某刚精神损害抚慰金2万元;被告佛山电台及被告科学文化音像出版社连带赔偿原告贾某刚合理支出4万元。

一审宣判后,被告佛山电台不服上述判决,向北京知识产权法院提起诉讼;二审法院判决:驳回上诉,维持原判。

【案件争点】

涉案有声读物是否构成著作权法意义上的改编作品。

【裁判要旨】

生效裁判认为：

广西师范大学出版发行的《贾某刚说春秋》一书署名为“贾某刚著”，在被告未提出相反证据的情况下，北京市东城区人民法院依据上述署名确认原告贾某刚为该书著作权人，其享有的权利受法律保护。

根据查明的事实，《听世界春秋》中约有122.4万字与《贾某刚说春秋》的表达相同，约占《听世界春秋》全部内容的74%，约占《贾某刚说春秋》全部内容的89%，结合佛山电台的自认陈述，在没有证据表明《听世界春秋》中的相关内容有其他合法来源的前提下，可以认定《听世界春秋》的主要内容来自《贾某刚说春秋》。且《听世界春秋》在使用原作《贾某刚说春秋》的主要内容时，在保留原作基本表达的情况下，对原作的表现形式进行了改变，将原作的书面语言转换成适于演播的口头语言表达形式，并进行了再度创作，具有一定的独创性，构成对《贾某刚说春秋》的改编，而该改编行为未取得原著作权人贾某刚的授权，故该行为构成对贾某刚改编权的侵犯。佛山电台还将未经许可改编后的《听世界春秋》公开向公众广播传播，亦构成对广播权的侵犯。在《听世界春秋》2年多的播出时间里，一直未在节目中提及贾某刚，仅有最后一期节目曾表明过贾某刚的原作作者身份，该种方式显然不足以使听众知晓《听世界春秋》来源于贾某刚创作的《贾某刚说春秋》，反而会使听众误解《听世界春秋》为谢某嵘原创，故佛山电台的该种行为亦构成对贾某刚署名权的侵犯。

此外，对于佛山电台依据《著作权法》第43条第2款之规定主张其行为不构成侵权的辩称，北京市东城区人民法院认为，广播电台广播他人已发表的作品时需指明作者姓名和作品名称，且使用时不应对他人的作品加以改动，或是仅能容许以播讲为需要的适当改动，而本案中佛山电台在使用权利图书的过程中未给贾某刚署名，且对权利图书的改动使用明显已超过适度的范围，故佛山电台的行为不适用《著作权法》第43条第2款的规定。综上，佛山电台应就其上述侵权行为承担侵权责任。因光盘收录的内容与《听世界春秋》广播节目内容一致，故出版发行该光盘构成对贾某刚所享有的复制权、发行权的侵犯，又因光盘内、外包装均未给贾某刚署名，故已构成对贾某刚署名权的侵犯。

二审期间，北京知识产权法院认为，本案中佛山电台未经贾某刚许可使用了贾某刚的《贾某刚说春秋》约122.4万字。并且,佛山电台同时在两个频道播放侵权节目《听世界春秋》长达2年多之久,亦从未给作者贾某刚署名。佛山电台的侵权情节严重,主观恶意明显,应当承担相应侵权责任。原审法院认定事实清楚,适用法律正确,上诉人佛山电台提出的上诉理由不成立,对其上诉请求,二审法院不予支持。

三、裁判规则提要

(一)有声读物是否构成演绎作品

有声读物类案件的关键问题是,有声读物本身是否构成作品,如果构成,则有声读物本身成为演绎作品,而与其所据以制作有声读物的文字作品可以相互分离,虽然最终判定有声读物未经许可使用文字作品时,其侵权结果相同,但依据不同,即如果认为有声读物属于演绎作品,则其侵害了原作品的改编权,如认为有声读物不属于作品,则其侵害复制权。

从有声读物的制作过程和欣赏效果看,认为有声读物属于对文字作品的改编、有声读物属于文字作品之演绎作品的观点似乎具有一定合理性,符合一般受众的视听感受。有声读物往往由专业的朗读者、音效制作者等合作完成,有的配有音乐等其他欣赏元素,作为欣赏对象的作品,已经从平面之文字变成悦耳之声音,欣赏体验完全不同,并且制作者为此也投入制作资源、付出大量劳动。对于其是否属于演绎作品,关键在于判断制作有声读物的过程中,到底有无新作品的产生。复制行为与演绎行为的区分就在于,是否在保留原作品基本表达的基础上增加了新的独创性表达。或者从市场角度看,被控侵权作品是否影响到原作品制作演绎作品的市场,如是,则可认为侵犯了改编权(演绎权),如否,则属于侵害复制权。

但事实上,有声读物并不会改变作品的内容表达。文字作品真正受到保护的独创性表达,实际上是作品的情节(小说)、论证(学术著作)、描述(纪实文学)等,如果对上述内容进行了改变,则可能侵害改编权。而所谓的有声读物,属于直接朗读文字作品而成,对内容的改变微乎其微,从这个角度看,有声读物制作者并无真正的创作行为。

就朗读而言,其属于一种表演行为。授权他人公开朗读作品,本身就属于著作权人权利之一,朗诵者仅属于表演者,国家版权局在《关于著作权法实施条例第五条中"表演"的具体应用问题的解释》中明确朗诵属于对作品的表演。尽管对于同一文字作品,不同朗诵者可能在语音、语调等方面有不同的创作空间,但由于没有改变作品文字内容，未实质改变作品表达，因此这种所谓的创作并不属于著作权法意义上的足以构成演绎作品的创作，因而并未能超出对作品进行表演的范畴。

（二）有声读物属于录音制品

制作有声读物，属于比较典型的制作录音制品的过程。制作录音制品，显然并不属于创作行为，录音后形成的录音制品，属于对原作品的复制，属于著作权法上的作品传播行为，如需保护，则应保护其作为传播者的权利，即传播者权或邻接权。

综上所述，判断有声读物的法律性质，是审理此类案件的关键问题。小说等文字作品在被制成有声读物时，被改变的仅仅是形式，其文字内容并未被改变，制作有声读物的过程属于对涉案作品的复制，而非演绎。虽然对同一作品，不同的朗读者在朗读时会对音调、语速作出不同的选择，甚至于会配以富有个性的背景音乐或音效，最终传递出的声音可能存在差别，给听众带来不同的感受，但这种选择与安排并未改变作品的内容，即未实质改变思想的表达，故不属于对原作品的演绎作品。有声读物实为朗读涉案作品并进行录音后形成的录音制品，本质上是对涉案作品的复制，而不属于对涉案作品进行演绎之后形成的新作品。制作录音制品不涉及对作品的改编，不受改编权控制，而应受表演权、复制权控制，被告即便取得改编权之授权，也不得作为制作录音制品的授权依据。

根据《著作权法》的规定，录音录像制作者对其制作的录音录像制品享有许可他人使用的权利，被许可人复制、发行、通过信息网络向公众传播录音录像制品，还应当取得著作权人、表演者许可，并支付报酬。在互联网上传播作品有声读物的行为如果未取得著作权人的许可，则仍构成侵害著作权人享有的信息网络传播权。

四、辅助信息

高频词条：

《著作权法实施条例》

第 5 条　著作权法和本条例中下列用语的含义：

……

（二）录音制品，是指任何对表演的声音和其他声音的录制品；

（三）录像制品，是指电影作品和以类似摄制电影的方法创作的作品以外的任何有伴音或者无伴音的连续相关形象、图像的录制品；

……

知识产权案件裁判规则第 19 条:

药品说明书并非某个自然人或集体的思想表达,很难体现出独创性,不能作为著作权法上的作品而受著作权法的保护

〔**规则描述**〕:药品说明书在内容上系依照国家药品行政管理法规规定的格式,对药品属性、用法、用量、副作用、禁忌等进行介绍,使用的词汇及语言基本上都是严谨标准的通用物理、化学、药学等科学研究语言以及国际通用的计量单位,不需要也不可能使用独创的词汇或语言,表达空间受到极大的限制。因此,一般情况下药品说明书并非某个自然人或集体的思想表达,很难体现出独创性,不能作为著作权法上的作品而受著作权法的保护。不可否认,药品说明书所表达的实验数据和结论本身是药品研发人员的研究成果,包含着研发人员的创造性劳动。但实验数据和结论的文字表达(说明书的内容)与实验数据和结论本身是两个不同的概念和范畴,文字表达属于著作权法调整的范畴,实验数据和结论则属于数据保护和专利保护的范畴,不能将实验数据和结论的创造性混淆为其文字表达的独创性,并以此认定药品说明书为著作权法意义上的作品。

一、类案检索大数据报告

时间:2019 年 7 月 20 日之前,案例来源:Alpha 案例库,案件数量:5 件,检索关键词:著作权、药品说明书、判决民事纠纷,数据采集时间:2019 年 7 月 20 日,本次检索获取了 2019 年 7 月 20 日前共 5 篇裁判文书。整体情况如图 19 - 1 所示:

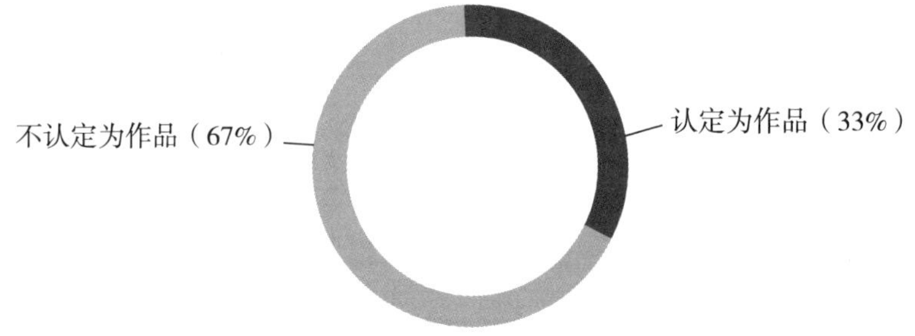

图 19 - 1　药品说明书类诉讼裁判结果

从图 19－1 显示的结果来看，33% 的法院将药品说明书认定为作品，作为著作权法保护的客体，67% 的法院不将其认定为作品。

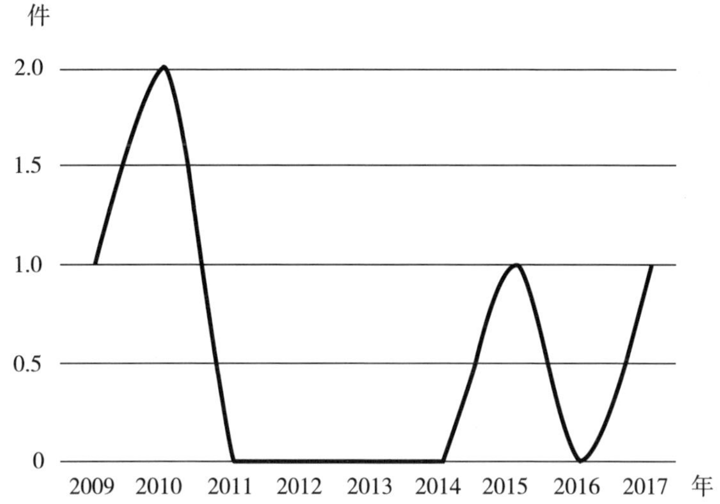

图 19－2　药品说明书类诉讼案件时间趋势

从图 19－2 的案件时间趋势，可以看出药品说明书类纠纷案件逐年的数量变化态势。

图 19－3　药品说明书类案件诉讼的主要地域分布

从图 19－3 的主要地域分布来看，药品说明书类纠纷案件主要集中在湖南省、山东省、上海市和广东省，分别占比约 40%、20%、20% 和 20%。其中湖南省的案件量最多，达到 2 件。

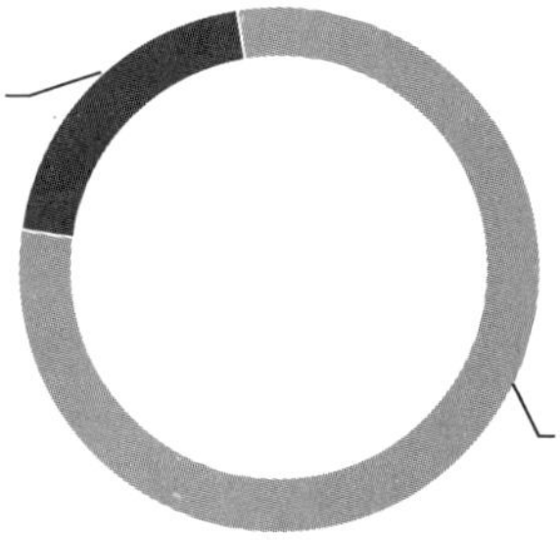

图 19－4　药品说明书类诉讼案件主要案由分布

从图 19－4 的主要案由分布情况可以看出,药品说明书类纠纷的案由主要是知识产权与竞争纠纷,有 4 件,占一半以上,其中包括著作权权属纠纷,商标权权属纠纷以及著作权和专利权权属、侵权纠纷。

二、可供参考例案索引

例案一　湘北威尔曼制药股份有限公司与佛山市弘兴医药有限公司著作权权属、侵权纠纷案

【法院】

广东省高级人民法院

【案号】

(2014)粤高法民三申字第 45 号

【当事人】

再审申请人(一审原告、二审被上诉人):湘北威尔曼制药股份有限公司

再审被申请人(一审被告、二审上诉人):佛山市弘兴医药有限公司

【基本案情】

湘北威尔曼制药股份有限公司(以下简称威尔曼公司)诉称,2009 年 9 月因发现苏州二叶制药有限公司(以下简称二叶公司)生产经营的“强舒西林”药品所使用的“二叶”牌《注射用哌拉西林钠舒巴坦钠说明书》与威尔曼公司的“哌舒(2:1)”药品说明书极度相似,遂先后申请诉前禁令并提起诉讼,要求二叶公司停止侵犯原告的著作权。湖南省长沙市岳麓区人民法院先后作出裁定和判决,均支持了威尔曼公司的诉讼请求。2010 年 8 月 3 日,长沙市中级人民法院作出终审判决予以维持。同时,佛山市弘兴医药有限公司(以下简称弘兴公司)未经威尔曼公司许可,

擅自采购、销售或许诺销售侵权产品，构成侵权。威尔曼公司起诉请求法院判令：(1) 弘兴公司立即停止侵权行为，即立即停止采购、销售及许诺销售二叶公司生产的使用了“二叶”牌《注射用哌拉西林钠舒巴坦钠说明书》的“注射用哌拉西林钠舒巴坦钠”药品；(2) 弘兴公司因侵犯原告威尔曼公司著作权，赔偿原告损失人民币 10 万元；(3) 弘兴公司在《中国医药报》和《医药经济报》刊登致歉声明以消除影响并赔礼道歉；(4) 本案诉讼费用由被告弘兴公司承担。

弘兴公司一审答辩称：第一，威尔曼公司在本案中提交的湖南省长沙市两审法院的民事判决书虽然支持了其相关诉讼请求，但湖南省高级人民法院已经对上述案件进行提审，目前尚无结果。威尔曼公司的主张没有任何事实和法律依据，要求其停止销售二叶公司生产的所谓相关侵权药品的请求也是不能成立的。第二，二叶公司的“注射用哌拉西林钠舒巴坦钠”药品是经过相关合法手续后才上市销售的，弘兴公司也同样经过相应的合法手续取得了上述药品的销售资格。退一步讲，就算二叶公司生产的涉案药品说明书侵犯了威尔曼公司著作权，弘兴公司作为中间环节的药品经销商根本不可能知道二叶公司的药品说明书是否侵权，如果由其来承担相应的赔偿责任是非常不公平的。

一审法院判决：(1) 弘兴公司立即停止销售使用二叶公司生产的“二叶”牌《注射用哌拉西林钠舒巴坦钠说明书》的“注射用哌拉西林钠舒巴坦钠”药品；(2) 弘兴公司赔偿威尔曼公司经济损失 5000 元。弘兴公司不服一审判决，提起上诉。

二审法院判决：一审法院适用法律有误，撤销原一审判决，判决驳回威尔曼公司的诉讼请求。威尔曼公司不服广东省佛山市中级人民法院二审判决，向广东省高级人民法院申请再审。

广东省高级人民法院再审裁定：驳回威尔曼公司的再审申请。

【案件争点】

涉案药品说明书是否构成著作权法意义上的作品。

【裁判要旨】

广东省高级人民法院认为，药品说明书不具备著作权法意义上作品所具有的法律属性。著作权法上的作品一般是独立存在，表达一定的思想，并不受制或附属于他物，可以独立进入商业领域并实现价值。而药品说明书与药品之间属于民法上的主物与从物的关系，药品说明书无法脱离药品而独立发挥效用，不具有独立的使用价值和价值。故药品说明书不属于著作权法保护的对象。

药品是一种特殊商品，药品说明书具有强制性。药品说明书是载明药品重要信息的法定文件,是选用药品的法定指南,具有强制性,新药审批后的说明书,不得自行修改。我国《药品注册管理办法》第74条规定,仿制药应当与被仿制药具有同样的活性成分、给药途径、剂型、规格和相同的治疗作用。因此,同品种的仿制药与被仿制药应当相同,其说明书内容自然与原研发药一致。如果药品说明书受著作权法保护,则可能给医生和患者用药造成困惑,更有可能扰乱药品监管体系。

再审申请人威尔曼公司可另寻法律途径保护其药品知识产权。在我国,符合专利法规定的药物及其制作方法可以获得专利保护,符合法定条件的保密信息可以作为商业秘密获得保护,符合数据保护规定的新药实验数据可以享有数据保护。此外,药品知识产权还可以通过商标、中药品种以及行政等方式获得保护。综上,再审申请人威尔曼公司要求被申请人弘兴公司承担侵权责任,并赔偿损失、赔礼道歉的请求没有事实和法律依据,广东省高级人民法院不予支持。

例案二 苏州二叶制药有限公司与湘北威尔曼制药有限公司、原审被告湖南唯楚医药有限公司著作权侵权纠纷案

【法院】

湖南省长沙市中级人民法院

【案号】

(2010)长中民三终字第0437号

【当事人】

上诉人(原审被告):苏州二叶制药有限公司

被上诉人(原审原告):湘北威尔曼制药有限公司

原审被告:湖南唯楚医药有限公司

【基本案情】

2000年9月2日,广州威尔曼有限公司取得抗β-内酰胺酶抗菌素复合物的发明专利权。2007年6月22日,发明专利权转由原告湘北威尔曼制药有限公司(以下简称威尔曼公司)持有。基于该专利研发的哌舒(2:1)(哌拉西林钠与舒巴坦钠的配比为2:1)于2002年取得新药临床研究批准。2004年5月27日,原告就规格为1.5g、3.0g的哌舒(2:1)分别提出药品注册申请并附交药品说明书、标签(二种规格药品的说明书除规格不同外,其他内容一致)。2005年8月18日,药品注册包括药品说明书及标签均获批准,载明被许可的生产企业为威尔曼公司。后

因《药品说明书和标签管理规定》出台，威尔曼公司对两种规格哌舒(2:1)的说明书均进行了修改，于 2007 年 5 月 11 日取得国家药监局的核准。

2009 年 9 月，威尔曼公司在湖南唯楚医药有限公司（以下简称唯楚公司）购得苏州二叶制药有限公司（以下简称二叶公司）生产的“二叶”牌哌舒（规格为1.5g、3.0g)，发现其药品说明书的内容与威尔曼公司的基本相同。威尔曼公司认为二叶公司和唯楚公司侵犯其著作权，要求二者依法承担侵权责任。

二叶公司辩称：就药品说明书内在的法律属性进行认知和分析，不应将其作为普通文字作品对待，其作为行政性文件不能受到著作权法保护；威尔曼公司的药品说明书不具有独创性，对药品的客观描述不应视为原创的体现，威尔曼公司的药品说明书不能构成著作权法意义上的作品。

一审法院判决：(1)二叶公司立即停止复制、使用“二叶”牌《注射用哌拉西林钠舒巴坦钠说明书》（核准日期为 2009 年 1 月 9 日），及销售含有上述药品说明书的药品；(2)唯楚公司立即停止销售二叶公司生产的使用了“二叶”牌《注射用哌拉西林钠舒巴坦钠说明书》（核准日期为 2009 年 1 月 9 日）的药品；(3)二叶公司自本判决生效之日起 10 日内赔偿威尔曼公司经济损失共计人民币 50,000 元。二叶公司不服上述判决，向湖南省长沙市中级人民法院提出上诉。

二审法院判决：驳回上诉，维持原判决。二叶公司不服，向湖南省高级人民法院申请再审。湖南省高级人民法院于 2013 年 7 月 1 日作出（2013）湘高法民再终字第 73 号民事判决书，判决撤销了长沙市中级人民法院 0437 号民事判决和湖南省长沙市岳麓区人民法院 02469 号民事判决。

【案件争点】

涉案药品说明书是否构成我国著作权法意义上的作品。

【裁判要旨】

生效裁判认为：

湖南省长沙市中级人民法院认为，据国家食品药品监督管理局《药品说明书和标签管理规定》，药品说明书和标签由国家食品药品监督管理局予以核准。药品说明书的具体格式、内容和书写要求由国家食品药品监督管理局制定并发布。由于上述规定，药品说明书可能出现撰写方式、结构体例的趋同，但不必然导致药品说明书丧失独创性而不受著作权法保护。根据《著作权法》第 5 条第 1 项规定，著作权法不适用于法律、法规，国家机关的决议、决定、命令和其他具有立法、行政、司法性质的文件，及其官方正式译文。药品说明书显然不属于该条明确排除的对象。

因此,考察本案诉争的药品说明书是否享有著作权,仍应依著作权法的一般规定考察其“创作”因素。由于药品事关公共健康安全,各生产厂家在向市场投放提供药品时,理应对该药品的各项药性进行实验,不同的生产厂家理应有自己的数据。药品说明书中对实验结果的描述和记载,系相关药物实验这种自然科学创造性劳动的载体。

二审法院认为,药物实验是一种智力活动,药物实验数据本身属于智力劳动成果,对实验数据的引用和描述属于智力劳动成果的文字表达方式。著作权法保护的是具有独创性的表达方式,二叶公司认为“如果某一思想只有固定的表达方式,则这种表达方式不具有独创性”的观点是正确的,但从科学实验的角度,实验环境的波动都可能使最终结论产生变化。从一般的认识来看,本案中药品说明书的药物毒理实验和药代动力学实验的实验数据和表达方式会因为采用的实验对象和环境的差异而不同,不具有固定性、唯一性,故包含撰写者独立的智力活动成果的药品说明书应属于著作权法所保护的作品。本案中威尔曼公司主张权利的哌舒(2∶1)说明书包含对药物实验过程、数据和实验结论的表述,具有独创性,二叶公司作为其生产药品的说明书的撰写者,在其说明书出现与他人在先使用的说明书内容,尤其是实验数据雷同的情况下,欲否认他人在先作品的“创作”属性,则需要证明这些数据系由其自己实验取得,数据相同只是偶然,或者证明这些数据属于已被公开并可由相关人员任意使用的公用信息。本案直至二审中,二叶公司未对此提交相关证据,故其认为威尔曼公司的说明书内容不具“创作”内容的意见不成立。威尔曼公司的哌舒(2∶1)药品说明书依法受著作权法保护。

二叶公司还向二审法院提交了一份国家食品药品监督管理局向最高人民法院发出的《关于提请解释药品说明书著作权问题的函》,以佐证其认为药品说明书不具独创性的观点,供法院参考。对此,湖南省长沙市中级人民法院认为:在民事案件中,审查药品说明书是否有著作权属于人民法院职权范围,即使国家食品药品监督管理局对此有自己的理解,人民法院仍应依著作权法和案件事实进行审查。现未有法律或相关司法解释明确排除著作权法对药品说明书的保护,法律应当给予符合著作权法关于“作品”条件的药品说明书,特别是其中最能体现独创性的药物实验数据、实验结论的部分以充分的保护。

综上所述,本案中,威尔曼公司作为抗β－内酰胺酶抗菌素复合物发明专利的专利权人,其专利产品在先使用了哌舒(2∶1)药品说明书。就二叶公司的具体行为而言,其使用的哌舒(2∶1)药品说明书与威尔曼公司的在先同种药品说明书实质近似，特别是具有独创性的毒理实验和药代动力学部分完全相同，侵犯威尔曼公司对该说明书享有的著作权，相关的复制和在销售的药品中附带该侵权物的行为亦同样构成侵权，应予制止，并承担相应的民事责任。

二审判决后，经二叶公司申请，湖南省高级人民法院提审该案。湖南省高级人民法院于2013年7月1日作出（2013）湘高法民再终字第73号民事判决书，判决撤销长沙市中级人民法院0437号民事判决和湖南省长沙市岳麓区人民法院02469号民事判决。

例案三 | 陕西金方药业有限公司与济南三友利生物技术有限公司侵犯专利权、著作权、不正当竞争纠纷案

【法院】

山东省高级人民法院

【案号】

（2001）鲁民三终字第3号

【当事人】

上诉人（原审原告）：陕西金方药业有限公司

被上诉人（原审被告）：济南三友利生物技术有限公司

【基本案情】

1994年12月9日，赵某梅就“双唑泰泡腾片剂及其制备方法”向国家专利局申请发明专利，于1998年4月9日获得授权。2000年8月15日，赵某梅作出书面声明：该发明专利属于职务发明，其知识产权归属于陕西金方药业有限公司（以下简称金方药业公司）。金方药业公司的双唑泰泡腾片使用说明书和济南三友利生物技术有限公司（以下简称三友利公司）的“欣婷”牌双唑泰阴道泡腾片说明书均由两部分组成，第一部分均位于说明书上部，表明各自的商品名称、商标和批准文号。第二部分均位于说明书下部，均是与药品属性相关的内容介绍，包括品名、主要成分、药理、适应症、用法用量等。2004年，金方药业公司以三友利公司生产的双唑泰阴道泡滕片产品说明书与其生产的双唑泰泡腾片说明书相同为由，向济南市中级人民法院起诉三友利公司侵犯其专利权、著作权，并构成不正当竞争。

被告三友利公司辩称：金方药业公司的产品说明书所包括的药名、主要成分、药理、适应症状、用法用量等，是法定药品说明书中必须注明的，客观如实地反映了

药品本质属性,不含有金方药业公司独创性的智力创作成果,因此不具备著作权的基本构成要件,故不是著作权法所称的作品。

一审法院判决:驳回金方药业公司的诉讼请求;案件受理费21,010元,由金方药业公司承担。金方药业公司不服上述判决,向山东省高级人民法院申请二审。

二审法院判决:驳回上诉,维持原判。

【案件争点】

金方药业公司的双唑泰泡腾片使用说明书是否构成著作权法意义上的作品。

【裁判要旨】

生效裁判认为:

著作权法所保护的作品须具有独创性和可复制性,结合我国药品行政管理法规对药品使用说明书的要求,对比已有同类药品使用说明书,金方药业公司的双唑泰泡腾片使用说明书,没有独创性,不属于受著作权法保护的作品。

山东省高级人民法院认为,对比上诉人的药品使用说明书和被上诉人的产品说明书,两者在药理作用、适应症、不良反应和注意事项等内容和文字方面基本一致,足以认定被上诉人的产品说明书抄袭了上诉人的药品使用说明书。但根据《著作权法》第3条和《著作权法实施条例》第2条的规定,著作权法所称作品是指文学、艺术和科学领域内,具有独创性并能以某种有形形式复制的智力创作成果。也就是说,一项作品只有具有独创性和可复制性,方能受到著作权法的保护。从上诉人药品使用说明书来看,在格式上严格遵循了国家药品行政管理法规对药品使用说明书格式的规定,其药理作用和注意事项均是对药品属性的一种客观描述,在文字组合上缺乏独创性,而"广谱、速溶、高效"的广告用语亦凸显不出与其他药品广告明显不同的特点。另对比锦州市制药五厂关于双唑泰栓的使用说明书,金方药业公司的药品使用说明书亦不具有独创性。因此,金方药业公司主张其药品使用说明书享有著作权证据不足,二审法院不予支持。原审法院认定事实清楚,适用法律正确,判决结果得当,遂驳回上诉,维持原判。

三、裁判规则提要

近年来,随着生物医药产业的现代化、国际化,药品市场的竞争更加激烈,药品生产企业保护自主知识产权的意识日趋增强。除传统的专利、商标、商业秘密、保护策略外,著作权也日益成为药品企业谋求开展行业竞争的战略工具,药品说明书著作权纠纷成为我国知识产权审判领域的新问题。由于对著作权独创性标准和药品说明书属性的不同认识，不同的法院给出了不同的答案。

（一）我国司法实践中关于药品说明书能否受著作权法保护的不同观点

在陕西金方药业有限公司与济南三友利生物技术有限公司侵害专利权、著作权、不正当竞争纠纷案中，山东省两级法院均对金方药业公司主张其药品说明书享有著作权的请求不予支持；在苏州二叶制药有限公司与湘北威尔曼制药有限公司、湖南唯楚医药有限公司著作权侵权纠纷案中，长沙市两级法院均判决认定二叶公司侵害了威尔曼公司的药品说明书著作权；在湘北威尔曼制药股份有限公司与佛山市弘兴医药有限公司著作权权属、侵权纠纷案中，法院判决认为，药品说明书不宜认定为受著作权法保护的对象，因涉案药品说明书并非著作权法意义上的作品，故不存在侵犯著作权的侵权行为，判决驳回了威尔曼公司的诉讼请求。三个案例代表了我国司法实践中关于药品说明书著作权问题的两种不同观点：否定说和肯定说。

否定说认为，药品说明书系严格遵循国家药品行政管理法规对药品使用说明书格式的要求而撰写的对药品客观属性的描述，其表达上不具有独创性，不构成著作权法上的作品。其理由如下：是否具有独创性是能否成为著作权法意义上的作品而受著作权法保护的前提，药品说明书不具有独创性，故不受著作权法的保护。依照国家药监局《药品说明书和标签管理规定》第 3 条第 1 款规定①，药品说明书的内容最终必须通过国家药监局审批核准才能使用，因此药品说明书不是由药品申报注册者或研发生产者独自完成。依照该规定第 9 条规定②，国家药监局对药品说明书的内容、格式、书写要求都有严格的规定和限制，并且其是否需要进行修改或修改的内容的决定权均在国家药监局，药品说明书的起草者几乎没有创作的余地和空间，难有独创性，因此不受著作权法的保护。

肯定说认为，药品说明书本身不属于行政性文件，包含有药物实验过程、实验数据内容的药品说明书属于具有独创性的智力成果，应受著作权法保护。

---

① 《药品说明书和标签管理规定》第 3 条第 1 款规定：“药品说明书和标签由国家食品药品监督管理局予以核准。”

② 《药品说明书和标签管理规定》第 9 条规定：“药品说明书应当包含药品安全性、有效性的重要科学数据、结论和信息，用以指导安全、合理使用药品。药品说明书的具体格式、内容和书写要求由国家食品药品监督管理局制定并发布。”

(二)不同观点形成的原因

对药品说明书能否受著作权法保护认识的不同源于以下原因:一是著作权法关于作品标准规定的不确定性;二是药品说明书本身不同于一般作品的特殊性。

1. 我国著作权法关于作品独创性标准的不确定性

判断一件"作品"是否构成著作权法意义上的作品而受著作权法的保护,关键要看其是否具备著作权法所要求的作品的实质要件,即是否具备独创性。

作品实质要件即独创性含义的不确定性是导致司法实践中对作品认定标准不一致的根本原因。尽管英美法系和大陆法系国家以及相关的国际公约和世界知识产权组织的解释都将独创性作为构成著作权法意义上作品的实质要件,但由于各国的具体情况及立法的哲学、历史基础不同,对独创性的含义,无论在理论上抑或立法司法实践中都存在较大的争议。根据《著作权法》第 3 条和《著作权法实施条例》第 2 条的规定,我国著作权法上的作品也以独创性为实质要件。但是,我国的法律及相关司法解释并未对独创性的含义作出规定和解释,对独创性的规定缺乏质的规定性。因此,司法实践中对独创性的判定依赖于法院,实际上是案件的具体承办法官的认识和酌定,这就不可避免地会导致对独创性裁判标准的不统一。上述例案一中,法院以金方药业的说明书在格式上严格遵循了国家药品行政管理法规对药品说明书格式的规定为由,直接认定其文字组合缺乏独创性,不属于著作权意义上的作品;而在例案二中,法院显然没有因为药品说明书遵循了国家药品行政管理法规对药品说明书格式的规定而否认其独创性。这两个案例体现出对独创性的不同认定标准。

2. 药品说明书的法律规定性

(1)药品说明书格式和内容的规定性。

根据《药品说明书和标签管理规定》第 9 条的规定,药品说明书是包含药品安全性、有效性的重要科学数据、结论和信息,与药品包装、标签等随药品共同使用,用以指导公众安全、合理使用药品,是国家食品药品监管部门批准的药品证明文件必备的重要组成部分,对于保证公众用药安全、保障公众对医药产品知情权十分重要。为此,各国无不对药品说明书的内容及格式作出规定。

美国的药事管理法律法规一向以完善严谨著称,其对药品说明书和标签的管理也建立了一套完备的体系。其国家食品药品管理局(Food and Drng Administration,FDA)对处方药和非处方药的说明书和标签实行分类管理,不要求非处方药附有药品说明书，仅要求其标签上有足够的用药指导，但强调处方药说明书上的每类内容要详细阐述准确、具体、专业、全面、详细的信息。① 为完善处方药品说明书格式，2006年1月18日，FDA又发布了《人用处方药品及生物制品说明书格式及内容管理条例》，旨在突出说明书中最重要的信息，提高清晰性、易读性。在对处方药与非处方药分类管理的同时，FDA把药品区分为原研药和仿制药，规定仿制药的Labeling（注：此处Labeling则包括标签、药品说明书及其他在药品容器上、附随物、封套上的任何书面、印刷和图示物等）须与所参照原研药的Labeling一致，内容和格式要与所参照原研药相同，并随之更新。② 欧盟并不要求仿制药的说明书必须与参照药一致，但其对说明书的内容格式亦有严格具体的要求。2005年，欧盟出台了针对患者的说明书范本，将说明书分为这个药是什么、用药之前、如何用、可能的不良反应、如何贮存、其他信息六个部分，强调要使用患者能够读懂的语言。③

《药品管理法》第54条规定："药品包装必须按照规定印有或者贴有标签并附有说明书。标签或者说明书上必须注明药品的通用名称、成分、规格、生产企业、批准文号、产品批号、生产日期、有效期、适应症或者功能主治、用法、用量、禁忌、不良反应和注意事项……"《药品说明书和标签管理规定》规定了对药品说明书格式和内容的具体要求：要求药品生产企业应在药品说明书中完整、规范地标明相关的项目内容；强调说明书必须提供准确、清晰、详细而全面的药品信息。《化学药品和治疗用生物制品说明书规范细则》规定了说明书的具体格式和内容，包括药品名称、批准文号、主要成分、用法用量、禁忌和慎用、缓释与控释、生产日期、药品批号等等，并对每一部分的含义作出了解释。

正是由于各国法律法规及药监部门对药品说明书内容的严格限定与要求，导致药品说明书的内容主要是对药品属性的客观介绍，而国家药品行政管理法规对药品使用说明书格式的规定又进一步限制了药品说明书的表达空间。因此，尽管药品说明书可能存在一定的表达空间，但在特定格式及内容要求下撰写的说明书是否是起草人个人思想的表达并体现出表达上的独创性，是颇值得研究的。

---

① 参见华丛笑、高晨燕：《中美药品说明书管理现状的比较》（国家药品评审中心资料），载http://ishare.iask.sina.com.cn/f/18242413.html? from，最后访问时间：2012年3月25日。

② 参见《中美欧仿制药品注册管理体制的比较分析》，载http://gllow8.com/a/danganguanli/20111023/2262.html，最后访问时间：2012年3月23日。

③ 参见《中美欧仿制药品注册管理体制的比较分析》，载http://gllow8.com/a/danganguanli/20111023/2262.html，最后访问时间：2012年3月23日。

(2)药品说明书形成程序的规定性。

一般作品因作者的创作完成而产生,药品说明书的形成则与此不同。由于药品说明书关乎公共卫生及健康,各国无不规定药品说明书须经药监部门审核通过后由药监部门向社会发布。在美国,FDA 下属的药品评审与研究中心负责药品说明书和标签的审核。说明书通常是先由企业起草并向 FDA 提供支持说明书各项内容的研究数据,FDA 对该说明书进行审核,并通过与企业进一步的讨论,形成终稿。FDA 批准的说明书通常和批准信一起放在 FDA 的网站上。① 在我国,根据相关法律法规规定,药品说明书的内容需要注册申请人提出,技术审评机构依据申报资料和相关审评意见核准,只有当技术审评结束,结论为建议同意上市申请时,才可能全面启动对注册申请人提出的药品质量标准和药品说明书等重要技术文件的审核工作。② 故药品说明书起草、审核和修订的形成过程,是技术审评机构与注册申请人就相关内容反复沟通达成一致的过程,这一过程既涉及药品注册申请人、起草人(有时二者为同一主体),又涉及技术评审专家和核准机构。

药品说明书的形成过程说明其完成之日并非其起草人完成撰写之日,而是其通过药监部门审核之日,其完成并非取决于起草人而是取决于国家药监部门,这也决定了药品说明书在产生程序上和使用上区别于一般作品的特殊性:药品说明书系为选用药品、指导安全合理使用药品之目的而制作,其自产生起就只能附随主物之药品使用,脱离主物即失去其自身存在的意义,因此不具有独立的使用价值和价值。著作权法上的作品,往往表达一定的思想,能够独立使用而给人类带来一定的精神愉悦,具备独立的价值和使用价值。这种产生及使用上的特殊性导致了人们对药品说明书是否属于行政公文的争议,也是导致对药品说明书是否为作品认识不一的原因之一。

(三)关于药品说明书性质的判断

1. 关于药品说明书独创性的判断

判断药品说明书是否能够受著作权法的保护关键在于判断其是否具备独创性。如上所述,药品说明书在内容上系依照国家药品行政管理法规规定的格式,对

---

① 参见华从笑、高晨燕:《中美药品说明书管理现状的比较》(国家药品评审中心资料),载爱问共享资料:http://ishare.iask.sina.com.cn/f/18242413.html,最后访问时间:2019 年 10 月 5 日。

② 参见周思源:《关于药品质量标准、药品说明书及包装标签的审核修订工作程序的调查》,载药智数据:http://www.db.yaozh.com/policies/5650.html,最后访问时间:2012 年 3 月 10 日。

药品属性、用法、用量、副作用、禁忌等进行介绍，其使用的词汇及语言基本上都是严谨标准的通用物理、化学、药学等科学研究语言以及国际通用的计量单位，不需要也不可能使用独创的词汇或语言，表达空间受到极大的限制。因此，一般情况下药品说明书并非某个自然人或集体的思想表达，很难体现出独创性，不能作为著作权法上的作品而受著作权法的保护。不可否认，药品说明书所表达的实验数据和结论本身是药品研发人员的研究成果，包含着研发人员的创造性劳动，但实验数据和结论的文字表达（说明书的内容）与实验数据和结论本身是两个不同的概念和范畴。文字表达属于著作权法调整的范畴，实验数据和结论则属于数据保护和专利保护的范畴，不能将实验数据和结论的创造性混淆为其文字表达的独创性，并以此认定药品说明书为著作权法意义上的作品。

2. 关于药品说明书是否为行政公文的判断

根据国务院于 2000 年发布实施的《国家行政机关公文处理办法》第 2 条的规定，行政公文是行政机关在行政管理过程中形成的具有法定效力和规范体式的文书，是依法行政和进行公务活动的重要工具。据此，行政公文具有以下特点：由行政机关的工作人员撰写，形成于行政管理过程中，具有法定的效力和规范体例格式，服务于行政管理活动，只有同时具备上述条件才属于行政公文。由于药品说明书的责任主体并非行政机关或其工作人员，而是药品研发生产企业，药监部门只是对药品说明书进行审核管理的主体，而非撰写、修订的责任主体；撰写药品说明书的根本目的是指导医生和患者用药，服务于公共健康的需求，而不是服务于行政管理活动。因此，也不宜将药品说明书认定为行政公文。

需要说明的是，2013 年 7 月 1 日，湖南省高级人民法院作出（2013）湘高法民再终字第 73 号民事判决，纠正了湖南省长沙市中级人民法院于 2010 年 8 月 3 日作出的（2010）长中民三终字第 0437 号判决，认定药品说明书不是著作权法所保护的作品。自此，全国法院在生效判决中对药品说明书不受我国著作权法保护已经形成一致意见。

综上所述，药品说明书著作权纠纷实质上是药品生产企业寻求以著作权保护的长期性弥补专利保护有效期之限制，从而延长专利保护期、增强企业竞争力的竞争战略。在我国医药行业整体素质不高，创新能力不强，大多数品种尚没有形成专业化、规模化生产，仿制药仍占绝对优势的现阶段，我国对医药生物领域的知识产权保护既要适应国际发展的趋势与要求，积极履行国际义务，又要最大限度地保护本国利益，坚持既抓技术引进和自主创新，又保护仿制并在仿制中创新的方针，尤其要充分利用跨国公司药品专利到期高峰期的历史机遇,开拓仿制药的市场空间。这就需要法律法规为仿制药的上市提供充分的保障,对仿制药药品说明书的规定当然应属其中之内容。借鉴美国的《药品价格竞争与专利期恢复法》及我国台湾地区药品查验登记审查准则,完善仿制药的审批及管理机制,将仿制药的说明书应依照已核准的参照药的说明书核定并与其一致明确规定于法律法规之中,为依据参照药说明书撰写仿制药的药品说明书提供可以信赖的法律法规依据,对于从根本上破解司法审理药品说明书著作权纠纷之难题、规范仿制药说明书的管理、为我国仿制药的发展提供可靠的法律保障、满足公共利益的需求,都将具有深远意义。

四、辅助信息

高频词条:

《著作权法》

第5条 本法不适用于:

(一)法律、法规,国家机关的决议、决定、命令和其他具有立法、行政、司法性质的文件,及其官方正式译文;

(二)时事新闻;

(三)历法、通用数表、通用表格和公式。

《著作权法实施条例》

第2条 著作权法所称作品,是指文学、艺术和科学领域内具有独创性并能以某种有形形式复制的智力成果。

第4条 著作权法和本条例中下列作品的含义:

(一)文字作品,是指小说、诗词、散文、论文等以文字形式表现的作品;

……

知识产权案件裁判规则第 20 条：

独立创作完成且在整体构图、客观地理要素的选择和表现形式上具有独创性的地图，应当认定为著作权法规定的图形作品

〔**规则描述**〕：独立创作完成的地图，如果在整体构图、客观地理要素的选择和表现形式上具有独创性，应当认定为著作权法规定的图形作品。地图作品在出版印刷之前是否报有关行政主管部门批准，并不影响地图作品本身的著作权。行政区划图中关于行政区的整体形状、位置、各内设辖区的位置、形状等属于客观存在，表达方式非常有限，本身不构成地图作品中的独创性元素。

一、类案检索大数据报告

时间：2019 年 7 月 17 日之前，案例来源：Alpha 案例库，案件数量：44 件，检索关键词：著作权、地图作品，数据采集时间：2019 年 7 月 17 日，本次检索获取了 2019 年 7 月 17 日前共 44 篇裁判文书。整体情况如图 20－1 所示：

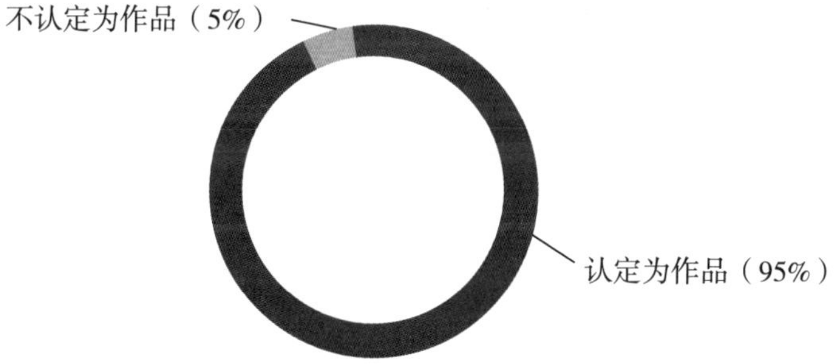

图 20－1　地图类诉讼裁判结果

从图 20－1 显示的结果来看，95% 的法院将地图认定为作品，作为著作权法保护的客体，5% 的法院不将其认定为作品。

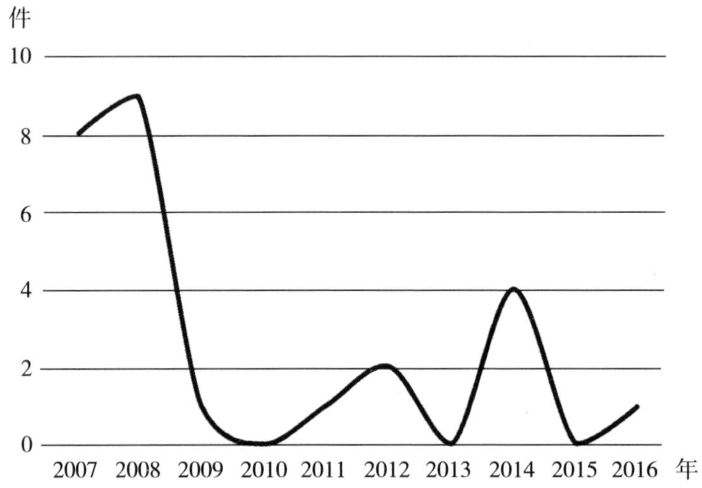

图 20－2　地图类诉讼案件时间趋势

从图 20－2 的案件时间趋势,可以看出地图类纠纷案件逐年的数量变化态势。

图 20－3　地图类案件诉讼的主要地域分布

从图 20－3 的主要地域分布来看,地图类纠纷案件主要集中在上海市、浙江省、江苏省,分别占比约 77.27%、11.36%、9%。其中上海市的案件量最多,达到 34 件。

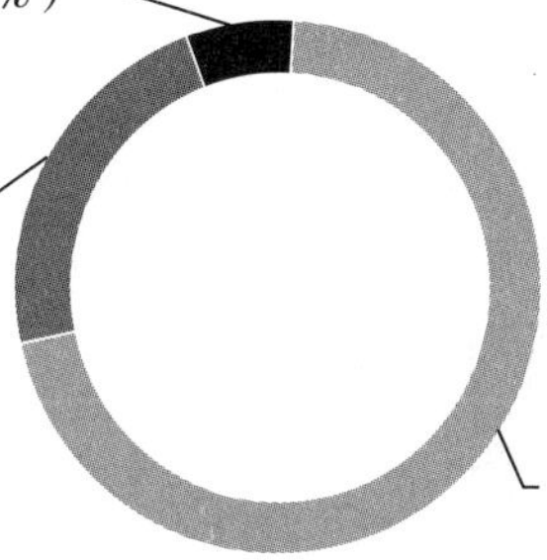

图 20－4 地图类诉讼案件案由分布

从图 20－4 的案由分布情况可以看出，当前最主要的案由是知识产权权属、侵权纠纷，有 31 件，占一半以上，其次是知识产权合同纠纷，不正当竞争纠纷。

二、可供参考例案索引

例案一 刘某与包头市达茂联合旗人民政府、包头市达茂联合旗建设局等侵犯著作权纠纷案

【法院】

最高人民法院

【案号】

（2008）民申字第 47－1 号

【当事人】

申请再审人（一审原告、二审上诉人）：刘某

被申请人（一审被告、二审被上诉人）：包头市达茂联合旗人民政府

被申请人（一审被告、二审被上诉人）：包头市达茂联合旗建设局

被申请人（一审被告、二审被上诉人）：包头市达茂联合旗国土资源局

被申请人（一审被告、二审被上诉人）：包头市达茂联合旗工商行政管理局

【基本案情】

刘某诉称，其依法享有著作权的《达尔罕茂明安联合旗行政区划图》（以下简称《行政区划图》）系示意图，是内部用图，尚未公开正式出版，不应适用《地图编制出版管理条例》关于地图出版的规定。包头市达茂联合旗人民政府（以下简称达茂旗政府）、包头市达茂联合旗建设局（以下简称达茂旗建设局）使用其示意图编制

《达茂旗旅游交通图》(以下简称《旅游交通图》)侵犯其著作权。由于包头市达茂联合旗工商行政管理局(以下简称达茂旗工商局)、包头市达茂联合旗国土资源局(以下简称达茂旗国土资源局)滥用权力,致使刘某等编制的《包头商务旅游交通指南》5年未出,达茂旗政府、达茂旗建设局也构成不正当竞争,请求法院判令上述被申请人赔偿其经济损失548,000元。

达茂旗政府、达茂旗建设局辩称,《行政区划图》不是刘某独创,达茂旗政府、达茂旗建设局编制的《旅游交通图》未侵犯刘某的著作权。

达茂旗工商局、达茂旗国土资源局辩称,本案与其没有关系,其不应承担赔偿责任,请求驳回原告的诉讼请求。

一审、二审法院认定刘某未提供充分证据证明其就是《行政区划图》的著作权人,且达茂旗政府、达茂旗建设局行为不构成对涉案《行政区划图》著作权的侵犯,因此驳回刘某的诉讼请求。刘某不服上述判决,向最高人民法院申请再审,最高人民法院指令内蒙古自治区高级人民法院再审本案。内蒙古自治区高级人民法院再审认为,本案争议的《行政区划图》不具有独创性,不受著作权法的保护;刘某以《行政区划图》著作权人的身份,要求达茂旗政府、达茂旗建设局、达茂旗国土资源局、达茂旗工商局承担侵犯其著作权责任的申诉请求,没有事实根据和法律依据,不予支持。

刘某不服内蒙古自治区高级人民法院的再审判决,向最高人民法院申请再审,最高人民法院判决:驳回刘某的再审申请。

【案件争点】

涉案《行政区划图》是否构成受著作权法保护的作品。

【裁判要旨】

生效裁判认为:

最高人民法院认为,本案争议的焦点问题在于:(1)《行政区划图》是否构成受著作权法保护的作品以及刘某是否为该图的作者和著作权人;(2)达茂旗政府、达茂旗建设局出版发行《旅游交通图》是否构成对《行政区划图》著作权的侵犯。

关于问题一,著作权法所保护的作品,是指文学、艺术和科学领域内具有独创性并能以某种有形形式进行复制的智力成果。根据我国著作权法规定,有独创性的地图属于著作权法保护的图形作品。本案中《行政区划图》系刘某独立创作完成,在整体构图、客观地理要素的选择及表现形式上具有独创性,构成著作权法意义上的作品,刘某作为该图的作者,依法享有著作权。原再审判决认定该图没有独创性错误，最高人民法院予以纠正。本案刘某是否具有测绘资质与其绘制的地图是否有独创性没有必然联系，刘某对此的申请再审理由成立，法院予以支持。

关于问题二，根据《行政区划图》和《旅游交通图》的对比情况可知，《旅游交通图》主要利用了《行政区划图》关于达茂旗及各乡镇苏木的整体轮廓和结构，在此基础上添加景点图片而成。由于达茂旗的整体形状、位置以及各乡镇苏木的形状和位置是客观存在的，其表达方式非常有限，《旅游交通图》对于刘某具有独创性的部分仅有少量使用，如边界线的颜色、边墙遗址的画法等，从整体上来看，不构成对《行政区划图》的复制，可不视为对刘某著作权的侵犯。刘某关于达茂旗政府、达茂旗建设局构成不正当竞争的主张，亦没有事实及法律依据，最高人民法院不予支持。

综上，虽然原再审判决认定《行政区划图》没有独创性、不受著作权法保护理由有误，但认定被申请人不构成对刘某著作权的侵犯判决结论正确，应予维持。故依据《民事诉讼法》第 181 条第 1 款之规定，裁定驳回刘某的再审申请。

例案二　深圳市中佳讯科技有限公司、凯立德欣技术（深圳）有限公司、深圳市凯立德计算机系统技术有限公司与北京长地万方科技有限公司侵犯著作权纠纷案

【法院】

广东省高级人民法院

【案号】

(2009)粤高法民三终字第 290 号

【当事人】

上诉人(原审被告)：深圳市中佳讯科技有限公司

上诉人(原审被告)：凯立德欣技术(深圳)有限公司

上诉人(原审被告)：深圳市凯立德计算机系统技术有限公司

被上诉人(原审原告)：北京长地万方科技有限公司

原审被告：佛山市劲力汽车用品有限公司南海分公司

【基本案情】

北京长地万方科技有限公司(以下简称长地万方公司)于 2005 年 5 月 13 日获得国家测绘局颁发的甲级测绘资质证书，拥有导航电子地图制作资质。长地万方

公司所有的第四版《"道道通"导航电子地图》(以下简称第四版《道图》)于2006年8月16日由中国地图出版社向国家测绘局提出地图审核申请,2006年8月17日获得国家测绘局签发的《地图审核批准书》。

深圳市凯立德计算机系统技术有限公司(以下简称凯立德公司)于2005年6月24日取得国家测绘局颁发的甲级测绘资质证书。以凯立德公司为编制者的被控产品《凯立德全国导航电子地图(362城市)》(以下简称《362图》)在2006年12月21日由广东省地图出版社向国家测绘局提出地图审核申请,2007年2月1日获得国家测绘局签发的《地图审核批准书》。长地万方公司认为,《362图》抄袭了其第四版《道图》,凯立德欣技术(深圳)有限公司(以下简称凯立德欣公司)、凯立德公司共同生产、销售了侵权产品《362图》,深圳市中佳讯科技有限公司(以下简称中佳讯公司)生产、销售装有侵权产品《362图》的"中佳讯"GPS导航仪,劲力公司销售装有侵权产品《362图》的"中佳讯"GPS导航仪,也构成侵权,上述四公司应对侵权的民事行为承担法律责任。

凯立德公司、中佳讯公司、凯立德欣公司辩称:凯立德公司在2006年3月1日完成《362图》,取得的中国版权保护中心颁发的著作权证书应当作为著作权证据使用;第四版《道图》不享有合法的著作权,长地万方公司提交法院的第四版《道图》与其向国家测绘局提交的送审盘内容不符,属于非法出版物,不受著作权法保护;长地万方公司第四版《道图》抄袭凯立德公司在先作品《凯立德全国导航电子地图(243城市)》(以下简称《243图》),凯立德公司已经在深圳中院起诉长地万方公司,请求本案中止审理,并对第四版《道图》与《243图》《362图》相同相似之处和《243图》与《362图》的承继关系分别进行鉴定。

一审法院判决:劲力公司立即停止侵犯长地万方公司第四版《道图》著作权的销售行为,销毁其尚未出售的侵权产品《362图》;中佳讯公司立即停止侵犯长地万方公司第四版《道图》著作权的生产、销售行为,销毁其尚未出售的侵权产品《362图》;凯立德公司、凯立德欣公司立即停止侵犯长地万方公司第四版《道图》著作权的生产、销售行为,包括销毁其尚未出售的侵权产品《362图》;凯立德公司、凯立德欣公司在《中国测绘报》上刊登声明,向长地万方公司公开赔礼道歉;凯立德公司、凯立德欣公司赔偿长地万方公司经济损失1000万元。一审判决后,中佳讯公司、凯立德公司、凯立德欣公司不服上述判决,向广东省高级人民法院提出上诉。

二审法院判决:(1)维持广东省佛山市中级人民法院(2007)佛中法民知初字第219号民事判决第1项、第2项、第3项、第4项、第6项;(2)变更广东省佛山市中级人民法院(2007)佛中法民知初字第 219 号民事判决第 5 项:凯立德公司、凯立德欣公司自判决生效之日起 10 日内,赔偿长地万方公司经济损失 100 万元及合理维权费用 821,870 元。

【案件争点】

涉案长地万方公司享有的第四版《道图》是否构成我国著作权法意义上的作品。

【裁判要旨】

生效裁判认为:

广东省高级人民法院认为,导航电子地图系反映相关地理现象,含有空间地理坐标,能够与导航应用系统结合使用的终端地图数据产品。导航电子地图包括路网、背景、注记、索引等地理信息,能够支持导航系统实现地图显示与定位、目的地检索、路径规划、引导与提示等功能。由导航电子地图、导航软件、导航设备共同构成导航电子产品。导航电子地图作为导航电子产品的重要组成部分,以地图学为基本原理,用数字形式把地图各要素以及它们之间的相互关系有机组织、存储于计算机内的电子数据库文件之中。其主要以集成文本、图片、图表、声音、动画、视频等多媒体手段来展示城市、乡村、旅游景点等对象的综合信息,既包含地理信息数据库,又以空间的点、线、几何图形、注记等地图符号来对数据库进行立体或平面的展示。对于地图作品而言,其独创性主要表现在把具体地物、地貌、信息点等测量到地图上的过程中,根据地图使用目的、地图比例尺及相关测量规范等要求对地物、地貌、信息点等进行取舍。这种取舍的过程,实际上就是制图者创作的过程。同时,即使对于一个大家都会选择的地物、地貌进行测量时,也存在不同的测量方法的选择。电子导航地图与其他地图一样,属于具有独创性的作品,依据我国著作权法的规定可以作为地图作品予以保护。因此,本案中的第四版《道图》构成我国著作权法上的地图作品。

本案中,长地万方公司提交了第四版《道图》的《地图审核批准书》、第四版《道图》正式出版物。《地图审核批准书》记载的送审受理时间为:2006 年 8 月 16 日,批准时间为:2007 年 8 月 17 日,审图号为:GS(2006)807 号,正式出版物记载出版时间为:2006 年 8 月。根据《关于审理著作权民事纠纷案件适用法律若干问题的解释》的相关规定,在没有相反证据的情况下,可以认定长地万方公司对第四版《道图》享有著作权。

凯立德公司上诉主张长地万方公司提交正式出版的第四版《道图》与其向国家

测绘局提交的送审盘内容不符,属于非法出版物。广东省高级人民法院认为,凯立德公司未提交有关测绘行政主管部门认定公开出版的第四版《道图》属于非法出版物的审查结论,因此,从出版程序上无法证明本案长地万方公司作品为非法出版物并不受著作权法保护。同时,第四版《道图》是否属于非法出版物,系测绘行政主管部门监管问题,与其作为具有独创性的作品而禁止他人抄袭,二者并不排斥。即使第四版《道图》因违反有关行政管理规定而不能出版,长地万方公司仍然可以基于对第四版《道图》享有的著作权而制止他人侵权。

就长地万方公司第四版《道图》与凯立德公司《362 图》是否相同或实质相似进行对比,从整体对比情况来看,凯立德公司《362 图》与长地万方公司第四版《道图》存在虚设地址相同、长地版本号相同、特制信息相同、个别字误相同、表述不当相同、同类地点的多种表述相同、不规范简称相同、未简全称相同、信息取舍相同、被控作品存在有点无路的不合理情形相同、两者所犯错误相同、位置关系标注相同的情况。虽然电子地图中的具体地理信息是客观存在的,但对于地理信息的采集需要实地勘查,付出劳动。而对于地理信息的筛选、取舍以及表达方式,会体现不同作品的独创性。因此,不同企业制作的电子地图不可能存在上述大量的不同类别的雷同,更不可能在被控侵权作品中出现请求保护作品的版本号“暗记”。综上,广东省高级人民法院认定凯立德公司《362 图》抄袭、剽窃了长地万方公司第四版《道图》,侵犯了长地万方的著作权,应当承担相应侵权责任。

例案三 | 上海易图通信息技术有限公司与上海市测绘院著作权侵权纠纷案

【法院】

上海市第一中级人民法院

上海市高级人民法院

【案号】

(2007)沪高民三(知)终字第 26 号

【当事人】

上诉人(原审被告):上海易图通信息技术有限公司

被上诉人(原审原告):上海市测绘院

原审被告:上海城市通网络信息技术有限公司

原审被告:新世界数码科技(上海)有限公司

原审被告：新世界数码基地有限公司（NEW WORLD CYBERBASE LIMITED）

【基本案情】

上海市测绘院诉称，其是一家具有国家甲级测绘资质的专业测绘单位，经过几十年的测绘积累，创制了上海地区1∶2000比例的高精度数字化道路图数据（以下统一称为1∶2000上海数字化道路图）。此后，其发现上述1∶2000上海数字化道路图经加工后被使用于“城市通”网站（www.chinaquest.com）。经调查，“城市通”网站的所有者为上海城市通网络信息技术有限公司（以下简称城市通公司），经营者为上海易图通信息技术有限公司（以下简称易图通公司）。2002年年初，新世界数码基地有限公司（以下简称新世界基地公司）收购了城市通公司的唯一股东城市通控股有限公司，于是“城市通”网站实际由新世界基地公司在中国大陆内的总部新世界数码科技（上海）有限公司（以下简称新世界上海公司）与城市通公司共同管理。城市通公司、新世界基地公司在其网站上均对“城市通”电子地图作了大量的宣传吸引网民注册成为网站会员，有偿点击查询。同时，“城市通”网站还开通了“手机电子地图”服务，通过电信增值业务有偿为网民提供手机电子地图，查询相关位置、交通等信息，以获取利润。为提高“城市通”网站电子地图的点击率，该网站还与中国电信黄页网、51house网、安家网、交友网、食神网、大众点评网、搜房网等诸多网站建立了链接关系，致使侵权电子地图的使用范围及侵权影响进一步扩大。上海市测绘院认为，其系1∶2000上海数字化道路图的合法著作权人，“城市通”网站未经许可非法使用了其数字化道路图数据，侵犯了著作权，新世界上海公司、新世界基地公司共同实施了侵权行为又共同获利，故请求法院判令三公司：（1）停止侵权行为，从“城市通”网站（www.chinaquest.com）上删除侵权电子地图；（2）连带赔偿上海测绘院经济损失人民币50万元；（3）公开向上海测绘院赔礼道歉以消除影响。

城市通公司辩称，上海测绘院不享有1∶2000上海数字化道路图的版权，该图不具有法律规定的独创性要求；其所使用的数字化道路图数据是自己开发研制的，故请求驳回上海测绘院的诉讼请求。

易图通公司辩称，被控侵权资料来自外购地图和自己员工的扫街，且与上海测绘院主张权利的地图存在不同之处。

新世界上海公司表示同意城市通公司的答辩意见，同时辩称，其没有使用上海测绘院的数字化道路图数据，与其他被告之间没有共同侵权故意，也没有共同侵权行为。

新世界基地公司表示同意上述三公司的答辩意见,同时辩称,其未涉及任何经营行为,故与本案无关。

一审法院判决:(1)城市通公司、易图通公司、新世界上海公司立即停止对上海市测绘院就1:2000上海数字化道路图所享有的著作权的侵害;(2)城市通公司、易图通公司、新世界上海公司应就其侵害上海市测绘院著作权的行为在网址为"www.chinaquest.com"的"城市通"网站首页上连续7天刊登声明以消除影响;(3)城市通公司、易图通公司、新世界上海公司应赔偿上海市测绘院经济损失人民币100,000元,三公司互负连带责任;(4)上海市测绘院的其余诉讼请求不予支持。

一审宣判后,易图通公司不服上述判决,向上海市高级人民法院提起诉讼;二审法院判决:驳回上诉,维持原判。

【案件争点】

涉案1:2000上海数字化道路图是否构成著作权法意义上的作品。

【裁判要旨】

上海市高级人民法院认为,地图中所反映的真实地理现象不受著作权法的保护,但能够体现作者独创性智力劳动成果的具体地理现象之表达的地图,属于我国著作权法保护的客体,受到法律保护。由于数字化的地图作品只是改变了作品的载体,并未改变其表达形式,因此数字化地图作品的著作权仍由原作者享有,任何人未经许可,不得擅自复制、使用他人享有著作权的数字化地图作品。

本案中,上海1:2000数字化地图属于我国著作权法规定的地图类图形作品的数字化形式,包含道路、道路名、河流、河流名、铁路、铁路名之六大图层。上诉人在其经营的网站上使用的1:2000上海数字化道路图,也包含了道路、河流、河流名、铁路、铁路名的五大图层和作为属性的道路名。经比对,上诉人的上述数字化地图与被上诉人的1:2000上海数字化道路图基本一致。

二审法院认为,根据作品创作的客观规律,不同作者在完全独立的情况下,即使就同一地区绘制地图,不可能绘制出完全一样的地图。鉴于上诉人经营网站的所有权人是城市通公司,而该公司前身摩天公司曾因与被上诉人合作而获得过被上诉人的1:2000上海数字化道路图作品,在上诉人既不能证明上述图层及属性均系其独立创作或合法获得,也未能对其数字化地图中存在与被上诉人根据自己的判断和取舍方法对客观地形进行修改的部分相同的表达方式作出合理解释的情况下,原审法院有理由认为其复制并使用了被上诉人1:2000上海数字化道路图。虽然上诉人的数字化地图除以上图层及属性外,还包括行政区划边界、公园、上海信息点位、地注标记、轻轨地铁磁悬浮等图层，但即使上诉人对上述图层享有著作权，因其是在复制使用被上诉人 1∶2000 上海数字化道路图的基础上，叠加使用自己创作的部分，故仍然侵犯了被上诉人对其 1∶2000 上海数字化道路图作品享有的著作权。上诉人作为“城市通”网站的实际经营人，对其网站上提供的侵犯被上诉人数字化地图作品的相关服务，应承担相应的停止侵权、消除影响和赔偿损失的民事责任。

上诉人认为，被上诉人制作的 1∶2000 上海数字化道路图是底图，不具有独创性，不是著作权法意义上的作品，因此不享有著作权。上海市高级人民法院认为，根据我国著作权法规定，具有独创性的地图作品，受到法律保护。因此，无论被上诉人 1∶2000 上海数字化道路图是否为底图，只要其具备独创性，即应受到我国著作权法保护。本案中，被上诉人制作的 1∶2000 上海数字化道路图，是其根据对上海地区的道路、河流和铁路信息的测量数据与自己独特的判断和取舍方法，绘制出的具有与其他地图不同表达方式的地图作品，具有独创性，属于我国著作权法规定的地图类图形作品，受到法律保护。上诉人认为被上诉人 1∶2000 上海数字化道路图不具有著作权的上诉理由，二审法院不予支持。

上诉人认为，“城市通”网站由原审被告城市通公司经营，上诉人仅代为申请证书，故不应承担民事责任。上海市高级人民法院认为，根据上海市卢湾区公证处出具的公证书显示，在“城市通”网站上的“公司简介”栏目明确载明该网站由易图通公司经营；同时在上海市通信管理局涉及该网站 ICP 证相关信息的页面也显示持证单位亦为易图通公司。上诉人未能提供相反证据否定上述公证材料所证明的事实，故原审法院认定“城市通”网站由其经营，并判令其对该网站上发生的侵权行为承担相关的民事责任，并无不当。

综上所述，上诉人易图通公司的上诉请求及理由无事实及法律依据，应予驳回。

三、裁判规则提要

（一）受著作权法保护的作品的构成要件

我国著作权法对著作权保护的作品的规定包含两个层次：一是《著作权法》第 3 条和《著作权法实施条例》第 2 条分别从外延和内涵两方面对著作权客体的可作品性作出了规定，其中《著作权法实施条例》第 2 条是关于著作权客体可作品性要件的规定；二是《著作权法》第 2 条、第 5 条和第 21 条关于作品受到我国著作权法保护的其他条件的规定，包括主体条件、形式条件、期限条件等。因此，在我国著作权法上,判断一个客体是否受著作权法保护,即是否具备可著作权性,也分为两个层次:首先是关于客体可作品性的判断,其次是关于作品是否受著作权法保护的判断。客体具备了作品的实质要件,方能构成著作权法上的作品;一部作品具备了法律规定的其他形式要件,才能受到著作权法的保护。

1. 著作权法上作品的构成要件

依照《著作权法实施条例》第 2 条的规定,著作权法所称作品,是指文学、艺术和科学领域内具有独创性并能以某种有形形式复制的智力成果。这是我国著作权法关于作品概念的规定。依此规定,构成我国著作权法上的作品,即我国著作权客体的可作品性必须满足下列条件。

(1)属于文学艺术和科学领域的智力成果。作品属于文学艺术和科学领域的智力成果,本身包含以下含义:首先,作品属于智力成果,确切地说是对思想、情感的表达。作品是对思想情感的表达,而不是思想情感本身。思想与情感的表达,是人借助一定的形式以自己的方式形成的对思想与情感的外在表达,这一过程就是著作权法上的创作过程,是把思想和情感赋予形式的活动,或者说是为自己的思想和情感寻求或选择表达形式的过程。其次,这种表达范畴属于文学艺术和科学领域,并且必须表达一定的思想。作品属于表达形式,但并非所有的表达都可以归属于作品。作为著作权客体的表达必须属于文学艺术和科学领域,必须表达一定的思想,满足人的精神需求。

(2)独创性。在英美法中,独创性又称为“原创性”,英文即 originality,是指作者在创作作品的过程中投入了某种智力性劳动,创作出来的作品具有最低限度的创造性,即作品是由作者独立创作的,而非抄袭的;作品体现了作者的精神劳动和智力判断,而非简单地摹写或将材料进行汇集。[①] 独创性是两大法系著作权法中评价客体是否构成作品的判断标准,是作品最本质的属性。各国著作权法对独创性的内涵虽鲜有明确界定,但在一般意义上认为独创性的内涵包括以下方面:一是独创性强调独立创作完成作品的主体是作者。作品是由作者独立创作完成的,来自一个或几个作者,标识着作品与作者之间的关系。二是独创性强调的是思想的表达而非思想的独创性。

独创性强调作品由作者独立创作完成,其中是否由作者独立完成属于质与事实的判断,依赖于当事人的举证可以完成;至于独创性的高度,则属于量的判断,本

---

① 参见李明德:《知识产权法》,法律出版社 2008 年版,第 31 页。

身并无确定要求。由于各国的具体情况及立法的哲学、历史基础不同，对独创性的高度，无论在理论上抑或立法司法实践中都存在较大的争议。《关于审理著作权民事纠纷案件适用法律若干问题的解释》第15条规定："由不同作者就同一题材创作的作品，作品的表达系独立完成并且具有创作性的，应当认定作者各自享有独立著作权。"该条解释中，"独立完成"强调作品必须是作者本人独立创作而非抄袭他人的，并将"独创性"之"创"解释为"创作性"。这种解释并未从本质上明确"创造性"的标准。我国著作权审判中关于作品"独创性"的判断尚未形成确定的标准，这就不可避免地导致对"独创性"判断适用标准的不统一，并由此导致著作权审判实践中关于可作品性判断标准的不统一。

实践中对"独创性"的判断通常采用"思想/表达二分法"，具体是指著作权法不保护概念、观点、思维、思路、操作方法、技术方案等抽象的思想，而只保护音乐作品、美术作品、文字作品、电影作品等延伸到作品中这些思想的特定表达。① "思想/表达二分法"的意义在于划分著作权法保护客体与不受著作权法保护的公共领域的边界，以及著作权法与专利法保护对象的界限。因此，关于可作品性判断的首要问题乃是对一件作品思想与表达的边界的区分，即思想与表达的区分，思想与表达二分法因此成为著作权法中的格言和各国著作权立法的基石。《伯尔尼公约》的立法精神，②以及《与贸易有关的知识产权协议》第9条③和《世界知识产权组织版权条约》第2条④，均对"思想/表达二分法"有所规定。我国《著作权法》第5条规定："本法不适用于：(一)法律、法规，国家机关的决议、决定、命令和其他具有立法、行政、司法性质的文件，及其官方正式译文；(二)时事新闻；(三)历法、通用数表、通用表格和公式。"思想和表达区分的重要意义在于解决了作品保护的外延，从而为限定著作权的保护范围奠定了基础。

以"思想/表达二分法"为基础，著作权法领域又衍生出了"表达有限原则""合并原则"等，即当某种思想只有一种或者有限几种表达方式的时候，该表达方式同

---

① 参见冯晓青：《著作权法中思想与表达二分法原则探析》，载《湖南文理学院学报》2008年第1期。

② 《保护文学和艺术作品伯尔尼公约指南》："思想本身是不受版权保护的。……这一思想一旦被阐述或表达出来，就存在对借以表现这一思想的文字、符号、线条等的版权保护。换句话说，能受到保护的是表现形式而不是思想本身。"

③ 《与贸易有关的知识产权协议》第9条第2款：版权保护延及表达，而不延及思想、程序、方法操作、概念等。

④ 《世界知识产权组织版权条约》第2条版权保护的范围：版权保护延及表达，而不延及思想、程序、操作方法、概念等。

样不受著作权法保护。这也是著作权法立法和实践中的重要原则。原因在于,当这些思想只有一种或极其有限的表达形式时,后者为了表达这些思想,也只能别无选择地使用前人已经使用的表达形式,如果对这种(些)表达形式给予保护,无异于保护了“思想”本身,这就是思想与表达的合并。而著作权只保护思想的表达,不保护思想观念本身。实践中,涉及作品独创性判断标准和规则的案例有两个。一个是指导案例 81 号张某燕诉雷某和、赵某、山东爱书人音像图书有限公司著作权侵权纠纷案①,该裁判要点为根据同一历史题材创作的作品进行比对时,如何划分思想与表达确立裁判规则。该案例裁判要点指出:根据同一历史题材创作的作品中的题材主线、整体线索脉络,是社会共同财富,属于思想范畴,不能为个别人垄断,任何人都有权对此类题材加以利用并创作作品。按照著作权法保护作品的规定,人民法院应保护作者具有独创性的表达,即思想或情感的表现形式,对创意、素材、公有领域信息、创作形式、必要场景,以及具有唯一性或有限性的表达形式,则不予保护。另一个是指导性案例 80 号洪某远、邓某香诉贵州五福坊食品有限公司、贵州今彩民族文化研发有限公司著作权侵权纠纷案②,实际上对如何界定民间文学艺术衍生品中的思想与表达及如何认定其独创性,确立了裁判规则。该案裁判要点指出:民间文学艺术衍生作品的表达系独立完成且有创作性的部分,符合著作权法保护的作品特征的,应当认定作者对其独创性部分享有著作权。

(3)可复制性。依照我国《著作权法实施条例》第 2 条的规定,“能以某种有形形式复制”(以下简称可复制性)是我国著作权法要求作品所必须具备的又一个要件。我国《著作权法》第 10 条第 1 款第 5 项规定,“复制权,即以印刷、复印、拓印、录音、录像、翻录、翻拍等方式将作品制作一份或者多份的权利”。通过本条对复制权的定义可以推知,我国著作权法上的复制是指以印刷、复印、拓印、录音、录像、翻录、翻拍等有形形式将作品制作一份或者多份的行为。我国著作权法上的“能以某种有形形式复制”是指作品必须具有一定的表现形式,即人脑中一定的思想、观念、信息等必须通过一定的能被第三方感知的形式表达出来,至于这种表达是否必须固定于一定的载体,则在所不问。

---

① 参见山东省济南市中级人民法院(2010)济民三初字第 84 号民事判决,山东省高级人民法院(2011)鲁民三终字第 194 号民事判决,最高人民法院(2013)民申字第 1049 号民事裁定。最高人民法院指导性案例 81 号,最高人民法院审判委员会讨论通过 2017 年 3 月 6 日发布。

② 参见贵州省贵阳市中级人民法院于 2015 年 9 月 18 日作出(2015)筑知民初字第 17 号民事判决,最高人民法院指导性案例 81 号,最高人民法院审判委员会讨论通过 2017 年 3 月 6 日发布。

2. 作品受著作权法保护的条件

如前所述，作品是著作权法的基石，也是著作权法保护的客体和对象，但并非所有的作品都能够受到著作权法的保护。著作权法客体受到著作权法保护还必须具备形式上的条件。根据我国《著作权法》第2条、第5条、第21条关于作品主体、形式、期限等的规定，在我国，受著作权法保护的作品必须符合上述形式上的要求，这些形式要求构成作品受我国著作权法保护的条件。

我国《著作权法实施条例》第2条，对构成作品必须具备的要件作了规定，即作品必须"能以某种有形形式复制"并具备"独创性"。除此之外，我国《著作权法》在第2条第1款对作品的主体作了规定；①第5条规定了不属于著作权法上作品的客体；②第21条规定了作品受保护的期限，意味着超过规定期限的作品不能受到著作权法的保护。③ 因此，在实践中，对于我国著作权法保护的作品，在依照《著作权法实施条例》第2条规定的实质要件，对客体的可作品性进行审查后，判断该作品是否能受到著作权法的保护，还需要依照上述规定进行形式上的审查：一是依照《著作权法》第2条审查创作作品的主体是否为中国公民、法人或者其他组织以及外国人和无国籍人，这是我国著作权法对作品可著作权性的主体要求。例如，已有观点依照此要求，认为受我国著作权法保护的作品必须是人类创作的作品，机器生成物不能受到著作权法的保护，因此人工智能的衍生物不能受到著作权法保护，即人工智能衍生物不具备可著作权性。二是依照《著权作法》第5条审查作品是否属于该条规定的不受著作权法保护的客体范围。三是依照《著作权法》第21条审查作品是否超出了著作权法保护的期限。四是依照《著作权法》第3条审查确定作品属于该条规定的哪一类作品。

---

① 《著作权法》第2条规定："中国公民、法人或者其他组织的作品，不论是否发表，依照本法享有著作权。外国人、无国籍人的作品根据其作者所属国或者经常居住地国同中国签订的协议或者共同参加的国际条约享有的著作权，受本法保护。"

② 《著作权法》第5条规定："本法不适用于：(一)法律、法规，国家机关的决议、决定、命令和其他具有立法、行政、司法性质的文件，及其官方正式译文；(二)时事新闻；(三)历法、通用数表、通用表格和公式。"

③ 《著作权法》第21条规定："公民的作品，其发表权、本法第十条第一款第(五)项至第(十七)项规定的权利的保护期为作者终生及其死亡后五十年，截止于作者死亡后第五十年的12月31日；如果是合作作品，截止于最后死亡的作者死亡后第五十年的12月31日。法人或者其他组织的作品、著作权(署名权除外)由法人或者其他组织享有的职务作品，其发表权、本法第十条第一款第(五)项至第(十七)项规定的权利的保护期为五十年，截止于作品首次发表后第五十年的12月31日，但作品自创作完成后五十年内未发表的，本法不再保护。电影作品和以类似摄制电影的方法创作的作品、摄影作品，其发表权、本法第十条第一款第(五)项至第(十七)项规定的权利的保护期为五十年，截止于作品首次发表后第五十年的12月31日，但作品自创作完成后五十年内未发表的，本法不再保护。"

(二)地图是否构成受著作权法保护的作品的判断

根据《著作权法》第 3 条第 7 项的规定,地图属于受著作权法保护的作品形式。但并非所有的地图都一定受著作权法保护,只有具备著作权法上作品构成要件的地图才属于著作权法上的作品,受到著作权法的保护。根据前述分析,判断一幅地图是否构成著作权法上的作品,是否能够受到著作权法的保护,也应从三个方面进行判断。首先,地图是采用一定的构图、客观地理要素的选择组合并按一定的比例,运用线条、符号、颜色、文字注记等描绘显示地球表面的自然地理、行政区域、社会状况的图形。其次,其表达的是属于自然科学领域的自然地理知识,是地球上一定区域内事物的空间分布、联系及时间中的发展变化状态,编制地图需要较强的专业技能并付出相当的智力劳动,地图本身属于科学领域的智力成果,能够满足人们了解一定区域地理状况的需求。最后,地图能够以有形形式进行复制。后两点是一般地图都具备的特点,因此,判断一幅地图是否具备著作权法上作品的构成要件,关键是看其是否具备独创性。

1. 关于地图独创性的判断

根据"思想/表达二分法",判断地图是否具备独创性,应从三个方面进行判断:首先,应当判断地图是否系作者独立完成,这需要运用证据进行事实判断,可以通过当事人举证完成,通常争议不大。其次,应当将地图表达的内容和地图的表达形式区分开来。如上所述,地图所表现的自然地理、行政区域、社会状况等属于地图的内容和思想,而地图的构图方式、对地理要素的选择组合及其所采用的线条、符号、颜色、文字注记等表现方式属于地图的表达。通常将这些表达分为三类,即地图的构成包括三个要素:一是数学要素,是构成地图的数学基础,如比例尺、控制点、坐标网等,他们是决定地图图幅范围、位置,以及控制其他内容的基础,是地图精确性的保证。二是地理要素,是地图上表示的具有地理位置、分布特定的自然现象和社会现象,分为自然要素(水文、地貌、土质等)和社会经济要素(居民点、交通线、行政境界等)。三是整饰要素,主要指便于读图和用图的某些内容,如图名、图号、图例等。判断地图是否具备独创性,就是判断地图的构图方式、对地理要素的选择组合及其所采用的线条、符号、颜色、文字注记等表达是否具备独创性。通常情况下,一定区域的自然现象和社会现象纷繁复杂,要实现对这些客观存在的准确、客观、形象的表达并非易事,需要编制者在充分了解掌握该区域自然现象和社会现象的基础上,运用一定的数学要素、地理要素和整饰要素的设置、计算、选择、组合和描绘等手法编制出该区域的地图,这个过程需要编制者付出具有创造性的艰辛复杂的智力劳动。作为这种劳动的智力成果的地图当然具备独创性,构成著作权法上的作品。因此,在刘凯与包头市达茂联合旗人民政府、包头市达茂联合旗建设局等侵犯著作权纠纷中,最高人民法院认为,涉案《行政区划图》系刘凯独立创作完成,在整体构图、客观地理要素的选择及表现形式上具有独创性,构成著作权法上的作品。最后,应当判断地图是否存在"表达有限"的情形。根据前述"表达有限原则""合并原则",当某种思想只有一种或者有限的几种表达方式的时候,该表达方式不受著作权法保护。由于地图作品表达的系一定区域内的自然现象和社会现象,其中行政区的整体形状、位置和内设区域的形状、位置等均系不可改变的客观存在,其表达方式非常有限,如果对地图中这些元素的表达方式给予著作权保护,将造成对客观事实的垄断。因此,在刘凯与包头市达茂联合旗人民政府、包头市达茂联合旗建设局侵犯著作权纠纷中,最高人民法院认为,《旅游交通图》对刘凯具有独创性的部分仅有少量使用,如边界的颜色、边墙遗址的画法等,从整体上看,不构成对《行政区划图》的复制,可不视为对刘凯著作权的侵害。

2. 作者资质与地图的独创性无关

如前所述,著作权法上的作品是指文学、艺术和科学领域内具有独创性并能以某种有形形式复制的智力成果,因此,独创性和属于文学艺术领域内可以有形形式复制的智力成果是著作权法上作品的实质要件,凡具备此要件的智力成果均属于著作权法上的作品,地图也不例外。决定地图是否具备独创性的因素是地图的表达中是否蕴含了编制者创造性的智力劳动,而非其他任何因素。根据《地图管理条例》,我国对地图施行资质制和审核制,根据该条例第 48 条的规定,违反该条例,未取得测绘资质证书或者超越测绘资质等级许可从事地图编制活动或者互联网地图服务活动的,依照《测绘法》的规定及进行处罚。该规定只是我国对地图编制进行行政管理的规定,地图编制者的资质只能代表编制者的测绘水平,并不说明其编制的地图必然具有独创性;反之,不具备测绘资质的编制者编制的地图,也并不必然不具有独创性。该规定仅是行政管理的要求,违反行政管理规定的结果是行政处罚,其本身并不影响地图独创性的判断。因此,在刘凯与包头市达茂联合旗人民政府、包头市达茂联合旗建设局等侵犯著作权案中,最高人民法院再审认为,刘凯是否具有测绘资质与其绘制的地图是否有独创性没有必然联系。

四、辅助信息

高频词条:

《著作权法》

第3条 本法所称的作品,包括以下列形式创作的文学、艺术和自然科学、社会科学、工程技术等作品:

……

(七)工程设计图、产品设计图、地图、示意图等图形作品和模型作品;

……

《著作权法实施条例》

第4条 著作权法和本条例中下列作品的含义:

……

(十二)图形作品,是指为施工、生产绘制的工程设计图、产品设计图,以及反映地理现象、说明事物原理或者结构的地图、示意图等作品;

……

后　　记

中国著作权司法保护自 20 世纪 80 年代起步至今，经历了 30 余年的快速发展历程。特别是在中国加入 WTO 后，伴随中国知识产权保护体制、机制的逐步完善和健全，著作权司法保护进入了一个崭新的发展阶段，迄今已基本形成比较健全的审判体制和机制，著作权司法保护水平不断提高，双轨制下司法保护著作权的主导作用不断增强。同时，科学技术的飞速发展不断给著作权审判带来新的挑战，人民法院著作权审判实践对此进行了不懈探索。总结 30 多年来中国著作权审判的实践经验，特别是梳理提炼类案裁判规则，对于促进类案同判、实现法律适用的统一，提升著作权司法保护水平、展示著作权司法保护形象具有重要意义。在法律出版社和相关单位的大力支持下，最高人民法院中国应用法学研究所所长曹士兵担纲类案同判专项研究首席专家组组长，最高人民法院中国应用法学研究所丁文严副研究员担任本书首席专家，自 2018 年 8 月起组织本领域的知识产权法官进行著作权裁判规则的梳理、编写和论证，最终完成本书。本书专家组的法官和学者有：

丁文严　中国应用法学研究所副研究员

张玲玲　北京市高级人民法院知识产权审判庭法官

徐卓斌　上海市高级人民法院法官

童海超　湖北省高级人民法院法官

本书的编写肯定存在不足之处，敬请读者批评指正。

图书在版编目(CIP)数据

知识产权案件裁判规则. 一, 著作权案件审理中客体可著作权性判断 / 丁文严主编. -- 北京 : 法律出版社, 2019(2019.12 重印)
ISBN 978-7-5197-4078-8

Ⅰ. ①知… Ⅱ. ①丁… Ⅲ. ①知识产权法-研究-中国 Ⅳ. ①D923.404

中国版本图书馆 CIP 数据核字(2019)第 254146 号

知识产权案件裁判规则(一):
著作权案件审理中客体可著作权性判断
ZHISHI CHANQUAN ANJIAN CAIPAN GUIZE(YI):
ZHUZUOQUAN ANJIAN SHENLI ZHONG KETI
KE ZHUZUOQUANXING PANDUAN

丁文严 主编

责任编辑 许 睿 韩梦超
装帧设计 李 瞻

出版 法律出版社
总发行 中国法律图书有限公司
经销 新华书店
印刷 中煤(北京)印务有限公司
责任校对 李景美
责任印制 胡晓雅

编辑统筹 司法实务出版分社
开本 710 毫米×1000 毫米 1/16
印张 19.5
字数 309 千
版本 2019 年 8 月第 1 版
印次 2019 年 12 月第 2 次印刷

法律出版社/北京市丰台区莲花池西里 7 号(100073)
网址/www.lawpress.com.cn
投稿邮箱/info@lawpress.com.cn
举报维权邮箱/jbwq@lawpress.com.cn
销售热线/400-660-8393
咨询电话/010-63939796

中国法律图书有限公司/北京市丰台区莲花池西里 7 号(100073)
全国各地中法图分、子公司销售电话:
统一销售客服/400-660-8393/6393
第一法律书店/010-83938432/8433
西安分公司/029-85330678
重庆分公司/023-67453036
上海分公司/021-62071639/1636
深圳分公司/0755-83072995

书号:ISBN 978-7-5197-4078-8
定价:55.00 元
(如有缺页或倒装,中国法律图书有限公司负责退换)